千古人物 元世祖

忽必烈传

推行汉文化的大元王朝缔造者

文　轩◎编著

内蒙古文化出版社

图书在版编目(CIP)数据

元世祖忽必烈传 / 文轩编著 .-- 呼伦贝尔：内蒙古文化出版社，2017.9

（古代帝王传记丛书）

ISBN 978-7-5521-1354-9

Ⅰ.①元… Ⅱ.①文… Ⅲ.①忽必烈（1215-1294）—传记Ⅳ.① K827=47

中国版本图书馆 CIP 数据核字（2017）第 233887 号

元世祖忽必烈传

YUANSHIZU HUBILIE ZHUAN

文轩　编著

责任编辑	王　春	
装帧设计	鸿儒文轩	
出版发行	内蒙古文化出版社	
地　　址	呼伦贝尔市海拉尔区河东新春街4－3号	
直销热线	0470－8241422	邮编　021008
排版制作	大华文苑（北京）图书有限公司	
印刷装订	三河市华东印刷有限公司	
开　　本	710mm×1000mm　1/16	
字　　数	280千	
印　　张	20	
版　　次	2017年9月第1版	
印　　次	2022年4月第2次印刷	
印　　数	8001—13000 册	
书　　号	ISBN 978-7-5521-1354-9	
定　　价	39.80元	

前 言

　　浩浩五千年的中华历史长河，涌现出了许多帝王，他们曾经煊赫一时，有的是历史长河中的顺风船，有的是中流石，有的似春汛，有的如冬凌，有的是与水俱下的泥沙，有的是顺流而漂的朽木……总之，浩浩历史千百载，滚滚红尘万古名，史海钩沉，各领风骚，承继着悠久的中华历史。

　　在我国，帝王是皇帝和君王的统称，是封建王朝的最高统治者，拥有至高无上的权力。在周朝之前，"帝"与"王"字义相近。而在秦朝以前，帝王是至尊君主，等同"天子"。自秦嬴政称"皇帝"后，"王"与"皇"有了区别，"王"成为地位仅次天子而掌控一方之诸侯的称呼了。

　　在我国历史上，"皇帝"这个名称是由秦嬴政最先确定的，也是他最先使用的。"皇帝"取"德兼三皇、功盖五帝"之意。秦嬴政创建了皇帝制度，并自称第一个皇帝，称为"始皇帝"。皇帝拥有法律制定权、行政决策权和军事指挥权。自此，我国开始了长达两千多年的封建皇帝制度。

　　我国从公元前221年秦始皇称帝起，到1911年宣统帝退位止，在2100多年的时间里，共产生了230位皇帝。第一个皇帝是秦始皇，最末一个皇帝是清朝宣统帝。其中，在位时间最长的皇帝是清朝康熙帝，在位61年；在位时间最短的皇帝是明朝明光宗，在位仅1个月。当然，关于皇帝数量还存在多种说法。

　　这么多帝王，我们细细思量他们在历史上的价值和分量，还是有轻有重的。他们有的文韬武略兼备，建有盖世奇功，开创了辉煌历史，书写了宏伟的英雄史诗，成为民族的自豪，千古赞颂；有的奸猾狡诈，就是混世枭雄，糟蹋了乾坤历史，留下了千古骂名，永远被人们口诛笔伐；有的资质平平，没有任何建树，在历史上暗淡无光，如过眼云烟，不值一提……

但是，无论怎样，帝王是我国古代中央政权的突出代表，是最高的当权者，是政府和社会的核心，享有最高的权力和荣誉。作为历史的重要角色之一，帝王是当时左右和影响国家、民族命运的关键人物。因此，有人忠从，有人利用，有人艳美，有人嫉妒，有人觊觎，有人怒斥。他们充满了谜一般的神奇诱惑力，我们能够从他们身上，集中感受到历史的丰富内涵与时代的沧桑变化。特别是历朝皇帝的贤愚仁暴、国运的兴衰更迭、政治的清浊荣枯、民生的安乐艰辛，都能给后世以镜鉴。乃至帝王本人的成长修养、家庭的维系安顿、处世的进退取予、行事的韬略谋断等，我们都可以从中受到震撼，获得巨大的启示。

为此，我们根据最新研究资料，在有关专家指导下，特别推出了本套书系，向读者介绍我国历史上多位著名帝王——他们都有运筹帷幄的雄才伟略，曾经叱咤风云，纵横天地，创造着辉煌，书写着历史，不断开创中华民族的辉煌篇章，不断推动我国历史的飞速发展，为我们留下了许多宝贵的精神财富和物质财富。

当然，这些帝王作为历史杰出人物也难免具有历史局限性，在他们身上也有许多封建、腐朽、落后、残酷等糟粕，这些都需要广大读者摒弃。而我们在讲述他们的人生事迹时，综合参考了大量史料，尽量挖掘他们优秀、积极、阳光、励志的正能量。因此，我们取其精华，去其糟粕。这样难免会出现挂一漏万等现象，也请广大读者理解。

总之，我们主要以这些帝王的人生轨迹为线索，并以真实历史事件贯穿，尽量避免对日常琐事的冗长叙述和演绎戏说，而是采用富于启发性的历史故事来讲述他们的人生与时代，尤其着重描写他们所处时代的生活特征和他们建功立业的艰难过程，以便广大读者产生共鸣并有所启迪。

目 录

少年勇武

漠北降生的黄金后裔	002
草原上长大的勇武少年	014
得到成吉思汗的喜爱	021
人生思想逐渐走向成熟	026
笼络各方面的有用人才	033

争得帝位

在金莲川建立幕府	040
受命进攻云南大理	045
受命发兵攻打南宋	055
派遣郝经与南宋和谈	066
成功夺取蒙古汗位	074
着力培养蒙古大臣执政	083
平定济南李璮叛乱	088

灭亡南宋

决定全力进攻南宋	100
成功在襄樊城取得突破	112
突击南宋的长江防线	123
攻破南宋长江防线	133
攻取南宋都城临安	138

围追堵截南宋小皇帝 145

力图劝降宋臣文天祥 155

追歼南宋残余势力 164

攻灭四川的抗元势力 169

东征西讨

蒙古大军成功征服高丽 178

元世祖两次东征日本 183

元军多次出击安南国 194

西讨缅甸蒲甘王朝 199

讨伐蒙古宗室的叛乱 202

天下一统

修建政治中心元大都 214

元初多元化的政治体制 220

恢复发展各地经济 229

忽必烈时期的财政困境 243

推动多元文化的发展 267

安抚各地少数民族 275

促进各种宗教和平共处 280

悲伤落寞中度过晚年 296

元世祖忽必烈大事年表 307

少年勇武

忽必烈略一思忖，示意旭烈兀守在原地。他打马从阿里不哥的侧方过去，他让马放慢脚步，走到一个土岗边，下马，埋伏下来并悄然开弓搭箭，悄悄等待着猎物。

这时，阿里不哥已经拍马驰出几百米了，受惊的野兔听见声响传来，便飞快地向着忽必烈这个方向逃来。

待野兔进入射程之内，忽必烈轻舒右腕，箭如飞般射入了野兔的右眼，野兔来不及哼叫一声，便倒在草地上死了。

这时，阿里不哥也拍马赶到了，他见忽必烈已将野兔挂在了马鞍边，正以得意的眼睛望着自己，阿里不哥生气地大叫道："骗子！是我先发现野兔的！"

漠北降生的黄金后裔

南宋宁宗嘉定八年九月二十三日，正是漠北草原斡难河和不儿罕山地区最美丽的季节。但见红叶满山，霜林尽染，碧蓝的天空中白云朵朵。

在阳光的照射下，湖泊、小河波光粼粼，晨曦中耀眼的白桦林，夕阳下牧归的牛马羊群，湖水中映出美丽的晚霞，遥远的村落，悠扬的牧歌，暮色中的炊烟，构成美丽的画卷。

一个蒙古汉子，正骑着一匹红鬃骏马，在原野上信马由缰。马蹄起处，草叶摩挲，一地窸窸窣窣的细碎声音。没有了夏日一望无际的青翠，草原被浩浩荡荡的金黄色所覆盖，绵延起伏，莽莽苍苍，平添了几分雄浑的气息。

这时，在一个庞大的白色蒙古包里传出阵阵妇女生产时的呻吟声。一名产妇正蹲在榻上生产，榻上铺着细细的白沙。一群蒙古妇女和接生婆正围在产妇的旁边忙碌着。

蒙古包中，香烟缭绕，灯火通明。一座庞大的神佛前，燃着胳膊粗的巨大蜡烛，摆列着牛羊等贡品。粗大的香在香炉中散发着袅袅青烟，香灰扭曲成巨大的花朵。

在这片草原上居住的是蒙古乞颜部落，统治者是"黄金家族"声名远播的孛儿只斤·铁木真，尊号"成吉思汗"。

这一天，部落里的所有人都知道，四王子孛儿只斤·拖雷的王妃唆鲁禾帖尼又要生产了。大家都翘首以盼，默默在心中祈祷祝福。

乞颜部落，是蒙古族最古老的部落之一，源出古东胡柔然族，属于蒙古族始祖。随着部落人口的不断增加，乞颜部逐渐分衍出多个分支氏族。

新增加的氏族名称又成为其氏族成员的血缘标记，只有很少的一部分核心族人仍保持以"乞颜"为姓氏，蒙古乞颜部落世代居住在斡难河和不儿罕山地区。

乞颜部落产生了号称"黄金家族"的孛儿只斤氏。"黄金家族"是伴随着蒙古族的成长而出现的。

相传，很早以前蒙古草原上两个部落打仗，蒙古部落惨败被屠杀殆尽，只有幸运的两男两女从战场上生还。

这四个人逃进大森林深处，定居于隐秘的额尔古纳山中。在大山谷里，这四人生儿育女一代又一代繁衍相传，一点点地还学会了驯马养羊。

又过了很多代，这四人的子孙已经繁衍成了一个很大的部族。随着牲畜越来越多，小小的额尔古纳山已经供养不了他们了，开始出现饿死人的情况。

为了解决这个问题，部落里德高望重的老人让大伙儿跪在山坡上祈求天神给指条出路。到了晚上，他们中许多人都做了一样的梦，梦见天神用一道红光把他们引到一个新家园。

睡醒之后，大家凑到一起一说，都觉着天神是在暗示他们搬迁，让他们离开这儿。但他们不知如何搬迁。

部落里的老人们又想出了主意。他们领着大伙儿找一个稍低点儿的山口，砍了许许多多的大树，用来烧山谷的崖壁。火不太旺，他们又杀了几百头牛和马，用皮做成风箱，把火扇得旺旺的。

最终悬崖壁被融化了，通红的铁水顺着山谷往外流，不知道经过多久，铁水流出了一条通往山谷外边的大路。蒙古人于是顺着这条大陆走出峡谷和森林，走进了广阔肥美的呼伦贝尔大草原。

成吉思汗出生前的四百多年前，蒙古乞颜部有个一酋长，叫呼和莫日根。有一天，酋长的大儿子朝鲁莫日根、儿媳诺敏豁阿，背着未满周岁的儿子，带着几个猎手出去打猎。

到了蒙果河边的树林里，夫妻把孩子安顿好，派几个猎手出去打猎，夫妇俩准备捡柴烧火做饭。诺敏豁阿在采野菜时，被一只猛虎咬死。

听到诺敏豁阿的惊叫声，不远处的朝鲁莫日根快步跑了过来，还没等与老虎搏斗也被老虎咬死了。

傍晚，放在树下的孩子饿得大声哭起来，哭声引来了一匹母狼。母狼走上前来，反复围着孩子看了看，四处嗅了嗅，就把他叼到附近半山腰的山洞里。

这个山洞是母狼的窝，母狼下的崽刚刚被其他动物吃掉了，它的乳房胀得无法忍受。这时看到这个小孩子，狼的母性被激发出来，于是就用自己的乳汁喂养他。在母狼喂养下，这个孩子渐渐长大，母狼和孩子也有了感情，彼此照料。

出来打猎的人回去告诉酋长，其长子、儿媳和孩子都不见了，只找到遗物，看到血迹和老虎脚印。情急之下，酋长马上带着部众到蒙果河边去找孩子，找了九天九夜，都没找到，失望地返回到驻地。

几年后的一个晚上，坐在仙人柱里的呼和莫日根心思很乱。这时，萨满洛克磋悄悄进来对他说："尊敬的酋长，我刚做完祈祷与占卜，眼前突然闪一道金光，射进仙人柱内。我没遇见过这种奇异之象，感觉长生天要给您高贵的礼物了，定有神助，明天狩猎一定会有非常大的收获。"

第二天，天还没亮，酋长就和次子呼尔查莫日根组织部众进山谷围

元世祖忽必烈传

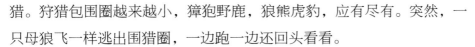

猎。狩猎包围圈越来越小，獐狍野鹿，狼熊虎豹，应有尽有。突然，一只母狼飞一样逃出围猎圈，一边跑一边还回头看看。

酋长惊诧之余，感到事有蹊跷。他带领部下快速追赶，追过了几座山后到一个山脚下，母狼突然跑向半山腰山洞钻了进去。不一会儿，母狼从洞里出来了，身后还跟着一个头发很长、浓眉大眼、上身半曲、全身没有任何遮拦的男孩。

母狼既不害怕，也不走开，紧紧地靠在孩子身边，不时地用舌头舔着男孩的脸颊。这孩子反倒非常惊恐地看着这些围拢而来的人群，紧紧地抱着母狼脖子，发出狼一样的低沉的嚎叫。

酋长靠得越来越近，发现这孩子的脸颊和他失散多年的长子朝鲁莫日根很像，那双眼睛又像他儿媳诺敏豁阿。酋长没任何怀疑，走过去抱起了孩子。他突然发现孩子的后腰部有一个拇指大的青痣，这是他早已熟悉而且深深地烙在心中的印记。

酋长紧紧搂着孙子，泪如泉涌，失声痛哭，在场的部众也无不泪流满面。一旁的母狼也仿佛懂得人意，靠在酋长的身旁，低声呻吟着。

酋长不知说什么好，他友好而感激地看着母狼，不时抚摸着母狼，立即命部下把打来的猎物堆放到洞口，感谢母狼对孙子的养育之恩。随后，他又命令把这个山洞叫蒙古山洞，宣布今后不许任何族人来此山谷狩猎，更不能打狼。他每次狩猎都特意经过这里，把猎获的动物放在山洞外。

酋长回去后给他孙子起名为孛儿帖·赤那，就是"苍狼"的意思。倾全力培养他，教他说话走路、狩猎技巧、天象识别、滑雪技巧、部族规矩等等。

孛儿帖·赤那渐渐长大，体魄健壮，力大无穷，登山攀岩健步如飞，射箭百发百中。孛尔帖·赤那还有个习惯，每当晚上听到山谷里的狼嚎声，他会飞快地跑出去，也跟着嚎叫，有时跑得很远很远，很长时间不回来，就是回来了也是泪流满面。他没有忘记狼妈妈，狼妈妈也经常来看他。

过了几十年，酋长感到自己老了，他提议孛儿帖·赤那接替他成为部落新酋长，部落的长老和勇士们一致赞成。只有居住于涅尔尼斯涅河谷部落的一个名叫捏昆的年轻人说："我们不能打破规矩随意让某个人做新酋长，应比试一下，我愿意和他比，谁取胜谁就是新酋长。"

酋长表示同意并站起来说："蒙果勒山中有一头白色驯鹿，每次围猎，它都能顺利从围猎圈中飞跃逃脱。今天你们两个进山，限十天之内猎获白色驯鹿，谁能猎获谁就是新酋长。"

孛儿帖·赤那和捏昆关系非常好，从小在一起玩耍，长大后经常一起出去狩猎，在部族中威信很高。第二天，他们俩进入原始森林，各自分头寻找白色驯鹿。到了第九天，谁也没有见到白色驯鹿，这天两人走到了一起。

兄弟俩互相问候着，各自讲述着寻找白色驯鹿的经历，谁也没见到白色驯鹿。正当此时，眼前的树林突然闪过一个白色影子，仔细一看，就是白鹿。

孛儿帖·赤那和捏昆来不及备马，登上野猪皮滑雪板顺山而下，朝着白鹿的方向追过去。翻过了几道山，捏昆开始跑不动了。孛儿帖·赤那还是一往直前、穷追不舍，毫无疲惫之感。

孛儿帖·赤那沿着白鹿足迹紧追不放，当追到蒙果勒河中游一个转弯处后白鹿不见了。他继续沿着白鹿在雪地留下的足迹向前找。突然，眼前闪现出一个美丽少女。

孛儿帖·赤那以为自己又累又饿出现了幻觉，赶忙定神再看，真是一位美丽少女。只见她穿着雪白的皮袄，头戴雪白的圆帽，静静地蜷曲在一棵大树下，身体冻得发抖，表情流露出恐惧和求助感，好像这个世界上只有他能救她。

孛儿帖·赤那脱下皮袄披在姑娘身上，把姑娘轻轻抱起对她说："你是长生天赐给我的神鹿，以后就叫你豁埃·马阑勒，请你做我的妻子吧。"姑娘点点头。

孛儿帖·赤那背上豁埃·马阑勒，足登滑雪板，在回去的路上接上捏昆，三人一起回到额尔古涅·昆部落营地。人们把乞颜河边找到豁埃·马阑勒的地方称马阑勒·阿剌勒，意为"白鹿岛"。

李儿帖·赤那找到白鹿并娶回白鹿姑娘的消息瞬间传遍了周围的室韦部落。他隆重地接受了部族的推举，成为室韦部落新酋长。

李儿帖·赤那和豁埃·马阑勒的子孙繁盛，传至第十代后裔，有个名叫脱罗豁勒真伯颜和他的妻子字罗黑臣豁阿生了两个儿子——都娃锁豁儿和朵奔蔑儿干。

都娃锁豁儿是个额上只生了一只眼却能看三程远的人物。一天，哥儿俩一同登上不儿罕山，都娃锁豁儿极目远眺，望见沿统格黎小河迁移来一群百姓，在一辆华丽的牛车上坐着一位美丽的姑娘，于是对弟弟朵奔蔑儿干说："在那群迁来的百姓中，一辆黑篷车的前沿上坐着一位漂亮的姑娘，若未许配人家，就给你求亲吧！"说着就叫弟弟前去探视。

朵奔蔑儿干到那里一看，果然是一位美丽的姑娘。那女子叫阿阑豁阿，未曾嫁人。她相貌出众颇有名气，是豁里秃马惕的首领豁里剌儿台篾儿干之妻巴儿忽真豁阿所生之女，生于名为阿里黑兀孙的地方。她的母亲巴儿忽真豁阿是巴儿忽真洼地之主巴儿忽歹篾儿干的女儿。这群百姓便是豁里剌儿台篾儿干首领的部众。

朵奔蔑儿干便向女方求婚。就这样陌生女子阿阑豁阿与朵本篾儿干结成夫妻。阿阑豁阿来到朵奔蔑儿干那里，生了别勒古讷台、不古讷台两个儿子。

不久，朵奔蔑儿干去世。可是没想到，失去丈夫的阿阑豁阿又莫名其妙地生了三个儿子，一名不忽合塔吉，一名不合秃撒勒只，一名李端察儿蒙合黑。

于是，朵本篾儿干所生的别勒古讷台、不古讷台两个儿子感到大惑不解，便背着母亲议论道："我等之母既丧丈夫，又无亲房兄弟，竟又生下三个儿子。家中大人除那个伯牙兀惕人以外别无男子，此三子非彼莫属也……"

不久，阿阑豁阿觉察到了孩子们的议论。遭到孩子们的非议，阿阑豁阿很伤心，为了消除孩子们的疑惑，这位大智大慧的母亲想出了一个主意。

有一天，阿阑豁阿煮熟风干羊肉让孩子们吃饱了肚子后，讲述了自己受胎生子的奇异经过。他说："每夜都有个黄白色的人，乘着天窗和门额上露天地方的光，进来抚摸我的肚皮，光亮渗入我腹。出去时，乘着日月之光，如同黄狗一般，摇摇摆摆飘然而去，你们怎能胡说！这样看来，显然是上天的子息啊！你们怎能把他们比作凡人呢？等他们做了万众的可汗，凡人们才能明白呢！"

阿阑豁阿明确指出，老大、老二的父亲是草根一族，他们的后代也不会有什么大出息；老三、老四、老五的父亲是天上的神，他们的后代将来要出现天子。老大、老二哑然无声。

老大、老二对母亲的话没有怀疑，这是可以理解的，传说商人的祖先契是他母亲吃了玄鸟蛋而生的，周人的始祖弃是他母亲踩了一个大脚印而生的，大汉开国皇帝刘邦是因为他母亲有神龙盘于其上而生的，古代开国帝王的诞生要么是感天而孕，要么出生时霞光万道、万紫千红，是跟一般人完全不同的。

这位非凡的圣母阿阑豁阿用那神奇的感光生子的故事不仅化解了孩子们的疑惑，而且将高悬在万物之上的苍天请进了蒙古人的日常生活，使之成为打造尊严、振奋精神的心灵伙伴。

后世蒙古人将它当作身世高贵的记忆，广泛流传在一代又一代蒙古人的生活当中。他们认为这三个儿子的出身都是纯洁的蒙古人，而且后来的蒙古可汗大都出生于这个家族，因此该家族被蒙古人尊为"黄金家族"。伟大的成吉思汗也是该黄金家族的后人。

在这次家庭会议的最后，阿阑豁阿给每个儿子发一支箭杆，叫五个儿子折，五个儿子喀嚓喀嚓都折断了。阿阑豁阿又拿来五支箭杆，她把五枝箭杆捆在一起，再让五个儿子折，五个儿子谁都折不断。

阿阑豁阿认真教导五个儿子说："你们这五个儿子啊，都是从我肚皮里生出来的，你们正像方才那五支箭，如果一支一支地分开，你们就

元世祖忽必烈传

像那一支一支的箭一般容易被任何人折断。如果像那捆在一起的五支箭一般，同心一体啊！任何人都难以把你们怎样。"

这就是"阿阑豁阿五箭训子"的故事。一个生活在蛮荒年代的妇道人家，一个不懂得哲理为何物的古代女性，竟以这样绝妙的方式诠释了一条永恒不朽的生活真谛。

不久，母亲阿阑豁阿去世了。阿阑豁阿过世后，因兄弟五人不合，由别勒古讷台、不古讷台、不忽哈塔吉、不合秃撒勒只四人分掉马群等家产后过起了各自的日子。

四个哥哥看老五孛端察儿笨得像头骆驼，呆得像只木鸡，他们结成利益集团，以少数服从多数的形式，瓜分了老五的财产，仅把一匹背上长疮、尾巴没毛、半死不活的马分给他。

"既被亲人抛弃，何必留在此地！"孛端察儿愤然跨上骨瘦如柴的青白马，抱定"死就死，活就活"的决心，顺着斡难河水走下去。

孛端察儿走到名叫巴勒谆岛的地方后，搭起草棚子住了下来。此间，孛端察儿见一雏鹰正在捕食黑野鸡，便用青白马的尾毛做成套子，套住雏鹰后把它带回家养了起来。

衣食无着的孛端察儿常常射杀被狼围困在山崖间的猎物或拾来被狼吃剩的片肉残骨用来充饥和喂养捉来的雏鹰。

这般艰难地熬过了冬天，待到春暖花开大雁飞回的时候，他纵鹰捕来的猎物已挂满了林间树枝。

这时，有一群百姓从都亦连山后迁到了统格黎溪边。孛端察儿每天将鹰放飞后，就走到他们中间讨喝酸马奶，傍晚的时候才回自己的草棚子。

或许阿阑豁阿给长子托了梦，或许阿阑豁阿折箭的往事令长子辗转反侧。一天，孛端察儿的大哥不忽哈塔吉因惦念弟弟，顺着斡难河向着弟弟走去的方向出发了。他走到统格黎溪边，向那群百姓打探弟弟的消息。

那群百姓说："有一个人，每天来这里喝酸马奶。他的相貌和马匹与你说的完全相同。他养着一只鹰。他究竟住在何处，我们也不知道。每当刮起西北风时，都会飞来满天的羽毛。由此看来，他的住处就在附近。不一会儿他就会过来，请你稍等片刻！"

不一会儿，果然有一人向统格黎溪边走来。走过去一看果真是孛端察儿，于是，哥哥不忽哈塔吉领着弟弟孛端察儿向斡难河上游疾奔而去。

孛端察儿跟在哥哥的后面，大声说道："兄长，兄长，身必有首，衣必有领。"对此走在前面的不忽哈塔吉未予理睬。

接着，孛端察儿又重复了一遍，但不忽哈塔吉仍未答话。当孛端察儿再次说起时，他哥哥问道："这句话，你为什么反复唠叨？"

孛端察儿回答道："统格黎溪边的那群百姓是一群散民。他们不分大小，不分贵贱，也没有头领。如此游民，我们应前去掳获！"

不忽哈塔吉说："那好，我们回家与兄弟商议掳取办法。"

回家后兄弟五人商定了掳取办法，由孛端察儿带头。如此，兄弟五人发起攻击，轻易地征服了对方。他们不仅缴获了牲畜，又将那些百姓带回家中供自己奴役。

就这样，曾经受阿阑豁阿母亲现身说教的孩子们终于收获了团结的果实。他们不仅俘获了用来奴役的百姓，也掠来了成批的牲畜。兄弟五人各自分得一份属民和畜群之后，便移住在不儿罕山麓，从此形成了五个姓氏。

孛端察儿·蒙合黑这位圣母阿阑豁阿感光所生的孩子，曾经被兄弟们视为愚拙无能的人，不仅整合了兄弟五人的力量，还成功运用了母亲的教诲。

孛端察儿·蒙合黑建氏族后，始称孛儿只斤氏，这个姓氏是由"孛端察儿"这个尊号演化而来，在《蒙古秘史》中有段记载："孛端察儿为孛儿只斤氏矣。"

正是由于阿阑豁阿母亲的教导，孛端察儿·蒙合黑才主导了蒙古部族历史发展的方向，并使蒙古部族步入了不断壮大的发展历程。

元世祖忽必烈传

12世纪时，蒙古部子孙繁衍、氏族兴盛，渐分布于今鄂嫩河、克鲁伦河、土拉河三河上源和肯特山以东一带，组成部落集团。

当时与他们同在蒙古高原上的还有塔塔儿部、蔑儿乞部和斡亦剌部。这三部都使用蒙古语族语言。另外，还有三个信奉景教的突厥贵族统治的蒙古化的突厥部落，即占据回鹘汗廷故地周围的克烈部、其西的乃蛮部和靠近阴山地区的汪古部。

当时的塔塔儿部是一个强盛的部落，他们以好动刀子而著称，天性中充满了仇恨、愤怒和嫉妒。

这些蒙古高原各部落之间经常发生争斗，塔塔儿部与蒙古部之间也是如此。在铁木真三世祖合不勒汗做蒙古汗的时期，合不勒汗妻子的兄弟由于患病曾请塔塔儿部的巫师施行巫术，不料非但没有治好，反而病发身亡。

后来，合不勒汗妻子的其他兄弟杀死了塔塔儿部的巫师。从此塔塔儿部同蒙古部结怨，双方只要一有可乘之机，就会发生屠杀和抢劫的事件。

在铁木真曾祖父俺巴孩时期，塔塔儿部设计捉住了俺巴孩并将其送给蒙古部的死敌——金朝，金朝将俺巴孩钉到"木驴"上处死，之后，塔塔儿部又重施故伎，杀死了铁木真的伯祖斡勤巴儿合黑。

到铁木真的父亲也速该时期，塔塔儿人又投毒暗害了也速该。世仇使蒙古部与塔塔儿部的积怨越来越深。因此铁木真一直在伺机向塔塔儿部复仇。

金章宗承安元年，金朝丞相完颜襄出兵讨伐叛金的塔塔儿部，铁木真趁机联合脱里汗去攻击塔塔儿部，当塔塔儿部被金军大败溃逃全浯勒扎河时遭遇到铁木真和王罕的联军，经过激战，塔塔儿部大败，首领被杀，残余人马等尽归铁木真所有。

这次战役，虽然是铁木真与塔塔儿部私仇的体现，但在无形中却帮助了金朝，金丞相完颜襄甚为欢喜，加封铁木真札兀惕忽里的官职。

这次击败塔塔儿部，使铁木真不仅赢得了金国的封号，缓和了金朝与蒙古的矛盾，而且还赢得了"为父族复仇"的名望，深得蒙古各部人民的尊敬。于是，铁木真在蒙古各部中的政治地位逐步提高，从此可以以金朝命官的身份去统辖各部。

此后，铁木真又率军向察安塔塔儿、阿勒赤塔塔儿、都塔兀惕、阿鲁海塔塔儿等塔塔儿诸部发动了进攻。这次战役，铁木真所率的蒙古军将塔塔儿部高于车辖的人全部杀掉，剩余的男女老幼皆收为奴隶。塔塔儿部遭受毁灭性的打击，从此一蹶不振。

南宋开禧二年春天，蒙古贵族们在斡难河源头召开忽里勒台（"忽里勒台"是蒙古语"聚会""会议"的意思，又作"忽邻勒塔"或"忽里台"）。在忽里勒台上，铁木真被推举为蒙古大汗，诸王和群臣为铁木真上尊号"成吉思汗"，大蒙古国正式建立。大蒙古国的建立，对蒙古族的形成具有很大的意义。从此，在我国北方第一次出现了统一各个部落而成的强大、稳定和不断发展的蒙古族。

成吉思汗建立蒙古国后，忽里勒台大会成为蒙古国的最高国事会议，主要职能为推举大汗，以后历朝大汗继位，都按照这个传统由忽里勒台大会推戴。

成吉思汗的正妻孛儿帖生有四个儿子五个女儿：长子术赤、次子察合台、三子窝阔台、幼子拖雷。拖雷是一位军事家，他掌有蒙古军队的百分之八十，拥有强大的军事实力。

成吉思汗生前分封诸子，四子拖雷留在父母身边，继承父亲在斡难和怯绿连的斡儿朵、牧地和军队。成吉思汗留下的军队共有约十二万九千人，其中大部分都由拖雷继承。

拖雷的妻子唆鲁禾帖尼是克烈部王罕的弟弟札合敢不之女，成吉思汗统一蒙古各部之后，看到扎合敢不的三个女儿都很美丽，便将他的大女儿阿必合娶作自己的妻子，将他的二女儿和三女儿都给了自己的儿子。唆鲁禾帖尼就是成吉思汗赐给幼子拖雷的三女儿。

唆鲁禾帖尼信奉基督教聂思脱里派，管理才能出众。拖雷军事才能出众，经常跟随父亲成吉思汗南征北战，因此与妻子唆鲁禾帖尼聚少离

元世祖忽必烈传

多，婚后几年一直没有子嗣。

　　直到成吉思汗四年初，唆鲁禾帖尼才为拖雷生下了儿子蒙哥。"蒙哥"的意思是永久。这时，拖雷的二哥窝阔台妻子昂灰氏也没有孩子，于是以蒙哥为养子，由昂灰氏亲自抚育。

　　成吉思汗十年，唆鲁禾帖尼再次怀孕。这时，蒙金战争正进行得如火如荼。拖雷因为随军出征，无暇顾及妻子生产。

　　成吉思汗十年五月，蒙古军占领中都，成吉思汗下令将中都城府库的财物运往蒙古草原，随后又下令允许蒙古将士入城抢劫。金中都陷入一场灭顶之灾，大火月余不息，繁华的都城变成了废墟。

　　就在这一年秋天，唆鲁禾帖尼到了产期，在家人的照顾下，她在蒙古包里准备生产。不一会儿，就从产房里传出了一个婴孩的哭声，众人赶紧围过去观看，原来生的是一个黑黝黝的男孩。

　　大家喜不自胜，赶紧将这一消息告诉了等候在蒙古包外的男人们。男人们听了，也高兴得手舞足蹈起来。他们很快就将这个消息传到了前线，告诉了正在前线领兵打仗的拖雷将军。

　　拖雷自然欣喜异常，命人回去报告说前线战事已经暂时结束，自己很快就能回去。

草原上长大的勇武少年

成吉思汗十年秋，唆鲁禾帖尼生产后不久，成吉思汗和儿子拖雷率军回到草原。成吉思汗亲自为自己的孙子举行洗礼。

洗礼是蒙古族人生四礼之第一礼。婴儿出生七到十天举行洗礼仪式。届时，盆内盛入温水，加少许盐、柏叶、牛奶、肉汤等，由父母、接生婆或其他长辈抱而洗之。

洗毕，抱着婴儿在一块青石上踩一下，祝愿孩子像青石一样结实，一生幸福美满。洗礼之日，亲朋好友皆来祝贺，给孩子赠送礼品并祝健康、幸福、长寿。

洗礼当天，拖雷在婴儿脚底下放一黑一白两块小石头，黑石头象征国家和政权，白石头象征纯洁、善良和智慧，寓意孩子长大后为民效力、为国立功。

当成吉思汗见到孙子，看到他黑黝黝的皮肤，高兴地说道："我们的孩子皮肤都是火红色，这个孩儿的皮肤却黑黝黝的，显然像他的舅父们。"

很快，婴儿就满月了。这天，成吉思汗大摆宴席，招待四海宾客，为这个孩子起名"忽必烈"，意为"承前启后的继承者"。

成吉思汗非常高兴，他也希望将来自己的孙子将来能够继承祖业，成大器，为蒙古人争光。

成吉思汗告诉唆鲁禾帖尼，让她为小忽必烈找一个好的乳母。正好赶上乃蛮部的撒鲁黑将要生产，于是便把小忽必烈交给了这个温顺而又充满智慧的乳娘。

撒鲁黑心地善良，对待忽必烈就像对待亲生的孩子一样，尽心竭力地照顾和抚养他。在她和忽必烈母亲的教导下，小忽必烈表现得非常懂事，不但听话，而且孝顺有礼。

就这样平静地生活了一段时间，忽必烈的爷爷、父亲和叔叔们又要开始新的战争了。

蒙古成吉思汗十二年旧历八月，成吉思汗封木华黎为太师、国王，全权统率蒙古兵一万三千人、汪古部兵一万及收降的军队攻金，并谕其招纳中原豪杰、建置行省。

成吉思汗派兵继续进攻金之外，自己则率领主力军西征，诛杀逃跑的蒙古乃蛮部首领屈出律。

蒙古兴起后，乃蛮部被铁木真部打垮，大部分投降，只有乃蛮部太阳汗的儿子屈出律及大量部民逃脱。屈出律出逃后，成吉思汗非常愤怒，立即派人追踪打探他的下落，力求斩草除根。

这时，屈出律娶了西辽王朝末代皇帝直鲁古之女忽浑公主，并掌握了西辽政权。成吉思汗听说屈出律成为西辽国主时，立即出兵，剿除这个心腹之患。

成吉思汗杀死了屈出律后，并没有止步，决定亲自出征，进攻花剌子模国。花剌子模在当时相当强大，国王摩诃末苏丹号称"世界征服者"，他不可一世、目空一切，他除了对母后有所忌惮之外，将西辽人、乃蛮人全不放在眼里。

不过在出兵之前，成吉思汗决定先给孙子忽必烈举行剪胎发仪式。

少年勇武

剪胎发，蒙古语称"敖尔波"或"敖尔波克"。按照蒙古族的传统习俗，婴儿未满周岁前不剃胎发。

幼儿生长到三岁时，多在秋季牲畜膘肥体壮、牧事稍闲时节择吉日良辰，将其三年来所蓄胎发剪下，为此特举行的隆重仪式就是剪胎发礼，视作人生第二大喜。

在举行剪胎发仪式之前，孩子的父母首先要选择吉祥的日子。其次，要做好准备工作。如把马奶子酒酿好，奶食品和肉食品备好，还要炸好油果子，缝好盛福囊。

最后，请柬一下，万事俱备，只待吉日良辰。举行仪式时，要设酒宴庆贺。至亲好友们携带整羊、砖茶、童装、各色布帛以及儿童玩具等礼品，前来参加生日宴席。

人们如此看重剪胎发之事，与他们把头发看作是生命的一部分或头发中存在着灵魂这种古老观念是相联系的。

为忽必烈举行剪胎发仪式那天，正是他的三岁生日。当天一大早，拖雷王子的府邸就聚集了不少亲戚，个个身着民族盛装，说说笑笑、欢聚一堂。

拖雷和唆鲁禾帖尼夫妇二人忙里忙外接待客人，并命人为客人呈上早已准备好的食物，有水果、糖果、瓜子、油馍等，客人们吃着、聊着。

唆鲁禾帖尼为大家端上来一大盘白色的酸奶，并让每人抿了一口，蒙古人称此举为"吃白食"。蒙古人崇尚白色，白色象征纯洁，奶制品为第一珍贵的食物，蒙古人称其为"查干德吉"。

不一会儿，事先并不在家的小主人公忽必烈入场了。父母为他穿上了崭新的蒙古服装。这时候，唆鲁禾帖尼便为忽必烈整理头发，将他头顶的一缕头发单独扎了起来，按照习惯，这缕是留着不剪的。

接着，亲友们开始一一敬酒，大约一个小时之后，主持人便开始用讲话，大意是宣布仪式启动。客人们陆续拿出自己带来的各种礼物。忽必烈的舅舅当众宣布送一只小马给忽必烈。

元世祖忽必烈传

在主持人不断的祝福声中，剪胎发仪式开始了。只见拖雷将作为仪式吉祥食品的"剃胎发德吉"即盛在盘中的油炸饼摆到成吉思汗面前，行叩拜礼，说："请您老人家给孩子剃胎发！"

成吉思汗哈哈大笑说："今天上午给孩子剃胎发大吉大利！"

大家异口同声说："愿如您老人家所说大吉大利！"

拖雷在盘中摆上奶食、糖果和五谷类，用红布蒙上，在红布上面放一把系着哈达的新剪刀，然后把它恭敬地放在成吉思汗面前的桌子上。接着又用银碗盛一碗鲜奶献给成吉思汗，请他为孩子剪胎发。

成吉思汗接过银碗后，先用右手无名指蘸一点奶子，向空中弹洒鲜奶敬天敬神，然后自己品尝一下，再依次递给其他客人品尝。品尝毕，拖雷将盘中的剪刀递给成吉思汗。

唆鲁禾帖尼抱着孩子站在下首等待剪发。这时，成吉思汗拿起剪刀，用银盘中的奶食涂抹孩子的头发，表示祝福。然后给孩子品尝奶食，接着，吟诵"剪发祝词"：

幸福长安，吉祥如意！为了挑选吉日，我们耐心等待。为檀香树生枝，我们耐心等待。在英俊的父亲和温柔的母亲，众多亲朋好友，似日月之辉映，争相庆贺之日……福禄无边的叔伯，奋勇当先的舅表，有幸都能够前来，相逢聚首在一起。为了幸运的侄子，为了正直的外甥，好似那雏雁，更像那羔羊，群集汇聚在吉日。在象征长生天的旭日升腾之时，为了小宝宝你，首次剪去胎发，说尽所有吉语，祝你福寿无边，打开银制剪刀，祝你福禄双全，打开铁制剪刀，祝你平安康泰！……愿至尊帝释天，赐你百二十岁，在那无际的大地上，永享那真正的幸福！祝你腰带坚实，祝你褥垫厚实，凭藉佛家真言，瑞气绵绵不绝，幸福伴你一生，万事如愿以偿！

成吉思汗一边致祝词，一边剪下第一绺头发放入盘中，并把剪刀递给下一个人。当客人们依次用剪刀剪下一绺绺头发时，拖雷则向每一个剪发的人行一次屈膝礼，并双手高举着盘子请大家把剪下的头发放在盘中，留作永久的纪念。

根据习俗，给孩子剪发时要把百会到前额的头发留下来，谓之"桑麦"，即汉语刘海的意思。把其余头发全部剪下来后，把它团成一个小圆球，配以青铜小饰件或古铜钱，以及贝壳、珍珠和绿松石等饰品，缝在孩子的后衣领上，再把铜钱用皮条绳串起来，并在一端系上小铜铃铛或箭矢，做成一尺多长的两三根皮条串子，系于小孩后衣领上的发球团上面。

剃完胎发后，唆鲁禾帖尼献上将宴席推向高潮的一道茶，并敬酒奏乐，人们唱起赞美父母抚育儿女的情深似海的民歌，由衷地赞颂人类尊敬父母之恩的崇高品德。歌中唱道：

元世祖忽必烈传

　　高高的宝塔上空，朵朵白云在游动。我敬爱的爸爸妈妈，

无时不在思念儿女。在那遥远的西山顶，据说有宝大于猛虎。

我说世间宝中宝，比不上我的白发母亲。

仪式进行到中午时分，为答谢宾客的光临，拖雷夫妇要敬谢整羊。拖雷将羊肩胛骨肉放在成吉思汗面前，这是献给最尊贵的男客人的。成吉思汗又把肩胛骨肉分给晚辈们。最后，庄重的剪发礼在欢乐的气氛中结束了。

成吉思汗十四年，成吉思汗为自己喜爱的孙子举行过剪胎发仪式后，准备挥师西征。他与皇后们话别，只命忽兰皇后随行。

也遂皇后含泪说道："诸皇子中，嫡出的共有四人，主上千秋万岁后，应由何人承统？您顶柱般的御体一倒，群雀般的国民由谁来管？乱麻一样的民众托谁治理？让诸子诸弟、众多的臣民以及我们软弱愚昧的妇女也知道此事吧！"

成吉思汗叹道："虽是妇女，但也遂的话是对的。不论是谁，弟弟

们，儿孙们，还是孛儿出、木华黎，都未曾提出这样的建议。我此次西征，要翻山渡河，平定众多的国家，世上没有长生不老之人，是到了确定后嗣的时候啦。"

四个嫡子之中，成吉思汗最喜爱战功卓著的幼子托雷。但在蒙古帝国初具规模之后，深沉而有大略的成吉思汗认识到自己需要一位政治家以巩固和发展他所创立的帝国，完成他的未竟之业，而不仅仅是需要一位攻城略地的军事家。在继承人的选择上，成吉思汗最终选择了窝阔台。

这时，忽必烈尚不懂事，跟随母亲送别了爷爷和父亲。蒙古军队共分四路：一路由窝阔台、察合台指挥进攻讹答剌；一路由术赤指挥沿忽章河而下取毡的；另一路由阿剌黑那颜率领南下取别纳客忒、忽毡等地；成吉思汗和拖雷统率主力越过沙漠，直趋不花剌。

摩诃末当时认为蒙古人就是一群野蛮的异教徒，骑着像兔子一样矮小的马，根本不堪一击。他第一次在西辽边境同哲别率领的小股蒙古部队遭遇的时候，才领略了蒙古人的战斗力。成吉思汗亲统大军西征，历时五年，消灭、收编了四十万军队，夺取了花剌子模大片土地，胜利归来。

这年，忽必烈已经整整十岁了。这时，唆鲁禾帖尼又为拖雷生了两个儿子，即旭烈兀和阿里不哥。这年，旭烈兀八岁，阿里不哥六岁，正是调皮的年龄。他们因为和忽必烈年龄相差不大，因此，非常喜欢跟着他玩儿。

忽必烈兄弟的大哥蒙哥因为是窝阔台的养子，一直由窝阔台的妻子昂灰氏抚育。再加上与几个弟弟年龄相差较大，因此并不经常在一起玩。

在草原上长大的忽必烈兄弟，从小练就了一身功夫。当时，蒙古人的组织形式是军民合一，以万户、千户、百户、十户为单位组成。各级长官严格管理所属人员，下级服从上级，各级绝对听从大汗号令，上马则备战斗，下马则屯聚牧养。

练习箭术和骑马射猎是蒙古男子人人必须具备的本领。故男孩刚刚两三岁时就开始练习骑马，同时大人把与他们的气力相称的弓箭交给他们，教他们射箭。经过一段时间锻炼，他们就会变得敏捷而勇猛。

射猎是蒙古人解决食物的必不可少的生产手段，也是训练军队、提高战力和培养后备力量的一项重要措施。平时狩猎完全按照战时的方法进行，七八岁以上的孩子都要参加这些活动。

忽必烈当然也不例外。他从孩提时起就和弟兄们一起骑马射箭，奔驰在千里草原上，十岁时就成为能猎取小动物的骑射能手。

忽必烈兄弟经常听人们给他讲祖父成吉思汗征战的故事，这让他们对自己的父辈产生了无限的崇敬仰慕之情。

然而，自从忽必烈和弟弟们真正懂事以后，还没有真正见到过自己的祖父，根本就不知道他长什么样子，只是从人们的口中得知祖父高大、威严。因此，他们都非常想见一见自己的祖父。

成吉思汗西征班师的消息传到蒙古草原，留居蒙古草原的亲属们便忙忙碌碌准备前往迎接。忽必烈和两个弟弟听说祖父要回来了，也吵吵嚷嚷着要去。

于是，大人们破例带上了这几个孩子。一行人走到乃蛮境阿拉马克委之地，见到了成吉思汗班师而回的军队。忽必烈兄弟见祖父风尘仆仆而满面喜悦地下得马来，三步并作两步迎了上去。

忽必烈更懂礼貌，亲热地上前搀扶祖父，并讲了些祝贺的话。成吉思汗见忽必烈小小年纪武艺非凡且很懂礼仪、尊敬长辈，故对他尤为喜爱。

得到成吉思汗的喜爱

成吉思汗十九年，蒙古人西征归来，围猎庆祝。蒙古人认为山狍野鹿、豺狼虎豹都是上天的"牲畜"，只有祭天才能得到猎物。在出猎之前，要进行专门的祈祷和"召唤猎物"的烟祭，祈求上天赐下"狩猎之福"，才能"出有所猎，归有所获"。

围猎当天，忽必烈兄弟也加入了队伍。忽必烈援弓搭箭，将一只飞跑的野兔射倒在地，弟弟旭烈兀则射到了一只山羊。

按照蒙古人的风俗，小孩第一次在行猎中射获野物时，要举行称为"牙黑刺迷失"的隆重仪式。根据要求，小孩要以初猎禽兽之血染在长者拇指上。

仪式开始后，忽必烈轻轻地捧着成吉思汗的手，很有礼貌地将野兔的鲜血涂在成吉思汗拇指上。

轮到旭烈兀拭指时，他紧紧地抓住成吉思汗的大拇指，使成吉思汗颇为反感。他有些尴尬地笑着说："你这个小坏蛋，是不是想把爷爷的手指弄断？"

成吉思汗对旭烈兀粗鲁的行为给予批评，同时，对忽必烈恭谨有礼的行为给予高度赞扬。十岁的忽必烈，以其特有的礼貌和聪明，赢得了成吉思汗的喜爱，也赢得了其他长辈的赞扬，成为成吉思汗最为赏识的一个爱孙。

然而，忽必烈与父亲和爷爷相聚的时间不长，他们就又出发打仗了，这次攻打的目标是西夏。

成吉思汗二十一年秋，成吉思汗不顾六十四岁高龄，亲征西夏。成吉思汗首先派使者去见西夏国王赵德旺，要他投降。

成吉思汗在等待消息的时候，在一个叫阿儿不合的地方打猎。不料，骑的红沙马被一匹野马惊着了，导致没有防备的成吉思汗坠落马下受伤，当夜就发起了高烧。

成吉思汗的夫人也遂因为随军出征，也在军中。她询问随行的将领该如何是好，有人建议反正西夏城池都在，一时半会也逃走不了，干脆回去养伤，等好了再来攻打。

但是成吉思汗却十分要强，害怕被西夏人笑话。加之正好西夏大将阿沙敢钵讥笑自己，成吉思汗听后，更加不愿退兵。

成吉思汗兵分东西向西夏夹攻。六月，到六盘山去避暑。这时，中兴府发生了强烈地震，房屋倒塌，瘟疫流行。粮食也没有了，西夏国到了山穷水尽的地步。

西夏新国王不得不向成吉思汗投降，但是要求推迟一个月时间，他说："为了准备贡品和安置灾民，请给我一个月时间，到时候，我亲自拜见你。"

成吉思汗自从上次坠马受伤后，伤病一直未好，再加上当时天气特别热，成吉思汗年纪大了，体力不如从前，经不起连年作战的劳累，病情日益加重。

成吉思汗眼看病情一天比一天严重，眼看活不了几天了，就开始考虑身后的大事。成吉思汗一生南征北战，创下了巨大家业。他在立国后不久，就按照游牧民族的习俗分配了家产。成吉思汗不但分封了四个儿子，还将国土、属民分封给他的五个兄弟。

家产之外，最重要的是汗位。传位给三子窝阔台是早就决定的事情，但是能不能顺利传承，是成吉思汗所忧虑的。成吉思汗思虑再三，把拖雷叫到了自己的帐前。

"拖雷，你知道我的身体难以康复了，我们应该考虑汗位的继承人了。"成吉思汗对拖雷开门见山地提出了问题。拖雷在父亲卧床不起的这些日子里，这个问题就一直萦绕在脑际。

成吉思汗顿了顿，接着道："术赤、察合台均为一介勇夫，做将尚可，统帅还嫌不稳。窝阔台有勇有谋，如果他继承了汗位，又能得到你的辅佐的话，我便可以放心地去了。"

拖雷听到这里，张嘴想说什么，被成吉思汗抬手制止，随后说："我这一生拼杀奔波，征服部落无数，从塔塔儿到西夏，经历的战争难以计数，但我有一个心愿未了，金朝一直在与我大蒙古国对立，我多想征服这个最富裕的金朝！但长生天已不让我再征战了，但继承汗位的人一定要征服金朝！拖雷，我的财产你都继承了，为了父亲，你可不可以不要这个汗位，帮助窝阔台呀？"

拖雷从未见过父亲这样平心静气地同别人说过话。成吉思汗平素极有威严，一言九鼎，从不允许别人说个不字，若是有时应得慢了，便会遭到他的责骂，甚至丢掉性命。今天听到父亲这番话，拖雷不由得一阵感动，他啜泣着应道："我听父亲的。"

成吉思汗满意地点了点头，说："由你担任监国，负责召开忽里勒台，辅助窝阔台登上汗位。你放心，我一定会叮嘱他善待你的。你去吧。"成吉思汗由于身体病弱，加之一下子说了这么多话，周身感到十分疲惫。

拖雷转身刚要离去，成吉思汗又说道："拖雷，你的儿子忽必烈绝非等闲之辈，你一定要倾心培养，他将来一定是成就大事业的风云人物。"

拖雷道："可是……"

成吉思汗明白拖雷话中的意思，说道："可是无法从你这里继承汗位是吗？别着急，现在他年纪尚小，将来长生天会降大任于他的，未来大蒙古国的希望就寄托在他身上呢。你若亏待他，我定不饶你！你现在把将领和你的兄弟们都找来吧，我要宣布汗位的事！"

成吉思汗说完，疲惫地闭上了眼睛。拖雷迈着沉重的步伐走出帐外，心里仿佛打翻了五味瓶，不知是什么滋味，不知是为失去本可继承的汗位而痛苦，还是为父亲对忽必烈的未来前瞻而欣喜。

一会儿，跟随成吉思汗的主要将领和拖雷兄弟匆匆赶到了成吉思汗的大帐中。成吉思汗对他们说："我眼看就要死了。你们当中要有一个人来继承我的汗位，保护我们的国家，完成我的事业，你们一定要互相谦让，如果你们人人都想做大汗，我就不知道怎么办好。"

窝阔台他们听说，就跪在地上说："我们愿听父王的话，父王吩咐我们怎么做，我们就怎么做。"

成吉思汗说："我将立窝阔台为大汗，因为他雄才大略、足智多谋，你们其他人比不上他，只有他才能够统率全国军队，保卫我们的国土，只有他才能使你们过上幸福的生活，享受荣华富贵。如果你们同意，就要当着我的面立下文书，承认窝阔台为汗，听他的命令，不许改变在我面前答应的事，也不许违反我的法令。"

成吉思汗的儿子们立刻立下了由窝阔台继承大汗之位的文书。成吉思汗挨个抚摸了几个儿子的头，要他们精诚团结，服从窝阔台的领导，他再次重申："如果你们希望舒服自在地了此一生，享有君权和财富的果实，那么，如我在不久以前已经让你们知悉的那样，我的告诫是：窝阔台将继承我的汗位，因为他比你们高出一格。他的意志坚定卓绝，他的见识颖敏优越。凭借他的灵验的劝告和良好的见解，军队和人民的管辖以及帝国边界的保卫将得以实现。因此，我指定他为我的继承人，把帝国的钥匙放在他智勇双全的手中。"

处理完了汗位继承问题后，成吉思汗又考虑如何治理国家的事，

元世祖忽必烈传

因为最大的敌人金朝还没有灭亡。他对他的儿子们说："金朝的精兵都在潼关，潼关地势险要。易守难攻，你们不要从这个地方去进攻。宋朝和金是世世代代的仇人，你们要联合宋朝，借道从宋朝出发，直捣开封，那样一定能取得胜利。"后来，窝阔台按照这个方略，果然消灭了金国。

成吉思汗二十二年八月廿五日，成吉思汗病逝于六盘山，终年六十六岁。按照封建制度，帝王驾崩后立即由他指定的继承人登基。但是，由于蒙古的忽里勒台制仍起作用，窝阔台不能因其父的遗命继位，而要等忽里勒台的最后决定。

王位空缺的两年内，拖雷监国摄政。成吉思汗将汗位传给了窝阔台，没有交给拖雷，无论是按照汉人的皇位继承习惯，还是按照蒙古汗位的继承习俗，作为拖雷次子的忽必烈都将失去汗位继承权。

但幼年忽必烈的聪明和才智，博得了成吉思汗的赞誉。成吉思汗对幼年忽必烈仍然寄予厚望。据说，成吉思汗在临危时曾说：

> 幼年忽必烈之言，足使吾人注意，其言谨慎，汝辈尽应知之。彼将有一日据吾宝座，使汝辈将来获见一种命运，灿烂有如我在生之时。

不知这段神话式的预言是真是假，但有一点是可以相信的，那就是幼年忽必烈的才能已经得到了成吉思汗的赏识，这种所谓神话式的预言，随着历史的发展，也就变成了毋庸置疑的事实。

人生思想逐渐走向成熟

成吉思汗去世后，蒙古国暂时停止了战争的步伐，这给忽必烈提供了与长辈们长期相处的一个机会。

忽必烈一天天长大，转眼已经成为一名健壮的小伙子。蒙古民族本就是一个善于骑马射猎的民族，该族中无论男女，都从小练习骑马射箭的技能，因此个个都骑马如飞。

忽必烈在母亲唆鲁禾帖尼等人的精心培育下，不仅骑马、射箭等各项技能都非常精湛，而且小小年纪就孝顺有礼，懂得尊敬别人，是一个具有优秀道德品质的孩子，因此当地的大人们都非常喜欢他。

一天清晨，忽必烈和弟弟旭烈兀、阿里不哥一起骑马出去打猎，他们事先约定，谁先打到野兔，谁就任兄弟们的首领。

一望无际的大草原，青草如毯，鲜花绽放。碧蓝的天空上飘着朵朵白云。轻风吹来，花枝摇曳，十分美丽。

三个少年，像草原上三只雄鹰，肩搭弓箭，坐骑骏马，寻觅着隐身在草丛中的猎物。忽然，不远处传来沙沙的声音，阿里不哥催马而出，朝声响处奔去。

忽必烈略一思忖，示意旭烈兀守在原地。他打马从阿里不哥的侧方过去，他让马放慢脚步，寻到一个土岗边，下马，埋伏下来，并悄然开弓搭箭，悄悄等待着猎物。

这时，阿里不哥已经拍马驰出几百米了，受惊的野兔听见声响传来，便飞快地向着忽必烈这方向逃来。

待野兔进入射程之内，忽必烈轻舒右腕，一箭射中了野兔的右眼，野兔来不及哼叫一声，便倒在草地上死了。

这时，阿里不哥也拍马赶到了，他见忽必烈已将野兔挂在了马鞍边，正以得意的眼睛望着自己，阿里不哥生气地大叫道："骗子！是我先发现野兔的！"

忽必烈笑着说："可是，是我先射死它的。"

阿里不哥的脸憋得通红，又不知该说些什么，拍马上前，伸手就要抢。忽必烈一个鹞子翻身，跃上马背，打马向家跑去。旭烈兀和阿里不哥在后面紧紧跟随。

蒙古包帐外，拖雷和唆鲁禾帖尼夫妻正坐在木几旁喝奶茶，见忽必烈兄弟飞马来到跟前，唆鲁禾帖尼嗔怪道："怎么跑得这么急呢？快坐下休息一下，让爸爸看看你们都打到了什么猎物。"

忽必烈对母亲极为尊重，顺从地坐下了。可阿里不哥依旧很生气，他急切地把刚才发生的事情告诉母亲唆鲁禾帖尼。

"他夺走我的猎物，不是好汉所为，您一定要管教一下忽必烈，还我一个公道。"阿里不哥大声嚷嚷。

唆鲁禾帖尼看着生气的阿里不哥说："野兔并不是你射杀的，怎么算是你的猎物呢？"

阿里不哥张张嘴，又低下头气呼呼地说道："是我先追赶的，不信你问旭烈兀。"

唆鲁禾帖尼转头看旭烈兀，旭烈兀点点头。唆鲁禾帖尼又问忽必烈

少年勇武

道："那只野兔既然是弟弟先发现的，你为何要先出箭呢？"

忽必烈一本正经地说："我没有别的意思，只是想借这次猎兔告诉您一件事。"

唆鲁禾帖尼饶有兴致地看着忽必烈问道："难道这件事让你得到了什么启发吗？"

忽必烈站起身，把兔子交到阿里不哥手中，说："我们是兄弟，彼此间不应分什么你我。你在前边追赶野兔，我在后边堵截，这说明如果我们兄弟团结，就会成就大事。"

忽必烈又向母亲道："我只是证实了这个道理，并让兄弟们都明白这个道理。这样，祖父的汗位传到我们这一辈时才不会大权旁落。"

唆鲁禾帖尼心中高兴极了，看着一脸庄严的忽必烈，禁不住热泪盈眶，那是喜悦的泪水啊！

元世祖忽必烈传

拖雷一下子把三个儿子揽到怀中，大声说："忽必烈说得对，只要你们兄弟团结一心，共同对外，我们的家族就会长盛不衰。忽必烈，你小小年纪便如此持重，难怪你祖父最疼爱你了，别辜负了他的期望才对。"

忽必烈用手轻握住了阿里不哥的手，阿里不哥羞红了脸，他点点头，可是又轻而坚决地从忽必烈的手中抽出了自己的手。

父亲在家，忽必烈兄弟每天夜晚都要缠着父亲讲打仗的事情。几个月下来，祖父和父亲经历的战役忽必烈都已耳熟能详了，而且还常发表一些对战役的评述，其观点的深刻、精辟，很令拖雷惊喜。

拖雷常在私下跟妻子说："几个儿子中唯有忽必烈像我。"妻子笑着说道："我看忽必烈比你更多了一份机智与果敢。"拖雷点头赞许。

拖雷在认识忽必烈的机智与果敢的同时，又发现了儿子的缜密思维与远大抱负较自己更胜一筹。

有一天早晨，拖雷刚起床，兄长窝阔台的手下就牵着两匹马向他住的蒙古包走来。

"王爷，窝阔台王爷派遣在下给您送来了几件稀罕的物件。"下人恭敬地将驮着两大包东西的马牵了过来。

拖雷一时想不出个所以然来，正想拒绝，站在一旁的忽必烈赶紧插言道："多谢伯父记挂着我们。你回去吧，就说我父王收下东西后非常高兴。"

见下人走了，拖雷极不高兴地看着忽必烈解开包袱，说道："你太放肆了，竟敢替我做主收下这些东西！"

忽必烈从包袱中取出一柄宝刀说："父亲，这是不是一件很锋利的兵器？用它杀人一定很容易吧？"

"当然。"拖雷面色十分沉重。

忽必烈放下刀，又问道："父亲，您可知世上有一种比刀更厉害的杀人武器吗？"

"怎么？你想教训我吗？"拖雷看起来真的生气了。

忽必烈跪下，仰望着父亲，道："父亲，流言是天下最尖锐的武器呀！您想，如若我们不收下这些礼物，伯父肯定会心生疑虑，就会放出流言，说父亲想自己称汗。如果那样，他就会有理由来加害我们了。"

拖雷当然也非常清楚，父亲死后这两年，自己作为监国，早就应该组织召开忽里勒台会议，让哥哥名正言顺继承汗位了。可因为自己实在心有不甘，所以一直这样拖着。现在，哥哥送礼物来，可见也是非常心急，这样下去，后果的确很严重。

这时，忽必烈抓住父亲的手，放在自己的肩上，道："父亲，您看我的肩膀是不是坚硬宽阔？"拖雷露出自豪的笑意，点点头。

"那父亲就放心吧。用不了多久，我就会长大成人，我的肩膀就能驮起万重山峰。"

拖雷看着自己有出息的儿子，开心地笑了。

成吉思汗二十四年秋，蒙古宗王和重要大臣举行大会，推选新大汗。大会争论了四十天，宫廷内有人主张立幼子拖雷，反对成吉思汗的遗命。此时术赤已死，察合台全力支持窝阔台。拖雷势孤，只得拥立窝阔台。

经过与会贵族的再三敦促、劝进，窝阔台终于遵从其父的遗旨，采纳众弟兄的劝告，继承汗位，是为元太宗。

成吉思汗的去世使攻灭金国的计划推迟了两年。窝阔台即位之后，立即按照成吉思汗规划的灭金战略发动了对金朝的进攻。

蒙古大军顺利消灭金朝，窝阔台兄弟总算完成了父亲成吉思汗的遗愿，两个人非常高兴。然而不幸的是，窝阔台在北返途中忽然患病，不能言语。

巫师向神许以人命、宝物问卜，但病情不见好转，反而更加严重起来。又向神许以亲人之命，窝阔台才苏醒过来。

于是，在窝阔台身边看护的拖雷说："我圣明的汗父委兄以大任而将国家江山交给了您。汗父命我随汗兄身边，提起所忘、唤醒所睡。如今，我若失去汗兄，将提起谁之所忘、唤醒谁之所睡呢？若汗兄真有不测，蒙古之众将成遗孤。"于是，拖雷喝下了巫师之水。

少顷，拖雷说："我已大醉！照顾遗孤之事就拜托汗兄了。"随即走出屋去，昏厥而亡。之后，太宗果然病愈。此事虽是巧合，但在当时蒙古贵族敬畏神灵的情况下，拖雷的行为不仅使窝阔台十分感激，也使诸王乃至广大民众为之敬佩。

以现代人的眼光来看，拖雷之死只能是中毒。有人认为，拖雷是一位军事家，他掌有蒙古军队的百分之八十，拥有强大的军事实力。在攻金战役中，他更表现出卓越的军事才能。在蒙古宫廷斗争中，这不能不引起其兄窝阔台的忌恨，因此被他设计毒死。当然这也只是猜测，窝阔台对此知情，后人不得而知。

窝阔台病好后，出于感恩，或者愧疚，对拖雷一家十分优待。给予唆鲁禾帖尼皇后的待遇，并将由大汗的护卫军怯薛和其家属、匠人等本部百姓组成的"察哈尔"的一部分赐给了她。

唆鲁禾帖尼是一位聪明、能干、杰出的女性。由于拖雷早逝，窝阔台汗把拖雷在世时所有的权力都交付给她。唆鲁禾帖尼依靠自己丰富的智慧和坚定的性格统领所部将士，以精明、谨慎的态度，处置军国要事，博得窝阔台及诸王的信任和崇敬。

窝阔台提出让她嫁给长子贵由，被她以诸子尚未成人为理由拒绝。窝阔台汗曾在拖雷去世后，要从其军队中抽调两千人交给自己的儿子阔端。

那些万户长、千户长对窝阔台的做法表示不满，当着唆鲁禾帖尼的面说："这两千人，按照成吉思汗的诏令是属于我们的，而窝阔台汗把他们给了阔端。我们怎能允许此事，而违背成吉思汗的诏令呢？我们要向大汗说明情况。"

唆鲁禾帖尼意识到此事的严重性，冷静地劝导大家说："你们的话是公正的。但是，我们继承的和自己取得的财产已很富足。军队和我们，同样都属于大汗。他所作出的决定，必定有他的理由，我们要服从他的命令。"

于是，诸将都心悦诚服地接受了她的劝告，避免了一场内部冲突，笼络了阔端，使他后来站在拖雷家族一边。

唆鲁禾帖尼对子女要求非常严格，不准他们为小事争吵，还教育他们讲究德行和礼貌。忽必烈在祖父、父母，特别是母亲的影响和谆谆教导下茁壮成长起来。

随着年龄的增长，忽必烈不满足于骑马射箭的游牧生活，他在母亲唆鲁禾帖尼的教导下，逐渐注意学习各种知识，关心时局大事。

蒙古灭金之后，大军北还休整，不久又开始攻宋。窝阔台时期的侵宋战争，使荆襄、四川、两淮的许多地方遭到蹂躏。因其主要目的在于掠夺财物，同时在南宋各地军民的抗击下，蒙古军也受到了不少损失，未能在所攻占的地区建立统治。

蒙古军攻灭金朝，入侵南宋，占领了中原广大地区。蒙古统治者为培养继承人和掌管军政的人才，注意搜罗有才识的汉族儒士去漠北教授贵族子弟，其中僧人、道人、医士、通译人员更受器重。

那些善于接受新鲜事物的蒙古贵族青年，也都乐于吸收中原的儒学思想和先进生产技能。"思大有为于天下"的忽必烈更是具有强烈的求知欲望。

青少年时期的忽必烈，不但深入地学习了各种武艺及各种军事知识，也学习了蒙、汉文字等文化知识，特别是在父母的培育和影响下，形成了坚忍不拔的顽强性格和顾全大局的宽广胸怀。

忽必烈深信蒙古民族必将崛起成为中国的主宰，但是"以马上取天下，不可以马上治"，要治理中国必须学习中原王朝丰富的治国理政经验。

同时，忽必烈也意识到，只有借助汉人势力才能与蒙古诸王抗衡，才能使自己登上蒙古贵族的政治舞台。于是，忽必烈于乃马真后三年前后，在其所住的漠北地区广揽人才，建立幕府。

元世祖忽必烈传

笼络各方面的有用人才

忽必烈原来对中原文化并不熟悉，但他在当亲王时，就留意招揽各方面的人才，特别是汉族读书人中有才干的人。许衡就是其中的一个。

许衡是元代的著名学者，他在汉蒙文化的融合交流方面，起过不小的作用。忽必烈即位后，曾任命他为集贤大学士兼国子祭酒。

有一年盛夏，许衡遇到一件急事要外出处理，便顾不得烈日当空，带着几个人匆匆出门了。

骄阳似火。许衡一行在酷暑中赶路，一个个热得满头大汗，喉咙干得像要冒火。忽然，他们发现前面有一棵梨树，不禁高兴得争先恐后地向梨树跑去。

大家抢着摘梨解渴，只有许衡一个人端坐树下。

两个下属摘了梨给许衡吃，却被他谢绝了。

"天气这么热，您难道不觉得口渴吗？"下属问。

"盛夏赶路，酷热难当，怎么会不口渴呢!"许衡回答。

"那您为什么不吃梨子呢?"下属又问。

"不属于我的东西,我怎么可以随便拿来吃?"许衡反问道。

下属劝他:"这梨树没有主人,您何必这样拘谨呢?"

许衡坚定地说:"梨树无主,我的心不可以无主!不管天下是混乱还是太平,不管他人是高尚还是卑鄙,我都要坚持自己做人的原则。只要心中有主,才能够不觉夏日的炎热烦躁,不怕口渴难熬;只要心中有主,才能够事业有成、无往不胜。"

许衡一席话,说得随行人员都很感动,也很羞愧。

早在元太宗时,元太宗窝阔台曾下令考试儒术,许衡参加了考试,并且考中了,由此他开始出名。忽必烈当亲王时,特地派了使者去请他,并任命他为京兆提学。许衡到任后,大力兴办学校,讲授程朱理学。由于他名气大,来求学的人很多。

许衡当了集贤大学士兼国子祭酒后,正式设立了国子学,学生都是从忽必烈手下的蒙汉大臣的子弟中挑选出来的。

许衡以朱熹的《小学》等为教材,向他们讲授程朱理学等儒家文化,课余还教他们学习儒家的礼仪和技艺,使他们了解了中原文化和儒家的治国方法,为元朝廷培养了不少人才。他的学生,后来成为宰相、大臣的有近十人,成为各部和地方长官的又有数十人。

忽必烈得知燕京庆寿寺有位禅学大师海云印简很有学问,曾被成吉思汗称呼为"小长老",就派人召他去漠北讲道。

海云印简,山西岚谷宁远人,俗姓宋,法名印简,海云是其号,生于金泰和二年,据说为微子的后裔。

忽必烈盛情邀约海云印简赴帐下,问佛法大意。海云得到忽必烈召令后启程北行,路过云中,闻南堂寺中有个年轻和尚子聪博学多才,就约他一起前往。

忽必烈见到海云大师非常高兴,厚礼相待,隆重设坛,请海云讲解佛法的重要内容。

忽必烈问:"佛法中有安天下之法否?"

元世祖忽必烈传

海云理解忽必烈的心意，说了为人和理政方面的道理。海云印简说："包含法界，子育四生，其事大备于佛法境界中。此四大洲，如大地中一微尘许，况一四海乎？若论社稷安危，在生民之休戚；休戚安危，皆在乎政，一在乎天。在天在人，皆不离心。而人不知天之与人，是其分别。法于何行，故分其天也人也。"

治理天下的最高目标，应当在于安定社稷，休息生民。达到这一目标的办法，在于政策与天心。政策是人心，天心也就是民心。

接着，海云印简趁机进谏，请忽必烈广求天下大贤硕儒，咨询古今治乱兴亡之道。他告诉忽必烈应善于总结过去的得失，要重用贤士而疏远不正之人，要以尊重君主、爱护民众为先。

最后海云说："佛法之要，孰大于此。"他说此话，无疑是为了引起忽必烈对治道的高度重视。忽必烈深为折服，不仅从之受菩萨大戒，而且赐以金缕袈裟，奉以师礼。

临别，忽必烈问佛法如何受持，印简曰："信心难生，善根难发。今已发生，务须护持，专一不忘。不见三宝有过，恒念百姓不安，善抚绥，明赏罚，执政无私，任贤纳谏。一切时中常行方便，皆佛法也。"

禅宗讲求应机说法，对士大夫应士大夫之机，对宰官应宰官之机，对一国之君，当然就该应帝王之机。印简对忽必烈，没有讲空论有、谈玄说妙，而是对治国方略坦呈己见，言言在理，句句当机，无怪乎蒙古朝廷内外皆以师礼待之。

海云面见忽必烈时，专门介绍了子聪和尚。忽必烈得知子聪学识渊博，天文、地理、律历等无不精通，十分欣喜。故在海云大师辞别时，恳留子聪继续在身边讲道。

子聪，即刘秉忠，字仲晦，初名刘侃，因信佛教，改名子聪，任官后而名秉忠，邢州人。刘秉忠自幼聪颖，八岁入学就能日诵文数百言。十三岁在帅府做人质，十七岁为邢台节度使府令史，以便于就近奉养其亲。

刘秉忠为令史时常郁郁不乐，一日感叹道："我家世代为官，难道我甘愿沦为书记小吏吗？大丈夫生不逢时，只有隐退以待时而起。"便弃官隐居于武安山中。

若干年后，刘秉忠被天宁寺虚照禅师收为徒弟。后又云游云中，留居南堂寺。海云禅师奉召面见忽必烈，路过云中时听闻刘秉忠博学多才，邀与同行。

刘秉忠拜见忽必烈后，忽必烈甚为称赞，多次垂询。刘秉忠于书无所不读，尤其深入研究《易经》及宋邵雍《经世书》，至于天文、地理、律历、占卜无不精通，天下事了如指掌。

由于刘秉忠博学多能，善于出谋划策，深受忽必烈重视。因此海云禅师返回南方时，忽必烈把刘秉忠留在王府当书记。刘秉忠一直追随忽必烈，经常参加重要政治问题的决策，对忽必烈的决策起着重要作用，因此人们都尊敬地称他为"聪书记"。

刘秉忠是儒、释、道皆通的人物，他不但自己不倦地向忽必烈讲述治理天下的道理，还将张文谦、李德辉等中原儒者推荐至忽必烈帐下。

从此以后，许多汉族儒士应召陆续来到漠北藩府，为忽必烈论古谈今，传授治道。其中有云中怀仁人赵璧、曹州东明人王鹗、真定栾城人李冶、广平肥乡人窦默、冀宁交城人张德辉、邢州沙河人张文谦、柳城人姚枢等。

真定封地的所谓"藩府旧臣"燕真、贾居贞、孟速思、董文炳、董文用等人，也先后受召投身于忽必烈帐下。金朝的状元王鹗、名士元好问、张德辉等，也陆续北上会见忽必烈。

早在窝阔台大汗时期就已投靠蒙古贵族的汉族知识分子窦默和姚枢等先后被忽必烈招聘重用。窦默为忽必烈讲解三纲五常、正心诚意之说，姚枢为忽必烈讲解儒家治国平天下之道。

云中怀仁人赵璧也应召到忽必烈左右。赵璧学习蒙古语，为忽必烈译讲《大学衍义》。赵璧还荐引金朝状元王鹗到忽必烈王府，为忽必烈讲《孝经》《尚书》《易经》及儒家的政治学和历史。

贵由汗二年，张文谦被子聪推荐到忽必烈王府，被任为王府书记，日见信任。同年，史天泽的幕僚张德辉被忽必烈召见时，推荐了名士元

元世祖忽必烈传

好问等二十余人。

在上述种种人物的影响下，忽必烈对汉文化有了较深刻的认识，对安邦治国之道有了较充分的准备。

忽必烈在漠北藩府的七年中，与儒士们在一起谈古论今，有时竟通宵达旦。一起出猎，在马上边走边谈，甚至忘记饮食。

有时儒士们还直接上书言事，就忽必烈最关心的问题，运用儒家思想观点来解惑答疑。

忽必烈最关心的是治国平天下之道。对此，儒士李冶认为，治天下，难则难于登天，易则易于反掌。有法度、明职责、纳贤士，则治；反之，无法度、不负责、用小人．则天下必乱。总之，治道不过立法度、正纲纪而已。

另一位儒士窦默则认为，应按照三纲五常的传统办法去行事。忽必烈听后表示赞同，说："人道最重要的莫大于此。无此，则难以立于世呀。"

姚枢则写了数千言，具体地回答了忽必烈有关治道的询问。他将治国平天下的道理归纳成八目、三十条。八目，即修身、力学、尊贤、亲亲、畏天、爱民、好善、远侯。

"三十条"列举了立省部、班俸禄、定法律、设监司、修学校、重农耕、宽赋税、省徭役、禁游情、肃军政、布屯田、广储蓄，等等。姚枢的这些识见，引起忽必烈的重视。他后来每遇到问题必找姚枢询问，求得满意的解答。

谈论到如何当帝王的问题，刘秉忠在奏文中明确指出，作为天子应以天下为家，视民众为子。国不足，取于民，民不足，取于国，相需如鱼水。又说皇帝要授任的人，在内莫大于相，因为宰相要领百官、管万民；在外莫大于将，因将要统三军、安四域，要使内外将相互相协调。对帝王来说，国家要务必先处理好此事。当然，天下之大非一人全能管理，应当选择开国功臣子孙，担任各地监守，督促当地官员按皇法行事。这样，就能安定天下，而皇帝无需费很大的力气。刘秉忠的话给忽必烈留下深刻印象。

同时，忽必烈也很注意了解将相人才的情况。他曾问李冶对唐朝大臣魏徵和宋朝大将曹彬有何看法。李冶赞扬魏徵忠诚耿直、曹彬不妄杀人，认为他们是大臣、将帅的典范。

忽必烈领会李冶的意思，进一步问道："今天，还有像魏徵、曹彬那样有贤才的人吗？"

李冶知道忽必烈求才心切，当即笑答道："天下未尝乏材，求则得之，舍则失之，就是这个理。"接着，他列举了许多贤士的名字，说得忽必烈频频点头。

说起用人之道，刘秉忠作了形象的回答，他说："明君用人，如大匠用材，随其巨纫长短，以施规矩绳墨。""尽其才而用之，成功不迟也。"

元世祖忽必烈传

忽必烈虽知当时谈治国理政之道只是空论而已，但他坚信自己将来定能有为于天下。他在与王鹗交谈时就明白地显露了自己的心声："我虽未能即行汝言，安知异日不能行之耶？"

这些都证明，早在窝阔台、贵由时代，忽必烈作为一个藩王，尽管并无统治中原汉地的职责，但他对汉地的了解和对儒学的认识以及同汉人儒士的关系，都已经大大超出一般的蒙古贵族了。

争得帝位

　　中统五年春天，又值饥荒，人民大量死亡。阿里不哥的部下将士大多逃到了驻在阿尔泰地区的扎布汗河上的玉龙答失，共商归降忽必烈。

　　阿里不哥众叛亲离，又怕阿鲁忽报复，走投无路，不得不投降忽必烈。

　　阿里不哥来向忽必烈请罪。

　　忽必烈问他："我和你谁对？"

　　阿里不哥回答说："在以前，是我对。今天，算你对。"

　　忽必烈为了笼络人心，没有杀他，但是处死了阿里不哥的主要支持者，包括聂思托里安教丞相孛鲁合。

　　忽必烈又分遣使者征询波斯旭烈兀、钦察别儿哥和察合台兀鲁思的阿鲁忽三王，决定赦免阿里不哥及阿速台之罪。为谨慎起见，他把阿里不哥作为重要俘虏囚禁起来。

在金莲川建立幕府

　　蒙哥汗元年，三十六岁的忽必烈率兵南下，来到了一个名叫金莲川的地方，在此建立了自己的幕府。

　　金莲川，原名叫"曷里浒东川"，特指滦河源头到多伦段的地域，因这个地域长满状似芙蓉但又略小的黄花而得名。

　　金莲川地处今正蓝旗闪电河沿岸，辽代为桓州辖地，是辽朝皇帝和契丹达官贵族们的游猎避暑之地，在金代初又为桓州威远军节度使、抚州镇宁军节度使所辖。

　　金莲川草原是一块风水宝地，历史上曾有不少帝王将相为之倾倒。金大定六年夏天，金世宗前往银山狩猎，十一月初由银山抵凉陉，选定了金莲川作为夏捺钵避暑之地。

　　当时人说"金莲川在重山之北，地积阴冷，五谷不殖，郡县难建，盖自古极边荒弃之壤也。气候殊异，中夏降霜，一日之间寒暑交至。"确定是避暑的好地方。

世宗之所以选择金莲川，除了它气候宜于夏季避暑外，更重要的是这一地区地理位置重要。习惯于游牧生活的蒙古人，不耐酷热，到夏季时，大都返回草原避暑。

金世宗大定八年盛夏，金世宗到凉陉的"景明宫"避暑，看满滩遍野金莲花怒放，世宗曰："莲者连也，取金枝玉叶相连之意。"于是，更名曷里浒东川为"金莲川"。从此"金莲川"被金之后的各代沿用。

此后，金朝历代皇帝就把这里作为夏"捺钵"的避暑胜地，在这里建凉陉离宫。所谓"景明宫""扬武殿"等就修建在这里。成吉思汗亲征漠南时，也曾在金莲川凉陉驻扎避暑，修整军队。

忽必烈受命管理漠南后，一眼看准了这个风光令人如痴如醉、景色令人流连忘返的宝地，他把金帐扎到了金莲川，从此金莲川注定要成为世界的心脏。

忽必烈受命管理漠南，与他的大哥蒙哥继位直接相关。蒙哥汗继位于蒙古朝政混乱之时。窝阔台汗嗜酒如命，晚年更是溺情酒色，每饮必彻夜不休，最终导致中风，不久便死于行殿之中。窝阔台去世后，长子贵由继位为汗。

贵由本就体质不强、手足又患拘挛病，却在上台之后也像父亲晚年那样昼夜沉溺于酒色之中，因此在位不满两年就得病去世。贵由死后由妻子斡兀立海迷失后称制。

海迷失在拔都等诸王支持下，抱幼子失列门垂帘听政，国政混乱，又遇大旱，水泉尽涸，野草自焚，牛马十死八九，民不聊生。

在这一时期，忽必烈兄弟的母亲唆鲁禾帖尼显示出高超的政治才能。唆鲁禾帖尼深谋远虑，机智果断，她经常赏赐宗王和军民，获得广泛拥戴。

由于唆鲁禾帖尼善于处理和窝阔台的关系，窝阔台军国大事都与她商议。窝阔台去世，汗位虚悬，乃马真后称制，法纪混乱，很多宗王贵族滥发牌符征敛财物，唯有她和儿子们没有这样做，为拖雷家族赢得了声誉。

唆鲁禾帖尼爱护属下臣民，对违法官员和军士加以严惩，她领地内百姓的处境比其他宗王领地要好。她信奉聂思脱里派，但优待各种宗教的教士和学者，对儒学和儒士非常优待。

窝阔台死后，乃马真后欲立长子贵由为大汗，拔都与贵由不和，不肯参加选汗大会。后来，成吉思汗幼弟铁木哥斡赤斤也领兵来争位，帝国面临内战和混乱的危险。唆鲁禾帖尼决定率诸子参加大会，拥立贵由登基，安定了局势并使得威望进一步提高。

贵由即位后即率军离开都城和林向西进发，实际是去攻打拔都。唆鲁禾帖尼秘密派使者告诉拔都加以防备，拔都立即起兵向东进发。通过此事，唆鲁禾帖尼进一步拉拢了拔都的术赤家族，为蒙哥称帝奠定了根基。

元世祖忽必烈传

为了对抗窝阔台家族，成吉思汗之孙、术赤之嫡次子拔都以长支宗王的身份遣使邀请宗王、大臣到他在中亚草原的驻地召开忽里勒台，商议推举新大汗。

窝阔台系和察合台系的宗王们多数拒绝前往，贵由皇后斡兀立海迷失只派大臣八剌为代表到会。唆鲁禾帖尼则命长子蒙哥率诸弟及家臣应召前往。

海迷失摄制三年，忽里勒台在中亚地区拔都的驻地召开，拔都在会上极力称赞蒙哥能力出众，又有西征大功，应当即位，并指出贵由之立违背了窝阔台遗命，窝阔台后人无继承汗位的资格。大会通过了拔都的提议，推举蒙哥为大汗。

可是，窝阔台、察合台两家拒不承认，唆鲁禾帖尼和蒙哥又遣使邀集各支宗王到斡难河畔召开忽里勒台，拔都派其弟别儿哥率大军随同蒙哥前往斡难河畔，但窝阔台、察合台两家很多宗王仍不肯应召，大会拖延了很长时间。

由于蒙哥的母亲唆鲁禾帖尼的威望甚高，并且善于笼络宗王贵族，多数宗王、大臣最终应召前来，在蒙古草原斡难河畔举行忽里勒台，共同拥戴蒙哥登基，蒙哥成为大蒙古国皇帝，是为元宪宗。

这次政治斗争，无疑直接影响了忽必烈的人生进程，而他也从母亲那里学到了很多。

蒙哥即位的当日，尊唆鲁禾帖尼为皇太后。此后，为了巩固汗位，唆鲁禾帖尼镇压反对者毫不留情，亲自下令处死了施巫术暗害蒙哥的海迷失皇后。

自此，汗位继承便由窝阔台家族转移到了拖雷家族，皇族内部的分裂，为后来大蒙古国的彻底分裂埋下伏笔。

蒙哥即蒙古大汗位，但与占据中原黄河流域和长江流域以南的广大地域的汉文化格格不入，蒙哥感到很难治理，那些地方很难成为蒙古军队东征西伐稳定的后方根据地，于是命忽必烈总管漠南汉地军国庶务，尝试着巩固统治。

受命之后，忽必烈率兵南下，来到金莲川草原，建立幕府。每个王朝都有自己的"龙兴之地"，"龙兴之地"不是说是这个民族起源的地方，此处"龙兴"是指一个王朝走向辉煌所需要种种要素的孕育、酝酿或卧薪尝胆、韬光养晦之地。其帝王、统帅要在这里锻炼、成熟，要具备作为一个王者所应该具备的一切，而辅佐他成就功业的文臣武将也要在这里聚集，组成夺取天下和治理天下的智囊团和人才库。

金莲川是一个名副其实的"龙兴之地"。忽必烈把藩邸移到金莲川后，即招募四方的汉族儒士文人，网罗治国人才。

果然，求贤若渴的忽必烈很快收纳了一批智勇兼备、有远见卓识的谋臣策士，这样就形成了一个货真价实的汉儒集团。这些人的到来也就形成了历史上著名的"金莲川幕府"。

金莲川幕府中除蒙古"自家骨肉"之外，有众多汉族人士，《元史》有传及事业有成者，有六十余人。显要者有刘秉忠、张文谦、李德辉、刘肃、姚枢、许衡、窦默、赵复、张德辉、李治、元好问、王鹗、高鸣、杨果、郝经、宋子贞、商挺、杨奂等。他们可称为"金莲川幕府文臣"，历史上也称"金莲川文人集团"。

他们或为同乡，或为同学，或为姻亲，郝经、赵璧、宋子贞是山西人；姚枢、许衡是河南人；商挺、王鹗是山东人；刘秉忠、张文谦、李冶是河北人。窦默与姚枢、许衡又是同学关系，在未入府之前，三人同居大名。刘秉忠与张文谦是少时的同窗。姚枢曾把所得程、朱著作授予郝经和刘因，当他被召至京师时，把自己的"雪斋"赠与许衡居住。刘秉忠娶窦默之女为妻。商挺曾为刘秉忠编选文集。他们能够走到一起，是以相同的志向、相投的意气为前提的。

这个集团对大元帝国建国的政治结构、经济发展、文化繁荣、教育普及起了很大的作用，而这个集团的个人文学创作对元代文学以及后来的中国文学有着一定影响。

金莲川幕府的幕僚们提出了忽必烈就是蒙古最优秀的帝王，他理所当然地应该登上帝位。后来，忽必烈登上帝位，幕僚们辅佐忽必烈稳固了蒙古汗位，并按中原传统的封建制度建立了强大的元政权。

金莲川幕府文臣还一再力谏元世祖推行汉法，并按中原封建王朝的传统制度，为元朝制定了一整套一如汉法的礼乐朝仪、典章制度，诸如起用汉儒、复兴理学、恢复科举、重视农业等等。

忽必烈对幕府成员所提出来的建议几乎是不折不扣地实施，这样忽必烈从蒙古大汗蜕变到封建帝王，并在金莲川幕府文臣武将的辅佐下，完成了中国的重新统一，忽必烈实现了做一个中原英主的远大理想。

受命进攻云南大理

蒙哥汗元年夏，蒙哥即位的大聚会在曲雕阿兰召开，他在东、西道诸王拥戴下，成为蒙古帝国第四任大汗。

蒙哥即位后举行了盛大的宴会，这时窝阔台的孙子失烈门、脑忽等人以朝会为名率军前来偷袭，他们想通过刺杀蒙哥把汗位抢回来。蒙哥的鹰夫克薛杰路遇失烈门等人的车队，发现了他们的阴谋并向蒙哥报告。

蒙哥随即派忙哥撒儿逮捕参与阴谋的诸王、大臣，并展开审讯。在结束审讯后，蒙哥开始安排远征任务，委付其弟忽必烈以东方诸地，幼弟旭烈兀汗往主西方大食地。

为了配合他们的远征，蒙哥以牙剌瓦赤、不只儿、斡鲁不、睹答儿等充燕京等处行尚书省事，赛典赤、匿昝马丁佐之；以讷怀、塔剌海、麻速忽等充别失八里等处行尚书省事，暗都剌兀尊、阿合马、也的沙佐之；以阿儿浑充阿母河等处行尚书省事，法合鲁丁、匿只马丁佐之。

蒙哥让牙老瓦赤给忽必烈伐宋做后援，而让阿儿浑给旭烈兀西征做后援。成吉思汗西征归来后，牙老瓦赤父子受命管理西域。窝阔台时期，又任命牙老瓦赤为中州大断事官，到燕京主管汉民公事。

蒙哥即位后，经过审讯，确定牙老瓦赤没有参与谋杀阴谋，依旧任命他主管汉民公事，并对他宠信有加。

这时，忽必烈藩府谋士姚枢这时向忽必烈进言：

且今天下土地之广，人民之殷，财赋之阜，有加汉地者乎？军民吾尽有之，天子何为？异时廷臣间之，必悔见夺。不若惟持兵权，供亿之须，取之有司，则势顺理安。

忽必烈接受了姚枢的建议，只领汉地兵权，财政事务则由牙老瓦赤、不只儿等人负责。

忽必烈在参加完蒙哥即位的庆典后，带领军队从拖雷的封地出发，前往漠南汉地，集结镇戍汉地的蒙古、汉军。

当年，成吉思汗西征，将经略中原的任务交给了大将木华黎。成吉思汗将弘吉剌、亦乞烈思、兀鲁兀、忙兀等十支蒙古军队和吾也而统辖的契丹、蕃、汉等军队划归木华黎，组建了木华黎军团。

木华黎死后，他的军团由其子孛鲁统领。孛鲁死后，军团由其子塔思统领。塔思死后，军团由其弟速浑察统领。

速浑察死后，其子忽林池袭爵为国王，对于军团中的事务，不论大小，他均与其弟乃燕商议。忽必烈在藩府时，经常与乃燕商议国是。乃燕敷陈大义，又明悉典故。

忽必烈对左右说："乃燕，后必可大用。"因号之曰薛禅，意思就是"大贤"。蒙哥将灭亡南宋的任务交给了忽必烈，而乃燕实际上是木华黎军团的统帅，忽必烈与乃燕商讨的内容包括如何灭亡南宋在内。

姚枢针对蒙古与南宋之间的对峙形势，向忽必烈上了《平宋策》，其中这样说：

太祖承天大命，兵取天下，功未及竟而遂陟遐。太宗平金，遣二太子总大军南伐，降唐、邓、均、德安四地，拔枣阳、光化，留军戍边，襄、樊、寿、泗继亦来归，而寿、泗之民尽于军官分有，由是降附路绝。虽岁加兵淮、蜀，军将惟利剽杀，子女玉帛悉归其家，城无居民，野皆榛莽。何若以是秋去春来之兵，分屯要地，寇至则战，寇去则耕，积谷高廪。边备既实，俟时大举，则宋可平。

姚枢建议在蒙古与南宋交界的险要地方分兵驻守，并实行屯田以储备粮食，伺机发起进攻。

忽必烈采纳了他的建议，但是蒙哥宠信的牙老瓦赤惟事货赂、滥杀无辜，根本不知爱惜民力、与民休息，致使汉地民不聊生，为了限制牙老瓦赤的权力，忽必烈向蒙哥推荐史天泽担任河南经略使。

史天泽，字润甫，燕京永清人。少善骑射，勇力过人。在蒙古灭金的战争中，许多汉人地主招集部曲，据险自守。他们有的投靠了大蒙古国，被称为世侯，史天泽就是当时汉地几个大世侯之一。

成吉思汗攻掠金朝时，史天泽随其兄史天倪投降蒙古。史天倪死后，孛鲁国王任命史天泽袭职为都元帅，身经百战。

窝阔台即位后，史天泽入觐，被任命为真定、河间、大名、东平、济南五路万户，为汉地三万户之一。随后他参与了蒙古军队灭亡金朝的战役。

金朝灭亡后，史天泽又随宗土经略两淮。蒙哥即位后，史天泽按照惯例前往漠北觐见，蒙哥赏赐卫州五城作为他的封地。蒙哥汗二年春，忽必烈到达漠南，推举史天泽为河南经略使，正是看中史天泽忠心耿耿、历仕四朝，有足够的资历与牙老瓦赤相抗衡。

史天泽和藩府谋士赵璧到达河南后，选贤才居幕府，以清其源，置提领布郡县，以察其奸，均赋税以苏疲困，更钞法以通有无，设行仓以给军饷，人始免攘夺矣。立边城以遏寇冲，民皆得以保全矣。诛奸恶以肃官吏，立屯田保甲以实边鄙。

在忽必烈和他的藩府谋士共同努力下，河南自金朝灭亡以后民不聊生的状况得到初步改善。军事方面，忽必烈在西起穰邓的地方驻扎重兵，与襄阳形成犄角之势，向东连接陈州、亳州、清口、桃源，形成防御屏障，并伺机进攻南宋。

为了解决这条防线的后勤补给问题，忽必烈在卫州设立转运司，将粮食通过黄河运输到淮河前线。

蒙哥汗三年，忽必烈觐见蒙哥，蒙哥让他在南京和关中两地选择一处作为封地，忽必烈听从了姚枢的建议，选择了关中作为封地。

这年夏天，忽必烈带领军队来到六盘山，派姚枢等人治理关中，并接见了吐蕃萨迦派高僧八思巴。驻守益昌的汪德臣也在此时入见忽必烈，乞免益昌赋税及徭役漕粮，屯田为长久计。

元世祖忽必烈传

汪德臣为汪世显之子。汪世显金末为巩昌府便宜总帅，金亡后投降蒙古，被委以原职。汪世显死后，其爵位由其子汪德臣承袭。忽必烈听取了汪德臣的意见，把他调往利州戍守，又把刘黑马调往成都戍守。

刘黑马为刘伯林之子，他与史天泽一样，是窝阔台任命的汉地三万户之一，长期驻守西京。为了解决汪德臣和刘黑马部的后勤补给，忽必烈将山西解盐划归陕西，设置从宜所，向兴元运输粮食；又在秦州设置行部，负责向利州运输粮食。由此可见，忽必烈正在逐步完善他的进攻体系，以期尽快实现灭宋任务。

忽必烈进兵伐宋，而南宋采取坚壁清野的措施，以阻止蒙古军队的推进。金朝和南宋在淮河、四川边界对峙长达一百多年，双方势均力敌。

长期对峙的状态导致边界地区社会严重军事化，南宋在边界地区建立了完善的防御体系。蒙古灭金以后，与南宋直接接壤，其军队战斗力也远胜金军，但未能打破这一平衡局面。

忽必烈的军队僵持在淮、蜀前线，根本原因是因为汉地不治，不能提供足够的军粮。在缺乏军粮的情况下，忽必烈乃遣使赴蒙哥汗处，以实情奏闻，请许其先征云南大理，再夹击南宋。

大理国是西南一带建立的多民族政权，全国尊崇佛教，历代国君多于暮年禅位为僧。五代时期，后晋通海节度使段思平联合洱海地区贵族高方、董伽罗灭大义宁国，定都羊苴咩城，国号"大理"，史称"前理"。

宋哲宗绍圣元年，一直以来都在专权的高升泰自立为帝，篡夺段氏政权。高升泰病逝后，由于云南诸部的反对，高升泰临终嘱咐其子高泰明还政段氏，于是高泰明拥立段正淳为大理皇帝。由于段氏政权中断过，故从段正淳起的大理国史称"后理国"。

"后理"先后经过段正淳、段誉、段正兴、段智兴、段智廉、段智祥几世统治，到段祥兴时代，蒙古开始南侵。由于连续进攻均达不到目的，于是蒙古决定采取史无前例的迂回战略，先从四川附近的吐蕃地区以达大理，再从大理对南宋腹地发动进攻，一直僻地自守的大理国从此身不由己地卷入了宋蒙战争之中，并与蒙古军队发生了激战。

段氏意识到，要抗击蒙古军队，必须与南宋联合起来，便遣使四川，想与南宋共议御敌之策，却遭到拒绝。其结果是大理国在大渡河一带没有形成有效的防区，而只好把防线收缩到金沙江一带。

在蒙哥即位的同年，段祥兴驾崩，段智兴即位。蒙哥即位后，即同意了忽必烈出兵云南获取军粮的请求。

蒙古宪宗二年九月，蒙哥汗命忽必烈和大将兀良合台统军，发动了对大理国的大规模征伐。当年十二月，大军趁冬季封冻之机，越过黄河，进入河湟之地。第二年春天，大军经过盐夏，四月出萧关，六月进驻六盘山，八月抵达甘肃南部的临洮。

大军到达临洮后，忽必烈做了两件事：一是遣使赴凉州召吐蕃萨迦派首领八思巴，为大军过藏区作准备；二是派遣玉律术、王君侯、王鉴三人先行，招降大理。

前者应召而至，后者却因道路阻塞无功而返，这说明蒙古军用兵还是以谋略为上。在八思巴的协助下，蒙古大军顺利进入川西地区，九月，抵达忒刺，即今天四川西部松潘一带。

大理国在金沙江以北设有建昌、会川二府，这里是南诏时期东蛮所居之地，这里的部族虽在大理国建昌、会川二府管理之下，但同时常常依附于宋王朝的黎州，一如南诏时期的东蛮，既归南诏，又倾向唐王朝的剑南西川节度。

蒙古军队进至大渡河边后，忽必烈将大军分为三路，兀良合台率西路，抄合、也只烈率东路，忽必烈亲率中路，分别进攻大理国。

兀良合台所率西路军，由晏当路南下，经川西藏区，进至今云南迪庆州香格里拉县一带，在巨甸渡过金沙江。

西路军在今丽江石鼓一带，被"空和寨"所阻。空和寨是大理国在金沙江边设置的军事要隘，沿江依山而筑，牢不可破。兀良合台亲自率军出战，经过七天的激战，才攻破寨门。

抄合、也只烈所率的东路军，沿川西平原南下，进入大理国建昌、会川二府辖地。此路大军的战略意图，是占领建昌、会川二府，过金沙江，进逼姚州，转而西进，与中路军、西路军会师，合围大理国都城羊苴咩城。

姚州即今云南姚安，这是由四川进入云南的传统通道之一。南诏大理国时期，姚州为仅次于"首邑之地"洱海周边地区的重要辖区。但东路军进入大理国建昌、会川二府后，遭遇顽强抵抗，后来虽兵临姚州城下，也不能攻克城池，只好停下，等待忽必烈中路大军的支援。

忽必烈率领的中路军，先到达满陀城，由于行军不便，蒙古军丢下粮草辎重，轻装渡过大渡河，在高山峡谷无人区之中，急行二千余里，到达金沙江畔。

忽必烈中路军的行军路线，是由大渡河而南，沿河谷南下，到达今丽江宁蒗县永宁镇金沙江北侧。么些族的首领和字出降，为蒙古军引路。

蒙古军队虽来自大漠，不习水性，但出师之前，他们对大理国的山

元世祖忽必烈传

川地势有详细的了解，知道这里有大渡河、金沙江、洱海等河流湖泊，为渡河做好了准备。

忽必烈率领蒙古军队来到金沙江边，面对汹涌的江水，蒙古军士不用船只，使用北方人渡河惯用的"革囊"渡过了金沙江天险。

"革"者，"皮"也，"革囊"，顾名思义就是皮子做的气囊。中国北方，特别是黄河两岸，普通百姓过河，都是乘革囊而过。革囊一般用羊皮做成，制作的方法，大概是将羊宰杀之后，用细管向羊皮中吹气，使皮肉之间产生气流，再用力捶打羊皮，羊皮就会与羊肉分离。这时，割下羊头与四肢，然后将羊皮从头部向下撕拉，羊皮就会完整地剥下来，然后只要将头部、四肢及尾部的孔洞扎紧，就天衣无缝了。

船工向皮囊中吹气，羊皮就膨胀为鼓鼓囊囊的革囊。这种革囊，人们可以藉之只身渡河，也可以用它承载木筏，同时让许多人漂浮过河。大致说来，大凡水流湍急、不易舟楫的河流，都采用这种"革囊渡江"的方式，即历史上有名的"元跨革囊"。

渡过金沙江之后，忽必烈率领的中路军，由永宁南行，从今天的宁蒗县境内直驱丽江，到达大匮，进而攻击三赕，么些族首领麦良出降。

蒙古军由三赕至谋统，高氏出降，邻近的善巨高氏也投降了蒙古军队。至此，忽必烈所率的中路军沿途招降纳叛，把大渡河以南直到云南西北部的大理国辖地，都收归到自己的帐下。

大理国西北的军事防御体系，大渡河、金沙江两道天险，以及无数的"蛮夷"部族所形成的缓冲区域，霎时间被"天兵"所破。段氏、高氏万万没有想到，蒙古军犹如天降，一下子就出现在苍山洱海之间。

紧接着，忽必烈率领的中路军，首先攻下邓川。这时，兀良合台所率的西路军，也抵达龙首关外，两路大军合兵一处，乘势攻破龙首关，大理国"首邑之地"的北大门洞开。

这时，东路军抄合接到忽必烈派人送来的快信，要他改变原先的进军计划，尽快在三赕与中路军和西路军会师。抄合得到忽必烈命令后，即刻起兵南下进入大理国境内，在占领了大理军队已经撤离的会川城后，就挥师西向，尾随忽必烈的中路军向三赕进发。

蒙古军在三赕休整了几天，等待随后赶来的抄合率领的东路蒙军，并对来迎降的当地么些部落首领阿宗、阿良等分别授以"管民官""宣慰司"等官职，让他们作为土司帮助蒙古治理么些地区，并召集么些人参加蒙古军队。

当蒙古军集齐后，忽必烈与诸路统帅商定了夺取大理国都的军事部署。随后大军开拔，开始对大理国展开决定性一击。大理国内各族的贵族分子纷纷降蒙。

当时的大理国，军事力量并不薄弱，但为了削弱段氏势力、控制国政，高氏有意一方面把大理国军队的精锐置于自己的控制之下，一方面则着力发展自己的地方武装，王畿之地的力量反而相当薄弱。

蒙古大军占领大釐后，沿苍山山麓小道，很快直抵羊苴咩城下。经南诏大理国近五百年经营的羊苴咩城，可以说是固若金汤。从战略上说，蒙古军并无十分把握攻占此城。

回想唐朝天宝年间，唐军就曾攻至城下，最后却落得全军覆没的下场。所以，蒙古军虽有兵临城下之优势，但忽必烈并不急于攻城，他认为如果能兵不血刃，订立城下之盟，那才是上善之策。

于是，忽必烈再次派遣玉律术、王君侯、王鉴三位特使入城，谕示大理国段氏出降。但大理国段氏、高氏君臣却颇为自信，他们杀了蒙古使臣，丝毫不理会忽必烈的招降。

国王段智兴、相国高泰祥引兵出战，与蒙古军大战于羊苴咩城下。面对坚固的城池和高昂的士气，蒙古军一时攻城难克，忽必烈决定再遣使臣招谕大理国君臣，劝其出降。"三返弗听"，大理国断然拒绝投降。

忽必烈命令蒙古勇士组成一支特别队伍，绕道苍山西坡，由西向东翻越苍山。这支登山部队，十之八九死在苍山之上，但最终完成使命。

存活下来的军士，在苍山上组成一支奇兵，军旗招展，鼓号齐鸣，由山顶直冲而下，突入城中。大理国君臣被这种"太阳从西边出来"的气势所逼，弃城而逃，退守姚州、善阐。

此次军事行动，是自南诏统一洱海地区以来，外部军事力量第一次攻入羊苴咩城，南诏大理国城防体系被蒙古铁骑踏破。

忽必烈采纳募臣姚枢建议，禁止妄杀，安抚百姓，稳定秩序。忽必烈命令姚枢裂帛为旗，上写"止杀"，分头号令各街巷，于是军民安定。姚枢还搜集了大理的图书档册。

蒙古军队乘胜追至姚州，与在那里久战不胜的东路军会合，攻克姚州城，俘获大理国相国高泰祥。蒙古军队将其押往大理，劝其投降，高泰祥宁死不降，忽必烈怜其忠诚，不忍杀害，许其高官，高泰祥坚持不受，忽必烈只好命令将他处死。

高泰祥引颈受戮，临刑时呼之："段运不回，天使其然，为臣陨首，吾事毕矣！"此时原白日正午，晴空万里，倏忽间雷电大作，风沙愁惨，观者莫不掩泣。忽必烈叹曰："忠臣也！"以礼葬之。

同年十二月，夫人段氏抱孤儿高琼、侄儿高长寿到忽必烈面前申诉，忽必烈怜其孤忠，谓左右曰："此忠臣之后，宜善视之！"封其在统矢逻做官，并受世袭。后来，高氏子孙有的被封为姚安、鹤庆等地方的土司，世代承袭三十多代，直至改土归流。

蒙哥汗四年，忽必烈北归，留兀良合台继续进攻。蒙古军在兀良合台率领下，擒获大理国末代国王段智兴，并将他送到蒙古。蒙哥汗施以怀柔，赐金符，令其归国，继续管理原属各部。大理国从段思平至段智兴，共传二十二代，历三百一十七年，于此灭亡。

蒙古军队虽获得大胜，但损失也是空前的。当年出师奔袭大理国的十万铁骑，仅存两万，损失了五分之四。至今，云南许多地方都还有为数众多的"鞑子坟"，据说就是当年蒙古阵亡将士的墓冢。

忽必烈灭大理国，但建昌、会川各部落不服统治，部落之间争夺也异常激烈。到忽必烈称帝后，建昌落兰部诸土酋长兼并了各部落，元军多次征伐建昌，都屡遭失败。直到忽必烈执政晚期，才最终实现平定各部。

蒙古灭大理国之后，对云南实行了二十年的军事管制。行省建立之前，蒙古先在大理立"元帅府"，总制大理国旧地，后改为"大理善阐都元帅府"，再后改为"云南诸路宣慰司"，下辖万户、千户、百户府。

后来，忽必烈在云南设立行省，任命赛典赤为平章政事，改万户、千户、百户府为路、府、州、县，云南从军事管制时期进入正常的行政管理阶段。云南行省建立时，将首府由大理迁至中庆，结束了大理作为云南首府的历史。

大理国灭亡后，蒙古"斡腹之举"的战略意图实现，对南宋形成了夹击之势。后来，当蒙古军三路进攻南宋时，大理国王段智兴的叔父段福率领"爨白军"随蒙古军征战至鄂口。

元世祖忽必烈传

受命发兵攻打南宋

忽必烈远征云南虽然从战略上对南宋形成了包围，但取得军粮的目的并未实现。忽必烈回到六盘山后，有人向蒙哥告发忽必烈得到汉地的人心，他的藩府谋士治理河南、关中，唯利是图。

远征西域的旭烈兀进展顺利，捷报频传，而忽必烈的远征未能取得粮食。蒙哥于是怀疑忽必烈私吞钱谷，就派亲信阿兰答儿到关中设置勾考局，查核京兆、河南财赋。

蒙哥给了阿兰答儿很大的权力，除了刘黑马、史天泽需要奏请他裁决外，阿兰答儿对其他人拥有生杀之权，可见蒙哥对忽必烈的猜忌之深。

阿兰答儿等对河南经略司、京兆宣抚司的官员罗织一百余条罪状，旨在除灭忽必烈所信用的官员，削弱他的势力。

与此同时，蒙哥以忽必烈有病为由，解除了他的兵权，让他回到合剌温山的家中休息。十二月，忽必烈亲自去朝见蒙哥。蒙哥见忽必烈来朝，相对泣下，要他不必再作表白。

蒙哥汗八年二月，蒙哥汗为建立超过父祖的功业，决定发动全面侵宋战争，彻底征服南宋。西路由蒙哥亲征攻四川，宗王塔察儿率东路军攻荆山，以分割宋朝兵力。十一月，由于塔察儿攻宋不利，蒙哥不得不改命其弟、总领漠南汉地军国庶事忽必烈统领东路军。

蒙哥妄想在踏平川蜀后，与忽必烈的东路军攻下鄂州会师，直趋南宋首都临安。蒙哥率军四万，由陇州经大散关南进，至利州。擢利州守将巩昌便宜总帅汪德臣为征蜀前锋将，率军南进。

蒙哥征服川西北大部州县后，率军进至武胜山，准备攻钓鱼城。钓鱼城坐落在今重庆市合川区城东五公里的钓鱼山上，其山突兀耸立，相对高度约三百米。山下嘉陵江、渠江、涪江三江汇流，南、北、西三面环水，地势十分险要。这里有山水之险，也有交通之便，经水路及陆路，可通达四川各地。

元世祖忽必烈传

钓鱼城是当时南宋在四川的防御重点。蒙古窝阔台汗八年阳平关之战后，整个四川地区几近沦陷。为扭转颓势、巩固上游，南宋皇帝理宗派战绩卓著的将领余玠入蜀主政。

余玠入蜀后，播州安抚使杨文献上了保蜀三策，他认为，蒙古人过去如入无人之境，全是因为不能把他们抵御在门户之外，把守住阳平、七盘、剑门三关是防御上策；在险要处建城壕是中策；下策则是沿江自守，任敌人来去自由。

余玠对杨文的策略十分赞赏，但由于当时阳平、七盘已失，对于全蜀关键、守蜀重点在哪儿，余玠仍举棋不定。

为集思广益、求得良策，余玠在重庆设招贤馆，杨文主政下的冉璡、冉璞兄弟献策，提出以钓鱼山为中心建立山城防御体系，这样胜过十万雄兵，四川也能固守。

这一方案立即得到了余玠的认可，报宋廷同意，冉氏兄弟全权负责筑城迁州之事。建成后的钓鱼城分内、外城，外城筑在悬崖峭壁之上，城墙由条石垒成，有八道城门，门上建楼，分别名为护国、始关、小东、新东、菁华、出奇、奇胜、镇西。城内面积一点九平方公里，有数千亩良田和四季不绝的丰富水源。

整个合州迁入钓鱼城后，军民结合、耕战结合、可攻可守，俨然成了一座军事重镇。

后来余玠又以此为样板，采取"守点不守线，联点而成线"的策略，在四川各险要处修筑二十余座山城，形成了一个完备的山城防御体系，钓鱼城则是这一体系的核心和最坚固的堡垒。

时任合州知州的王坚，调动治下石照、汉初、巴川、赤水、铜梁五县共十七万人，增筑城防设施，加修了一条藏兵、运兵的地下秘密坑道。

坑道由条石扣砌而成，高一点二五米，宽一米，呈直线形向内延伸，入洞后约十五米有一个隘口，只能容一个人侧身前进，再往前则豁然开阔，可以直达钓鱼城西、南、北三面。王坚还把西门内的天池扩大到周围一百多步，新开小池十三处，凿井九十二眼，使钓鱼城有了充足的水源。

当时成都及川西北府州均被蒙古军队占领，所以蒙哥并未把小小的钓鱼城放在眼里，他命降臣晋国宝入城劝降。

王坚拒绝后先放了他，后又用快船追回，宣布他投降叛国的罪名。晋国宝说："两国交兵，不斩来使。"

王坚哈哈大笑说："来使已经放回，我杀的是追回来的叛臣。"随即在阅武场将其正法。

蒙哥得到晋国宝被杀的消息，大为震怒，率军从鸡爪滩渡过渠江，在石子山扎营，亲自在钓鱼城下督战。

蒙哥对钓鱼城的战斗部署是：令李忽兰吉与怯里马可率战船二百艘，掠夺粮船，并在江山造浮桥以方便通行；令史天泽的军队在城南封锁嘉陵江江面；令都总帅汪德臣率军负责钓鱼城西北面，夺取城外山寨；派大将郑温率军四千人在钓鱼山周围负责巡逻。

当日，蒙古军开始攻打一字城墙。一字城墙又叫横城墙，钓鱼城南北各筑有一道直伸入嘉陵江中的一字城墙。其作用在于阻碍城外敌军运动，同时城内守军又可通过外城墙运动至一字城墙拒敌，与外城墙形成夹角交叉攻击点。

蒙古军攻破城南外城后，从二月初七到三月底，先后猛攻镇西门、东新门、菁华门等处，都被击退。此后，接连二十天大雷雨，蒙古军不得不暂时停止进攻。

雷雨一停，蒙哥亲自督军攻打失去南外城屏障的护国门。护国门是钓鱼城最大的城门，两面都是悬崖峭壁，城中军民在此以栈道出入。护国门东一百多米的城墙下还有一个隐秘的飞檐洞，天然的巨石夹峙，形成了"一线天"孔道，洞周围古木参天、藤萝牵绕，便于隐蔽，是城中军民偷袭骚扰蒙古军的一处秘密出口，有"可出而不可入"之说。

王坚组织敢死队员从暗道攀岩而下，内外夹击，大败蒙古军。屡次失败后，蒙哥想出了一个好办法：挖地道。

元世祖忽必烈传

很快，地道挖好，蒙古士兵悄悄进入地道蛰伏。夜深人静时，攻入奇胜门，杀死许多军民。然而，王坚率敢死兵士同蒙古军展开激烈搏杀，奋力将其击退，随后将地道堵死。

此时天气渐渐转暖，一场大雨后，随之而来的就是酷热，蒙古人开始不适应南方湿热的气候，军中痢疾流行，士气低落，战斗力大大下降。相反，钓鱼城军民斗志愈益昂扬，宋军将领能够在城上"张盖而坐"从容指挥。

钓鱼城久攻不下，大将术速忽里认为，不如留少量军队骚扰，主力沿长江水路东下，与忽必烈等军会师，一举灭掉南宋。但蒙哥没有采纳术速忽里的建议，决意继续攻城。

六月，汪德臣乘夜率兵攻上钓鱼城外的马军寨，杀死寨主和守军。王坚率兵防御，相持到天明，恰好天降大雨，蒙古军攻城云梯折断，被迫撤退。

汪德臣单骑至钓鱼城下，招降城中守军。他说："你们的援军已被我打退，钓鱼城早晚是保不住的，你们趁早投降，我保一城军民不死，不要同王坚顽抗！"

汪德臣话音未落，炮石如雨点般打来。汪德臣中石负伤，不久死于缙云山寺庙中。蒙哥闻知死讯，扼腕叹息，如失左右手。

这一年正值大旱，半年无雨，王坚"坚壁清野"的策略使蒙军陷入极大的补给困难。

蒙哥急于了解城内具体情况，便命士兵在钓鱼城东门对面二百米外的高地脑顶坪筑台，台上架起一座高楼，楼顶接上长杆，高过钓鱼城的城墙，上有飞车，人在里面可以窥视城内一举一动。

钓鱼城军民在蒙古军筑台建楼时，就对准那里安好了炮位。七月二十一日，蒙哥亲自率兵来到城下，刚把飞车升起，还没有来得及看清城内情况，城内多个投石机集中发射，飞箭、巨石如同雨下，桅杆被打折，飞车内的士兵也被抛到百步以外摔死。

蒙哥中了飞石，退回营中。为了动摇蒙古军攻城的决心，钓鱼城守将把三十多斤重的两尾鲜鱼加上面饼数百张，用投石机抛到蒙古军营中，并附信一封，上书："英雄的蒙兀儿！请你尝尝我们的鲜鱼面饼吧！如果您愿意，我们再战十年，如何？"

蒙哥看完信，从病床上负痛而起，对侍从说："如果攻下城池，杀尽全城军民，为我雪恨！"言罢气绝身亡。为了报复，运尸北归途中，蒙古军见人就杀，沿途遭杀害的百姓达两万人之多。

再说忽必烈根据蒙哥的旨意，于蒙哥汗八年十一月在开平东北行祭旗礼，正式出兵启程南下攻宋，进军鄂州。南宋的鄂州位于今湖北省会武汉的武昌，地处长江中游，扼汉水入口。

鄂州在行政区划上属荆湖北路领辖，与襄阳、江陵构成了京湖战区，隔江与淮南西路为邻，东南寿昌军与江南西路兴国军接壤，形势十分险要——"西可以援蜀，东可以援淮，北可以镇荆湖"，而且"荆湖之路稍警，则江浙诸郡焉得高枕而卧"！早在南宋初年，名将岳飞与岳家军就驻兵此处。可见它的重要军事地理意义。

蒙哥汗九年七月，忽必烈率军抵达河南汝南，继续向南宋进发，并命杨惟中、郝经宣抚江淮。忽必烈忽然得知蒙哥死于钓鱼城，误为谣

争得帝位

言，于是采取招降与进攻两手，继续前进。

八月十五日，忽必烈率主力渡过淮河。二十日，破大胜关，宋戍兵皆遁。万户张柔率军攻最险要的虎头关，先与宋军战于沙窝，其子张弘彦将宋军击败，继而破守关宋兵。

二十一日，忽必烈至黄陵，三十日，率军抵长江北岸。时任南宋沿江制置副使的袁玠是权臣丁大全的党羽，为政横征暴敛，当地百姓无不痛恨。及蒙古军至，渔人尽献渔舟济师，并自愿做向导。

九月初一，在四川的忽必烈异母弟末哥派来的使者向忽必烈宣布蒙哥去世的消息，并请忽必烈北归继承帝位。忽必烈认为"吾奉命南来，岂可无功遽还？"仍然率师渡江，围攻鄂州。

九月初三，忽必烈登上阳逻堡北面高地，俯瞰大江，见江北有武湖，湖东江岸筑阳逻堡，南岸即浒黄川，宋军以大舟扼江渡，拥兵十万，战船二千，列阵于江中，水陆阵容严整。蒙古军当即遣军夺大舟两艘，连夜准备舟楫，欲夺据点阳逻堡、强渡大江。

元世祖忽必烈传

初四晨，风雨昏暗，诸将以为不可渡江。忽必烈不从，令扬旗伐鼓，分兵三道并进。勇将董文炳率敢死士数百人冲其前，乘艨艟击鼓急进，直达南岸，诸军也竞相争渡。

习水战的忽必烈部将张荣实率军乘轻舟鏖战于北岸，获宋大船二十艘，俘二百人，斩宋将吕文信。水军万户解诚部将朱国宝率精兵与宋军战于中流，凡十七战，夺宋船千余艘，杀溺宋兵甚众。

蒙古军迅速渡江，董文炳向忽必烈报捷。忽必烈闻报大喜，传令全军进围鄂州城，同时以一部兵力由郑鼎率领袭江西，另遣兵于湖南接应绕道大理而攻击宋朝腹地的兀良合台军。

忽必烈渡江后，驻营于浒黄州，下令军士有擅入民家者，以军法从事，凡所俘获，悉纵之。初六，派人前往鄂城招降。使者行至东门，宋军箭如雨下。

忽必烈知道宋军有所准备，于是在初九率军将鄂州团团围住。因为蒙哥进攻四川的缘故，枢密使贾似道、四川制置副使吕文德等人率领的大军都在支援长江上游，鄂州只有都统权州事张胜主事，兵力十分空虚，守备顿时危急起来。

十一日，忽必烈登城东北压云亭，立高楼观察城中军情，见城中出兵，即遣兵迎战，俘宋军二人。后遣将携宋降人至城下劝降，张胜杀死降人并遣兵出击，又被击败。

张胜于是用缓兵之计，佯称归附，诱劝蒙古军东撤。蒙古军中计后撤，张胜趁机将城周围民居焚毁，使鄂州城防成为一体。这时宋将高达、邝应从江陵率军入援。

蒙古军百户长巩彦晖迎战，高达设下伏兵后假意撤退，一举擒杀巩彦晖。鄂州之战处于相持状态。

宋理宗一面组织义勇，一面命各制司进兵赴援。二十八日，宋廷诏大臣贾似道节制江西、两广人马，立即援助中流，以增强抵抗蒙军进攻的能力。

贾似道，字师宪，号悦生。浙江天台屯桥松溪人。京湖制置使贾涉之子，生母胡氏是贾涉的小妾。贾涉死时，贾似道年仅十一岁。端平元年以父荫为嘉兴司仓、籍田令。

嘉熙二年，贾似道登进士，当时他的姐姐已为宋理宗贵妃。理宗对他非常看重，擢升他为太常丞、军器监。京尹史岩之说他材可大用，又升为知澧州。

淳祐元年，改湖广统领，始领军事。三年，加户部侍郎。五年，以宝章阁直学士为沿江制置副使，知江州兼江南西路安抚使，再迁京湖制置使兼知江陵府。九年，加宝文阁学士、京湖安抚制置大使。十年，以端明殿学士移镇两淮。宝祐二年，加同知枢密院事、临海郡开国公。四年，加参知政事。五年，加知枢密院事。六年，改两淮宣抚大使。其主要职任均为护边、屯垦、招徕。

宋理宗绍定五年，蒙古向南宋政府提倡"联蒙灭金"的条文，与蒙古结成盟友。后于端平元年，宋蒙联军成功灭金，但蒙古却违背之前定下来的条文，把宋应得的土地削减，宋出兵强行要回土地，但无济于事，惨败而归，更被蒙古以"违约"名义入侵。

面对危险局面，宋理宗寄希望于贾似道。贾似道自汉阳进入危急的鄂州城内督师，亲自指挥鄂州保卫战。宋理宗也派使者拜贾似道为右丞相。

蒙古军包围鄂州后，在城外造起了一座五丈高的瞭望台。忽必烈每日在上面指挥攻城。由于久攻鄂州不克，又听说宋援军到来，忽必烈下令抓紧攻城。于是组织敢死队，由勇将张禧、张弘纲父子率领，自城东南角入战，高达率诸将力战，张禧身负重伤而退。

忽必烈见状，对张柔说："吾犹猎者，不能擒圈中豕，野猎以供汝食，汝可破圈而取之。"

张柔乃命部将何伯祥造鹅车，掘洞入城，又选勇士登城，经激烈战斗后破城东南隅。高达率军奋力抗击，并组织人力修城墙，随破随修，使蒙古军不得入。

为防止蒙古军再次穴城而入，贾似道命宋军沿城墙内壁建造木栅，形成夹城。仅一夜时间，环城木栅全部竣工。

元世祖忽必烈传

忽必烈听说后，不得不承认贾似道的军事才干，感慨地说："吾安得如似道者用之。"

有些将领就归罪于士人，说都是士人力劝忽必烈不可杀人，造成鄂州不肯投降之故。

忽必烈当即驳斥道："彼守城者只一士人贾制置，汝十万众不能胜，杀人数月不能拔，汝辈之罪也，岂士人之罪乎！"

在贾似道的指挥下，南宋各路援军纷纷奔救鄂州。尤其是吕文德部自重庆沿江而下，在岳州击败张柔部的拦截后，于十一月初一日遣抵鄂州，使城守愈坚。

虽然鄂州暂时可保，但是宋朝的军事形势仍不容乐观。绕道云南的蒙古军兀良合台尝试攻击柳州与静江府失败，星夜从小路北上，杀到了宋荆湖南路首府潭州城下。江西一带也受到蒙古骑兵的骚扰。

南方腹地四面开花，这一情况引起了宋廷的极大震惊。监察御史饶应子认为："今精兵健将咸在阃外，湖南、江西地阔兵稀，虽老臣宿将可以镇压，然无兵何以连捍敌之来？当自内托出，不当自外赶入。"

于是宋理宗在十一月初一日下诏，命贾似道突围移司至黄州，在那组织起一道新的防线，以便更好地指挥宋军全局。然而从鄂州突困到黄州，是一条十分危险的道路。

吕文德遣部将孙虎臣将精兵七百护送，途中遭遇蒙古军，幸亏都是老弱残兵及所掠金帛子女，孙虎臣率军将其打败后，贾似道才得以顺利进入黄州。

贾似道移司成功，鼓舞了两淮、江西一带的士气。宋军死伤已经达到一万三千余人，鄂州之战初期的守将张胜也英勇地牺牲在了城头上。宋军虽伤亡严重，但在兵力上占上风，吕文德、高达等将领也沉着善战，蒙古军在鄂州城下一再受挫。

但贾似道见城中死伤达一万多人，就有点乱了方寸，派遣密使宋京到忽必烈大营，以称臣纳币等条件私自与蒙古军议和。忽必烈不想无功而返，拒绝了贾似道的要求。

时间进入冬季，蒙古军屡屡向鄂州发起强攻，但是疫病、缺粮使围城部队减员十之四五，战斗力急剧下降。令忽必烈更加担心的是，十一月，正妻察必派使者密报，和林众臣谋立忽必烈之弟阿里不哥，而且阿里不哥已经派阿兰答儿在开平附近调兵、脱里赤在燕京附近征集民兵，使者催促忽必烈早日北还。

忽必烈在军前召集他的将领、幕僚商议。儒臣们说："大王虽然素有人望，且握重兵，但是不知道海陵王的故事么？倘若阿里不哥自称受遗诏，便正位号，下诏中原，大王要回去还能行吗？"

郝经上《班师议》，以为灭宋战争绝非短时间所能奏功，而汗位之争事关大局，刻不容缓，建议忽必烈："断然班师，亟定大计，销祸于未然。"郝经的《班师议》坚定了忽必烈退兵北返的决心。

大臣廉希宪说："殿下太祖嫡孙，而且收召才杰，悉从人望，率土归心。愿速还京，正大位以安天下。"

忽必烈命廉希宪先行，观察事变，又命他前往赐宗王塔察儿饮膳，乘机提出拥立忽必烈的建议。塔察儿赞同此议，愿首倡推戴。

蒙哥汗九年底，忽必烈声称要进攻南宋首都临安，实际暗中开始做撤兵准备。

闰十一月，忽必烈正欲撤兵，贾似道再派宋京前来，愿以割江为界、岁纳银绢各二十万两匹为议和条件。忽必烈顺水推舟，同意议和，就轻骑北上与阿里不哥争夺汗位去了。

双方来不及讨论议和的具体条款，连蒙古议和使者赵璧也只丢下一句"俟他日复议"，就匆匆随军北去。

鄂州之役时，宋蒙之间曾就议和进行使节接触是没有疑问的。但蒙古方称贾似道提出以称臣和"割江焉界，且岁奉银、绢二十万"的条件退军，却是颇值得怀疑的。

假设贾似道真的给蒙古开出了这么优惠的条件，那么蒙古在撤军之后理应遣使过来要求兑现，或者在以后侵宋时也可大肆渲染，但是所有史书中都没有这种记载。如果说因贾似道隐瞒住了真相，那么南宋不见记录情有可原，蒙古方面也无记载就不合情理了。

元世祖忽必烈传

这很可能只是忽必烈的策略。一是以此为攻宋翻旧账，寻找口实、制造舆论；二是可以看成是蒙元的离间之计，混淆事实，以此制造宋廷内部的混乱；三是蒙古军全力攻打鄂州却无功而返，毕竟不是一件光彩之事，如果将退兵之原因说成是南宋妥协投降，就可以为失利的蒙古军开脱。

这时贾似道仅仅是宋军的前敌主帅，还不是后来一手遮天的权臣，割地、赔款、称臣等如此重大的事情必须请示宋理宗。秦桧在权势熏天时，主持绍兴和议依然要靠宋高宗做主；更何况这时的贾似道呢？而且，忽必烈作为一个颇有政治手腕的人，难道会去和无权做主的敌方大臣达成和议吗？

当时，贾似道鉴于双方力量达到平衡，就遣使劝蒙古退兵。宋朝历来有议和传统，贾似道极有可能象征性地提出岁币只是权宜之计，但所谓的划江、称臣并不存在，这既是贾似道不敢去做的，也是他根本做不到的。

十一月二十八日，忽必烈从牛头山出发后，一面声言趋临安，留大将拔突儿等率诸军继续围鄂。一面于开庆元年的闰十一月初一，还驻青山矶。第二天，忽必烈在长江岸边，派张文谦告谕诸将，六天后撤离鄂州，自己率军北返，开始了争夺蒙古汗位的斗争。

忽必烈临行，通知由大理入广西辗转打到潭州的兀良合台，解除潭州之围，渡江北撤。

当兀良合台军从新生矶渡过长江浮桥时，贾似道听从副将刘整的建议，命部将夏贵截断浮桥，俘杀了殿尾的百余名蒙古军。然后，他向朝廷谎报说是取得了鄂州大捷。

鄂州之战的结束使南宋摆脱了一场近似亡国的危机。作为总指挥的贾似道班师回朝，只字不提议和的事情，上表称"诸路大捷，鄂围始解，江汉肃清。宗社危而复安，实万世无疆之休！"

理宗大喜过望，以为贾似道再生百姓、重造宋室，功勋不在赵普、文彦博之下，命他立即入京以右丞相主持朝政。贾似道自此走上了南宋末位权臣的道路。

派遣郝经与南宋和谈

景定元年，忽必烈继承了汗位，但与阿里不哥的汗位之争还没有结束，内部统治尚不稳固，急需改善与南宋的关系。

鄂州和议只不过双方有此意向，而南宋方面有妥协让步的姿态，既未订立书面条款，甚至也没有达成明确的口头协议。因此，忽必烈便派郝经为国信使，与宋商谈和议。

郝经，字伯常，始祖郝仪由太原迁至潞州，八世祖郝祚又迁至泽州陵川。郝氏几代人在民间从教，是闻名遐迩的教育世家。郝经出生于金末乱世，九岁那年，蒙古三路大军开始了吞灭金朝的大举进攻，郝家逃往鲁山县。

可是鲁山遍地烽火，南去无路，只得又转向北方。可老百姓哪里晓得何处在打仗，一家人不知不觉卷入三峰山大战的漩涡。郝经曾祖父辈震、升、昺三支，因兵患竟然灭绝了两支！即使郝经家一支，也有多人死于兵祸。

战争的疾风骤雨，血淋淋的现实，严重影响着郝经思想的形成以及人生走向。他十岁流落到河北保定，第二年正月金亡。蒙古兵的狂暴杀戮，横尸遍野的惨景，深深烙在郝经心中。

好多年过去，不少蒙古官吏仍对占领区百姓疯狂盘剥，导致老百姓形同倒悬。郝经在《北风》诗中悲愤地呐喊：

> 北风胡为来，掣箭飞砂石。无乃化枢逆，苏负尘灰塞。愤叱一气转，大呼天地窄。俯思心恕恕，几为吾民泣……

郝经十二岁始知学，由于学问品行出众，先后被蒙古元帅贾辅和张柔聘请，在他们家中设馆教书。张柔家中富有藏书，郝经尽得观览，眼界更加开阔，学识上也有了极大长进。

在贾、张二世侯家做教师期间，郝经结识了金朝遗老元好问和理学大师赵复。他经常和元好问谈论作诗作文法。郝经赞赏元好问的学问和为人，称其为"一代宗匠"，并执弟子礼。

郝经多次拜见赵复，与他交游论道。赵复十分赏识郝经，称"江左为学读书如伯常者甚多，然似吾伯常挺然一气立于天地之间者，盖亦鲜矣"。

辛亥年春，二十九岁的郝经被事蒙的副元帅贾辅延为宾客，执教其子女。一位陵川道士赴全真道总教所在地燕都上香，经过保定时，向郝经倾诉了家乡人民深受蒙古官僚压迫而流离失所的悲惨景象。

郝经不仅眼泪盈眶，而且怒火填膺，冒着难以预测的风险，奋笔写了《河东罪言》。他高声疾呼："愿下一明诏，约束王府，罢其贡金，止其细分。""诸道选明干、通直总统，统一号令，轻敛薄赋，以养民力，安民心。"

蒙古人在初入中原之时仍保持着浓厚的野蛮习性，郝经写《河东罪言》这样的文章，是要冒很大风险的，稍有不慎，会有灭门之祸。有幸的是，郝经遇到了一代开国明君——元世祖忽必烈。

郝经看到蒙古王爷忽必烈掌控漠南军政大权后遍求贤才，延藩府金旧臣及四方文学之士于左右，金最后考中状元的好友王鹗被召去，金承安状元泽州老乡的李俊民也被召去。

郝经更加坚定了"用夏变夷"的信心，而且积极果断地开始了自己的行动。郝经于此时又写了《上赵经略书》。

赵经略即赵璧，是忽必烈的亲信，书信自然会传到忽必烈那儿。忽必烈没有因《河东罪言》中的过激言辞而降罪于郝经，反而对他喜爱有加，纳于王府。忽必烈深感这份血淋淋"民书"的分量，也使他由抽象到具象认识到"民失江山倒"的道理。

元宪宗六年正月，忽必烈向郝经问以经国安民之道和帝王当行之事，郝经"援引二帝三王治道以对，且告以亲亲而仁民，仁民而爱物之义"，忽必烈"喜溢不倦"。

元世祖忽必烈传

郝经就此登上了"用夏变夷""道济天下"的政治舞台，向忽必烈提出了大量建议。郝经的建议，有些虽不能立即施行，但后来元朝建立后，"凡更张制度"，采纳郝经建议"约十六七"。

除《河东罪言》外，郝经先后对忽必烈上书《思治论》《立国规模二十条》《便宜新政十六条》《东师议》《班师议》《立政议》等，可谓集"用夏变夷"之大成。这些表奏，为忽必烈设计了政治改革的大方向与操作要领。

郝经的这些奏章，深刻地影响了元代初期的政治建设。后来，忽必烈就皇帝位时发布的《继位诏》，针对郝经的《河东罪言》讲有下面一段话：

朝廷立制，本欲利民，而反害民，非法之弊，乃人之弊也。贪官污吏，滥刑虐政暴敛急征，使农夫不得安于田里者，危害非一，吾民安得不重困耶？旧弊苟不割除，新政安能有立？今后应科敛差发，斟酌民力，务求均平，期于安民，与吾民共享有生之乐而已。

后来，中书省成立，随即颁发政令，革除了蒙古诸王直接向分地人民征税的权力，大大改变了北方人民的生活状况。

就在忽必烈率师征战荆鄂的时候，郝经提倡的"仁政强国致胜"论收到明显成效。郝经作为忽必烈任命的"军纪督军"，惊喜地看到蒙古军队的军纪严明，出现了"渡江不杀降，百姓皆安顿；羊罗到武昌，相望两舍许……通衢万家市，巴商杂越旅"的喜人景象。

这一变化，标志着蒙古军队开始进入了一个新的里程。此诗反映的现象，是"用夏变夷"的捷报，也是儒家仁政文治思想、民本思想的胜利。

郝经的努力，终于有了结果。这一喜人景象，是一批中原知识分子中的有识之士共同努力的结果，郝经只是其中最杰出的一个。

郝经勇于改变自己，打破"唯汉是尊"的狭隘民族意识，努力"用夏变夷"，体现了先进的民族观、期盼统一的政治观、积极进取的人生观。他与同道的汉人知识分子，终于促成了中华大一统，收获了改造与建设蒙元社会的丰硕成果。

自从灭金以后，蒙古军就开始南下，力图尽快并吞南宋。元宪宗二年，忽必烈总师东路兵马，商讨征宋。

郝经对此持否定态度，他主张不要立即伐宋，而应把主要精力放在革除弊政，遵用汉法，选贤用能，创法立制，减轻赋税，屯田垦殖，巩固内部，使"天下一新"。忽必烈愕然间，竟然从之。

宪宗八年，当蒙哥汗命忽必烈分兵征鄂、大举南侵之时，郝经一再向忽必烈建议，亟言不应南下。

九年春，郝经随忽必烈征战荆鄂，驻军真定牛镇，郝经向忽必烈表奏：停止战争，与南宋通好。忽必烈又从之。

五月，在忽必烈召开的小濮州军事会议上，郝经在表奏的《七道议》中说："彼之君臣和睦，政事修明。"

郝经此话，当然与南宋的事实大有出入，只是郝经出于偏私、偏爱而对南宋皇朝的揣测，或者说是一种期望。这时的南宋，政暗君昏，偏安一隅，只是苟延残喘而已。

郝经极力促成赴南宋议和，以求"弭兵、息民、通好"，并由此保住南宋不被摧灭。

忽必烈先是以已经和蒙哥汗约定联合攻宋、不能中止为辞，否定了郝经的建议。但当蒙哥汗死于合川钓鱼山、阿里不哥图谋篡位威胁到忽必烈汗位继承权的时刻，忽必烈开始采纳郝经的建议。

元中统元年，忽必烈在开平即汗位，授郝经为翰林院侍读学士，令其出使南宋议和。郝经一行，以何源、刘仁节为副使，高翿为参议，苟宗道为书佐，随团成员还有马德磷、孔晋等数十人。

郝经此行，引起了大蒙古国内部一些汉人世侯的妒忌，平章王文统私下指使将军李璮侵扰宋境，企图假南宋之手破坏和议。

南宋奸相贾似道也对郝经一行的到来极度恐慌。他害怕过去冒功鄂州却敌的劣迹败露，极力反对郝经进入宋境。

郝经原计划经涟州入宋，但李璮劝他们返回，理由是他派往南宋通报的两人已为宋楚州安抚所杀。

郝经不为所动，转道宿州五河风餐露宿，迁延近五个月，方于当年秋末进入宋境。将入宋境的边镇五河口时，他再次上《立政议》，建议忽必烈"敛江上之兵，先输平之使，一视同仁，兼爱两国"。

可惜的是，对南宋的偏袒，只是郝经的一厢情愿。郝经到达边境，却迟迟不见南宋朝廷同意入境的答复。原来，入主朝政的贾似道既为了隐瞒鄂州求和的真相，也过高估计了南宋的实力，以拒绝议和的强硬姿态准备把郝经挡在国门之外。

理宗原就知道郝经此行的主要使命是议和，表示"北朝使来，事体当议"，准备接见来使。但在贾似道的鼓动下，他也下诏表示"誓不与北和"，不再接待郝经。

郝经不辱使命，以为双方战争近三十年，生灵涂炭，应该坐下来协商议和，便不顾个人安危，率随从人员渡过淮河到达扬州。

元世祖忽必烈传

贾似道指示淮东制置使李庭芝将其拘留在真州忠勇军营。郝经继续致函宋理宗与贾似道，说服他们同意议和。贾似道既不接见郝经，又不放其北归。

在此期间，郝经本着"偃兵息民、两国盟好"的强烈愿望，多次上书宋主达数十万言。有曰："亲仁善邻则治，缔怨连祸则乱，无出这二者。自非大乱灭亡，一彼一此徒以弊民"，但均不得答。真乃"万言修好安南北，一片赤诚付东流"。

倒是听到南宋军、政、民方面的好多真实情况，察悉宋皇朝已步入"失道者寡助"之深渊，迫使郝经重新作出如下判断：

吾以天时人事测之，宋之气数不远矣！

由坚定的"汉统"思想，到忠心耿耿以身事蒙、助蒙灭宋而实行国家统一的转变，对郝经来说，是一个艰难而痛苦的转身。这不仅需要出众的才识与睿智，还需要超人的胆识和勇气。

他的这一"变"，要经历情感与理智剧烈撕扯的疼痛，而且很容易遭到不少人的指责。尽管蒙元推翻的金也是外族主政者，可毕竟蒙元是刚刚入侵的异族，依附、服务于彼，尤其助蒙灭宋，有悖于汉家的正统思想与礼法。

然而，郝经不是墨守成规的腐儒，而是具有思想辨识能力、有积极进取精神、有识有为的勇于担当之士，既能认识真理，也勇于坚持真理。

于是，在历史的重要抉择关头，他的理智压倒了情感，良心、道德与勇气击败了个人宠辱，坚决而果断地进行了思想观念和人生走向之"变"。

为了策反郝经，贾似道谎称元廷兵乱，几次派人诱降，均遭郝经痛斥。贾似道又派人假扮强盗夜闯囚所暴力威逼、断绝生活供应等，也未能动摇郝经的意志。

第二年，忽必烈见郝经一去不回，再派使者赴南宋责问"稽留信使，侵扰疆场"之罪，贾似道来个不理不睬，继续拘留郝经不放。

七月，忽必烈甚至下伐宋诏相威胁，要求放人，但因与阿里不哥的战争不能脱身，无力正式出兵。贾似道误以为蒙古怯懦，更自以为得计，隔绝郝经与外界的所有联系。

郝经出使宋朝，被贾似道软禁在真州。这一囚就是整整十六年，其间，元廷也不知道他到底是死是活。

郝经被拘几年后，寻找机会从宋人供食的大雁中挑出一只健壮能飞的，系蜡书于雁足，放飞大雁。

汉武帝时，汉臣苏武以中郎将的身份奉命出使匈奴，被扣押于北海。匈奴人对苏武威逼利诱，招数使尽，但这个汉朝忠臣手持汉朝符节，誓死不屈。一直到汉昭帝继位，派人与匈奴和亲，要求索还汉使苏武。

匈奴人理亏，谎称苏武早已病死，汉使得密报，知道苏武仍在世，就谎称大汉天子在上林苑射雁，其中一只大雁足系苏武亲笔所写帛书，讲明他本人仍在北方沼泽中被困。这一招管用，笃信"怪力乱神"的匈奴人惊惶，忙派人找到苏武，把他送还汉朝。

文史的力量真大，郝经据此演出"真人秀"，把昔日汉使所编的"故事"演绎成真，通过"信雁传书"的方式，让忽必烈知道自己仍活在南宋真州忠勇军营里。

至元十一年六月，忽必烈命丞相伯颜率兵伐南宋，又命礼部尚书中都海牙及郝经之弟行枢密陪都事郝庸入宋，专门责问信使无故被拘一事。

南宋朝廷理屈词穷，贾似道这时已是蒙古军手下败将，垮台在即，这才急忙将拘留十六年的郝经礼送回国，元世祖忽必烈也派枢密院官及内臣近侍远道迎接。

郝经的作为，在于一"变"。可是当他以国信大使身份出使南宋时，被囚十六年，却不曾为之"变"，以忠节之士流传美名。郝经的人生道路，郝经的人生抉择，与当时的许多文人有所不同。

当时，一些人囿于名节不肯仕元，一些人为避开风口浪尖躲藏起来，隐居不出，另一些人忽而仕金忽而仕元。郝经却十六年坚贞不屈，不肯降宋。

就连贾似道这样的人与其部下，都对他起了敬畏之心："宋人知公志节终不可夺，亦不忍害，反畏而敬之，日给廪饩颇有加焉。"

可见，郝经的"变"与"不变"，是以真理大义和中华整体利益为标准、为界限的，合则为之变，不合则操其守，足见郝经人品之光明、境界之崇高。

贾似道为了掩盖自己私下求和的劣迹，竟然不顾起码的外交惯例而拘禁使节，为后来忽必烈南侵灭宋提供了现成的借口，实在是令人匪夷所思的一着臭棋。

拘留郝经，其谋出自贾似道，理宗虽不知道贾似道的隐衷，却也是同意的。他应当知道此举的严重性，却毫不作为地听之任之。郝经事件活脱脱地映照出这对君相在军国大事上的颟顸嘴脸。

至元十二年夏，郝经一行回到了阔别十六年的大都，忽必烈赐宴于廷，赏赐有加，并向郝经咨以政事。是年秋，病卒，谥文忠。

成功夺取蒙古汗位

蒙哥汗十年初，从蒙、宋前线匆匆北返的忽必烈抵达燕京。他解散了脱里赤征集的民兵，民心大悦。忽必烈率军在燕京近郊驻扎，度过整个冬天，并积极和诸王联络，准备在次年春召开忽里勒台大会，举行登基大典。

这时，蒙哥汗亲征时留镇漠北的阿里不哥，也在积极准备继位的事情。阿里不哥分析，蒙古大部分宗王支持自己，而且自己占据首都和林，各方面形势都对自己有利。于是，派出使者通知忽必烈到和林参加忽里勒台，好逼迫他就范，再名正言顺地登上大汗宝座。

这一天，忽必烈得报阿里不哥派来一个万户和几位使臣，带着五只海冬青求见。海东青是一种良种猎鹰，传说中十万只神鹰才出一只海东青，蒙古人把它视作高级礼物。

他们被允许进见后，在忽必烈面前显得毕恭毕敬，说了许多奉承话，并极力邀请忽必烈北上。

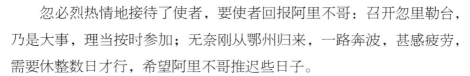

忽必烈热情地接待了使者，要使者回报阿里不哥：召开忽里勒台，乃是大事，理当按时参加；无奈刚从鄂州归来，一路奔波，甚感疲劳，需要休整数日才行，希望阿里不哥推迟些日子。

忽必烈清楚地意识到，在阿里不哥鞭长莫及的情况下，自己在控制和调动进入汉地的蒙古军及汉军方面拥有莫大的优势和便利，因此，他不肯轻易离开经营多年的中原而贸然北上。双方间使臣穿梭，交涉不断，矛盾日趋激化。

四月，忽必烈拘禁阿里不哥派往燕京的心腹脱里赤，先发制人，在新筑成不久的开平城召集塔察儿等宗王大将，举行选汗大会。拥戴忽必烈最积极的宗王，是成吉思汗幼弟斡赤斤的孙子、在东道诸侯中居长的塔察儿。

塔察儿曾因攻宋无功而返，受到蒙哥汗的严厉训斥。早在事态还相当微妙时，忽必烈就派廉希宪到军前结欢于塔察儿，相约若至开平，首当推戴，无为他人所先。这为日后由塔察儿率先支持忽必烈，从而诱逼在场的其他宗室相继劝进安排了最关键的一着儿好棋。

这样，在忽必烈弟末哥、东道诸王塔察儿、哈萨尔之子移相哥、成吉思汗弟哈赤温子忽剌忽儿、成吉思汗弟别里古台的孙子爪都、窝阔台的儿子西道诸王合丹、察合台的儿子阿只吉等的拥戴下，忽必烈即汗位。一度滞留于汉地军中的蒙哥的儿子阿速台这时已北投阿里不哥，没有与会。

此后，忽必烈再也不曾召开忽里勒台大会。忽必烈即汗位以后，效仿中原的皇帝世袭逐渐成为正统，召开忽里勒台大会推举大汗这个由成吉思汗开创的蒙古国早期的继位传统逐渐淡出历史舞台。

忽必烈即汗位后，首先任命亲信祃祃、赵璧、董文炳为燕京路宣慰使，以加强对华北的统治。四月，忽必烈设立中书省，总管内外百司之政，任命山东军阀李璮的幕僚王文统为平章政事，张文谦为左丞。又任命八春、廉希宪、商挺为陕西四川等路宣抚使，粘合南合、张易为西京等处宣抚使。

忽必烈即位后，采纳僧子聪等幕僚的建策，依据汉人封建王朝的传统，颁布即位诏，称皇帝，即元世祖。忽必烈发布称帝的即位诏书《皇帝登宝位诏》。在诏书中，他自称"朕"，称他的哥哥元宪宗蒙哥为"先皇"。

自成吉思汗建立蒙古国家以来，从未建立年号。忽必烈始建元"中统"，他在诏书中说：

> 稽列圣之洪规，讲前代之定制。建元表岁，示人君万世之传。纪时书王，见天下一家之义。法《春秋》之正始，体大《易》之乾元。

忽必烈以此表明自己是中原封建王朝的继承人。接着，忽必烈命亲信官员分任十路宣抚使、副使，其中大多是他的汉人幕僚。

七月，改燕京路宣慰司为行中书省，以祃祃为丞相，赵璧为平章政事，张易为参知政事，与平章政事王文统同行中书省事于燕京。八月，又立秦蜀行中书省，以廉希宪为中书右丞，行省事。

与此同时，忽必烈巩固了在中原的统治，命诸路输马匹、粮草于开平，以备与阿里不哥一战。忽必烈毫不迟疑地着手征调和组编忠于他个人的精锐部队，用以保卫大汗、戍守北方各地，尤其是燕京、开平一线心腹地区。

由于蒙哥的怯薛大军在扶枢北归后大部滞留于漠北，忽必烈便在怯薛宿卫的基础上迅速扩充、重建大汗的怯薛部队。此外他还多次征集各地兵员，很快组建起拱卫京畿的侍卫亲军。

统领侍卫亲军的，是多年跟随他出生入死的亲信董文炳等将领。立国之初，情况危急，一时又来不及调兵。为了防范阿里不哥，朝廷亟命诸路购买良马万匹送开平府，诏燕京、西京、北京三路宣抚司运米十万石至漠南沿线，很快完成了扼守大漠南缘、伺机渡漠远征的战前部署。

为了集中力量首先征服阿里不哥，忽必烈在中统头两年对南宋的背约行为也采取极为克制的态度。他虽在蒙宋交界线置江淮、江汉两大都督：东有李璮，开府益都；西有史权，开府邓州，与宋扬州、襄阳两别帅对峙。但他的意图只在镇边，并不急于攻宋。

信使郝经被拘，不过遣官诘问而已。宋私商违禁越境买卖，忽必烈下诏宥之，还其货，听榷场贸易。甚至当南边将士求战心切，皆以举兵南伐为请时，忽必烈也只是下一纸诏文，虚称应待秋高马肥，水陆分道而进，以为问罪之举，借此慰抚军心。

按照蒙古传统惯例，选汗的忽里勒台应在鄂嫩河、克鲁伦河之地举行，而且必须有各系宗王参加。忽必烈在汉地自行集会选汗，显然与传统不合。

正当阿里不哥兴致勃勃地坐等当上大汗之时，得悉忽必烈已在开平即位，气得七窍生烟。忽必烈在漠南抢先即位，完全打乱了阿里不哥的预谋。

忽必烈自立为汗后，阿里不哥只得于同年夏季在阿勒泰山中匆匆忙忙地召集留守漠北份地的诸王宗亲，举行大会，并在会上被拥立为大汗。

这样就出现了两大汗相抗衡的局面。站在阿里不哥一方有影响的东道诸王似乎很少，但他从西道诸王那里获得的支持要多于忽必烈。

成吉思汗直系各支宗王的政治态度对忽必烈颇为不利。为改变此种局面，忽必烈先派支持自己的察合台后王阿必失哈急驰西北，企图用他控制察合台兀鲁思的政局，使之与中原汉地势力为犄角，钳制漠北。

阿必失哈一行在途经河西时为阿里不哥的军队截留，察合台兀鲁思落入阿里不可派去的阿鲁忽之手。不久，阿鲁忽和旭烈兀渐与阿里不哥生隙。

忽必烈抓住时机，以明确承认二者在各自势力范围内的既有权益为条件，争取他们对自己的支持。

忽必烈宣布，自阿姆河西至马木路克疆界的塔吉克地面当归旭烈兀统治守卫，自阿勒泰山至阿姆河之地则由阿鲁忽镇守。至此，除术赤后

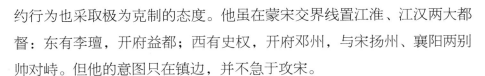

王早已分治于钦察草原之外，突厥斯坦西部及河中地区、波斯和呼罗珊也正式从大汗直接领有的国土中分立出来，成为中央汗廷的守藩之国。

中统元年秋，阿里不哥兵分两路，大举南下。东路军由旭烈兀的儿子药木忽儿、术赤后王合剌察儿统率，自和林逾漠南进。西路军由阿兰答儿统领，直指六盘山，意在接应从四川前线退屯该地的蒙哥攻宋主力。这支军队在蒙哥死后曾归阿速台节制，阿速台投奔漠北后，一直控制在阿里不哥的大将浑都海和哈剌不华手里。

中统二年，忽必烈与西道诸王的关系基本和解，使他得以全力对付阿里不哥。蒙古国家军队的主力，原由蒙哥统率侵宋。蒙哥死后，大将哈剌不花率部退守六盘山，与留守这里的浑都海部会合。

阿里不哥的左路军以宗王为帅，而且直接威胁汉地政治经济中心燕京，因此忽必烈亲自领军逆之，而以移相哥、纳邻合丹为其前部。移相哥军击溃药木忽儿和合剌察儿，阿里不哥难以继续立足和林，匆匆退到由他继承的拖雷分地吉里吉思。

忽必烈循帖里干道，顺利进至和林。其时正值初冬，和林城的残破相当严重，所以到达不久，忽必烈便南迁至汪吉河冬营地，以为短期休整。

阿里不哥深恐忽必烈乘胜追击，乃遣使假意求和，并称待马力稍复，再赴阙谢罪。忽必烈深以汉地政局为念，于是留移相哥镇漠北，自己冒严寒逾漠南返。

南指六盘山的西路军虽为偏师，但它牵动川蜀关陇，使那里本已化险为夷的形势又紧张起来。原来早在廉希宪受命宣抚京兆、四川时，屯兵观望于六盘山的浑都海就企图联络阿里不哥遣往关中的刘太平、霍鲁怀及川蜀军中亲阿里不哥的将领发难，企图与六盘山驻军联合，自关中进兵。

廉希宪当机立断，捕杀刘太平、霍鲁怀，并处死浑都海在四川的党羽乞带不花、明里火者，以处于弱势的秦巩世侯汪家的军队拒阻浑都海，以张声势，使其不得东进。

元世祖忽必烈传

浑都海果然中计，闻京兆有备，于是西渡河，趋甘州，采取了"重装北归，以应和林"的下策，关陇之危竟得安然解脱。

可是当阿兰答儿提兵与北归途中的浑都海会师之后，这支军队重又折返东向，并派人约结陇蜀诸将，一时人心危疑，朝士至有捐弃两川、退守兴元之议。两军兵锋初接，朝廷方面又先失利，更加使河右大震。

这时候，忽必烈增派的诸王窝阔台子合丹、哈萨尔子哈必赤等率师与汪惟良、八春等合兵复战西凉，大败之，俘斩千尽。阿兰答儿、浑都海被擒杀，关陇得以平定。

忽必烈诏令陕西四川宣抚使八春节制诸军，命巩昌府总帅汪良臣统率陕西汉军防御六盘山的军队。

忽必烈亲率大军去和林，攻打阿里不哥。七月自开平出发。九月，至转都儿哥之地。阿里不哥败逃，退至吉里吉思地，派遣使者与忽必烈相约，邀集西北诸王正式选汗。

忽必烈命宗王移相哥统领一军囤驻和林，以待阿里不哥。十月，忽必烈领兵南返，十二月至燕京，赏赐拥立诸王。

中统二年二月，忽必烈返回开平。诏命燕京行省及各路宣抚使北上开平，会议军国大政。三月末，燕京省官毕集开平。

同年夏，除检核钱谷、充实省部、擢用辅弼外，朝廷还为中央和地方官府制定了若干具体的行政条款，行政中枢既经调整扩充，更明确地分为两个班子，以史天泽、张文谦等人留中，王文统、廉希宪等行省事于燕。

同年秋，忽必烈又置大司农官，并置十道劝农使司，为之使者，皆取于故国老人、君子长者，亲行田里，谕以安辑，教之树艺。

这时，溃败远遁的阿里不哥元气稍有恢复，又举兵东来。他事先遣使向移相哥伪称率众来归，使移相哥疏于防备，因而突袭成功。移相哥大军溃散，和林城再次失守。

忽必烈得警，急忙征调张柔、严忠嗣、张宏等七处汉军，并令董文炳率射手千人，塔察儿率军士万人随从出征。

十一月，忽必烈军与阿里不哥战于昔木上脑儿。诸王合丹、驸马腊真、丞相线真和兀鲁、忙兀二部军为右军，诸王塔察儿、太丑台和史天泽等将左军，诸王哈必赤将中军，合势进攻，斩阿里不哥的大将合丹火儿赤。

塔察儿与合必赤分兵奋战，大破斡亦刺军。阿里不哥后军阿速台复至，再战，两军杀伤相当。阿里不哥北撤，忽必烈也还军，双方相峙于大碛南缘。

是年冬末，忽必烈师还，诏撤所在戍兵，放民间新签军。形势似乎缓和下来。

察合台汗领地原由兀鲁忽乃妃子摄政。忽必烈即位后，即派遣察合台曾孙阿必失哈偕弟纳邻合丹去阿力麻里主持政事。二王行至途中被阿里不哥捕获。

元世祖忽必烈传

阿里不哥派察合台的孙子阿鲁忽去察合台汗地执政，以为声援，并防御在波斯的旭烈兀。阿里不哥远在漠北，从汉地北运的粮食断绝，给养缺乏，便派遣使者去察合台汗领地征敛。

阿鲁忽拒绝听命，转而拥护忽必烈。他杀掉阿里不哥派遣的使者，截留他征集的货物。

阿里不哥愤而移兵西讨阿鲁忽。但他自知一旦挥兵西指，和林终将不守，所以临行指令和林城诸长老，许其举城归降忽必烈军。阿里不哥西徙后，忽必烈所部果然不战而收复和林。

中统三年秋，阿里不哥领兵往征阿鲁忽。阿鲁忽在普刺城迎战，斩阿里不哥大将哈刺不花。阿鲁忽得胜而回，不再戒备。

阿里不哥的后军阿速台突然进至阿力麻里地区，阿鲁忽败走和田、喀什噶尔。阿里不哥军驻冬阿力麻里，阿鲁忽西走撒马尔罕。阿里不哥进驻阿力麻里后大肆屠掠，阿鲁忽部下多被杀死，伊犁河流域因之残破不堪。

中统五年春天，又值饥荒，人民大量死亡。阿里不哥的部下将士大多逃到了驻在阿尔泰地区的扎布汗河上的玉龙答失，共商归降忽必烈。

阿里不哥众叛亲离，又怕阿鲁忽报复，走投无路，不得不投附忽必烈。阿里不哥来见忽必烈请罪。

忽必烈问他说："我和你谁对？"

阿里不哥回答说："在以前，是我对。今天，算你对。"

忽必烈为了笼络人心，没有杀他，但是，处死了阿里不哥的主要支持者，包括聂思托里安教丞相孛鲁合。

忽必烈又分遣使者征询波斯旭烈兀、钦察别儿哥和察合台兀鲁思的阿鲁忽三王，决定赦免阿里不哥及阿速台罪。为谨慎起见，他把阿里不哥作为重要俘虏囚禁起来。不久，阿里不哥病死，长达五年的汗位纠纷就此结束。

这次纷争，客观上为蒙古军事贵族中主张"祖述变通"以"补偏救弊"的一派把统治中心从碛北移至漠南，从而更加便利于他们采纳汉法，加强对中原的统治，提供了一个适逢其时的契机。

中统五年九月，忽必烈发布《至元改元诏》，取《易经》"至哉坤元"之义，改"中统五年"为"至元元年"。同年十二月，忽必烈将国号由"大蒙古国"改为"大元"，从大蒙古国皇帝变为大元皇帝，大元国号正式出现，忽必烈成为元朝首任皇帝。

元政权建立后，蒙古帝国的中央政权不复存在，大蒙古国一分为五个国家，分别是：忽必烈的大元国，拔都的金帐汗国，西亚的伊尔汗国，南亚的察合台汗国，中亚的窝阔台汗国。

金帐汗国，又称钦察汗国、克普恰克汗国、术赤兀鲁思，原是成吉思汗长子术赤封地，包括自海押立西至撒黑辛、不里阿耳之地。

后来，术赤次子拔都西征，先后征服了钦察草原、克里木、高加索、保加尔、伏尔加河和奥卡河地区以及第聂伯河流域的罗斯各公国，在忽必烈称帝后，成为独立国家。

伊尔汗国原是旭烈兀的封地。蒙哥坐稳大汗之位后，便积极筹划进一步扩张。由于是同母兄弟，忽必烈、旭烈兀都得到积极的培植。忽必烈负责南方事务，旭烈兀则成为西征大军的统帅。

成吉思汗时期，蒙古军侵略并摧毁花剌子模王朝，并占领了波斯东部呼罗珊诸城。旭烈兀以此为基础，攻灭盘踞马拶答尔诸山城的"木剌夷国"，攻陷了巴格达，灭黑衣大食，并入侵叙利亚。

攻占叙利亚后，旭烈兀西征军兵锋抵达今天地中海东岸的巴勒斯坦地区，即将与埃及的马木路克王朝交战，此时旭烈兀得到使者带来的帝国最高统治者蒙哥在四川去世的消息，于是率大军东返。

旭烈兀回波斯后，获悉忽必烈已经即大汗位，并与幼弟阿里不哥发生了汗位之争，于是不再东返蒙古。他向争位双方派出使者，表示拥护忽必烈为大汗，指责阿里不哥。

元世祖问忽必烈遣使传旨，她们将阿姆河以西直到埃及边境的波斯国土和该地蒙古、阿拉伯军民划归旭烈兀统治。于是，旭烈兀建立起西亚的伊尔汗国。

伊尔汗国同元朝本部的联系，远比蒙古其他三大汗国密切，丝绸之路畅通，中国的四大发明加快了西传的速度，而回回炮、阿拉伯数字、阿拉伯历法、行省制度等也传入中国。旭烈兀显然应居世界历史上有重要影响的帝王之列。

察合台汗国原是成吉思汗次子察合台的封地，由察合台及其孙子哈剌旭烈及他的后人管理。最盛时其疆域东至吐鲁番、罗布泊，西及阿姆河，北到塔尔巴哈台山，南越兴都库什山，包括阿尔泰至河中地区，包括原蒙古乃蛮部落的广阔土地和西辽国的部分领土，即额尔齐斯河上游和巴尔喀什湖以东地区。

四大汗国的统治者在血统上均出自成吉思汗"黄金家族"，彼此血脉相连，因而同奉入主中原的元朝为宗主，与元朝驿路相通。

元世祖忽必烈传

着力培养蒙古大臣执政

中统四年，阿里不哥与忽必烈的汗位争夺战尘埃落定。阿里不哥的党羽一千多人被拘押，官吏报请元世祖忽必烈发落。

元世祖看了看身旁的少年侍卫，试探他说："我想把这千余人统统处死，你看怎么样啊？"

少年回答说："人各为其主，他们落到这步田地，也是忠于自己的主人。您刚得了天下，就因私仇而胡乱杀人，将来怎么能使尚未降服的人归顺呢？"

元世祖当然不会滥杀无辜，而对方的回话，也正合他的本意。他高兴地说："你的想法与我不谋而合。想不到你小小年纪，竟有这般深谋远虑。"

回答元世祖提问的这位少年，名叫安童，时年十六岁。安童，蒙古札剌亦儿部人，木华黎四世孙。祖孛鲁，父霸突鲁；母弘吉剌氏，世祖察必皇后之姊。

蒙哥汗九年，霸突鲁率蒙古军从忽必烈攻宋。宪宗死，忽必烈得报阿里不哥谋夺汗位，急从鄂州前线北还，留霸突鲁总军务，与从云南北上的兀良合台军会合后，这支军队遂成为忽必烈与阿里不哥争位的基本力量。

在此之前，忽必烈曾与霸突鲁讨论形势，霸突鲁建议选择燕京为国都，可见他早就有立国中原汉地的见识。不久死于军中。

安童自幼好学，聪明伶俐，魁伟沉毅。他既是勋臣之后，又与世祖有椒房之亲，中统初就担任了怯薛长，时仅十三岁。

安童的母亲与皇后在宫苑中游玩时，元世祖曾向她们问起这孩子的情况。她们说，安童虽然年幼，却是公辅之器。

元世祖她们从哪里知道的。回答说，每次退朝，他总是同老成持重的人交谈，未尝见他与纨绔少年嬉戏，所以知道。

经过这番试探，元世祖觉得安童确是块好材料，尤为器重他。至元二年秋，拟拜他为光禄大夫、中书右丞相，增食邑至四千户。

当时史天泽从中统二年起一直任右相，但在李璮叛乱后，世祖对汉人世侯权重当有疑忌。

元世祖忽必烈传

这一年他巡幸上都时，召安童推荐的谋士崔斌征询"为治大体，今当何先"，斌答以"任相"，并举安童、史天泽可为相。

元世祖默思间，崔斌又奏："陛下岂以臣猥鄙，所举未允公议，有所惑与？今近臣咸在，乞采舆言，陛下裁之。"于是立马扬言曰："有旨问安童为相，可否？"众欢呼万岁。

这时安童才十八岁，他说："如今三方虽已平定，但江南尚未归附。臣以年少，谬膺重任，恐怕天下会有轻视朝廷之心。"

世祖听他这番以社稷为重的话语，颇为感动。过了一会儿说："我已考虑成熟，你就不要推辞了。"

这段插曲说明，世祖以亲信怯薛长安童出任首相是经过周密考虑的，史天泽虽仍任右相，但地位在安童之下。

元世祖所以要破格提拔安童担此大任，确实是在接受了以往教训上作出的决定。但是，安童毕竟才十八岁，即便能够胜任，难免有人不服。

这一点，元世祖事先就预料到了，并做了妥善安排。他对安童说："我既然把权力交给了你，必会做你坚强的后盾，并准备让国子祭酒许衡做你的助手。你就放开手脚，大胆地干吧。"安童这才放下心来，接受任命。

安童拜相后，即奏请燕王真金领中书省事，又奏召许衡入朝。许衡年长安童三十九岁，学识渊博，德高望重，是金末元初著名的理学家、教育家，应元世祖之召，出任京兆提学，授国子祭酒。在政治理念上，元世祖倾向于儒家学说，推行汉化政策，因此对许衡拟制的治国纲领和朝廷礼仪大为赞许，一一采纳。

是年冬，忽必烈召许衡入中书省议事，许衡托病推辞，安童立即亲到许衡在京下榻的馆驿去拜访，与许衡谈了很久，回来数日还念念不忘。

至元三年，世祖告谕许衡："安童尚幼，阅历不深，你要好好辅导。你有良策，可先奏与朕，朕再选择施行。"显然意在培养练达中原政务的蒙古大臣来主掌行政，以免权力旁落。

许衡回禀道："安童聪敏，有定见，对他讲古代贤人的话，都能领会，臣不敢不尽心辅导。但怕有人从中离间，还怕外面强行把人安置于中书省内，如果这样，事情就不好办。臣入中书省时间不久，所见如此。"

许衡听了皇上的一番交代和嘱托，在与安童接触后，觉得他言行沉稳干练，确有治国安邦潜质，便表示乐意辅佐安童。在许衡的悉心指点下，安童把朝政打理得井井有条，朝臣们无不佩服。

当时右、左丞相有五人，分别是安童、史天泽、忽都察儿、耶律铸、伯颜。

至元四年，安童奏："今丞相五人，素无此例，臣等议拟设二丞相，臣等蒙古人三员惟陛下所命。"诏以安童为长，史天泽次之，其余蒙古、汉人参用，员数勿过多。于是忽都察儿、耶律铸降为平章政事，伯颜降为右丞。

安童又奏宜用老成人如姚枢等同议中书省事。元世祖说："此人虽然赋闲，还应好好奉养，可令他入省议事。"

姚、许等汉族儒臣原是世祖即位前就已征聘的人物，和世侯势力也没有关系，他们都主张实行儒家治国方针，安童在他们的帮助下继续奉行采用汉法的政策。

安童担任丞相期间，亲厚儒臣，荐用贤达，崇尚汉法，政刑宽平，多次制止滥用死刑，故有"贤相"之誉，但却遭到元世祖近臣阿合马等人的嫉妒和倾轧。

至元十一年，安童奏报阿合马害国殃民数事；又奏报各部与大都路的官员大多不称职，请予裁撤那些不称职的官员，世祖同意。

至元十二年七月，诏令安童以行中书省枢密院事官职随太子北平王去镇守边疆。安童在边疆十年，至二十一年三月才随北平王回到朝廷。太祖召见他并加慰劳。

安童叩谢道："臣奉使边疆，未能做出成绩，有损皇上圣德。"太祖把他留在寝殿，谈到四更才出来。十一月，复拜为中书右丞相，加金紫光禄大夫。

至元二十二年，右丞卢世荣倒台，朝廷诏令安童将卢世荣所任用的人罢职，所行有害于民的事一律停办。

至元二十三年夏，中书省奏陈所拟漕运司诸官姓名。世祖说："如平章、右丞等，朕当亲自选择，其余卿等决定，这是你们的职责。"

安童奏道："近闻皇上意图依赖左右近臣为耳目。臣本无才，勉强担任现职，所作所为若有违法，听从举奏，罪之轻重，由陛下裁处。如今近侍臣僚乘机援引些不称职之人，并说某人应居某官某职，将名单交付中书省执行。臣认为选任官吏本有一定制度，凡不符合制度者，臣不执行。但恐这些人在陛下面前说我的不是，望陛下详察。"

元世祖说："卿言正确，今后若再有像近侍那样徇情枉法者，拒不执行；有胡言乱语的，立即奏报。"

至元二十四年，宗王乃颜反叛朝廷，世祖亲征讨平。有些受到牵连的宗室，命安童审问，大多数得以平反。这些得到平反的人，在安童退朝回府时，争相前去致谢，安童并不理会。

有人向皇帝离间说："诸王虽有罪，但都是皇室近亲，丞相虽然位尊，毕竟还是臣子，怎敢如此傲慢。"

元世祖沉吟了许久才说："你们这些小人，怎能理解安童所为，他是故意傲慢以使他们改过。"

这年，复立尚书省，安童恳切劝谏道："臣无回天之力，不能阻止，只是恳求不要用桑哥，用贤者为相，还可能不至于害民误国。"世祖不听。

安童见天下大权尽归尚书省，于至元二十五年多次辞职，朝廷不准。至元二十八年才罢去相位，仍旧管理宿卫事。

至元三十年正月，安童病逝于京师乐安里，年四十六岁。元世祖十分哀痛，诏令大臣监理丧事。

大德七年，赠推忠同德翊运功臣、太师、开府仪同三司、上柱国、东平忠宪王。为之树碑，曰"开国元勋命世大臣之碑"。

安童两度出任首相，能荐用和亲厚儒臣，崇尚汉法，政刑宽平，多次制止滥用死刑，故有"贤相"之誉。但在任期间，前有阿合马、后有桑哥以理财受到世祖信任，使他难以完全贯彻以儒治国的方针。

平定济南李璮叛乱

　　蒙哥汗死于四川攻宋前线，黄金家族内部随即爆发了忽必烈、阿里不哥兄弟争夺汗位的战争。中统年间，忽必烈不得不以相当的兵力应付盘踞漠北的阿里不哥。

　　这时，济南的李璮乘机发动叛乱。李璮，字松寿，潍州北海人。金末山东军阀李全之子。成吉思汗二十一年，李全背叛宋朝，举山东州郡归附蒙古。

　　元太宗三年，李全攻宋朝扬州，兵败而死，李璮便继承父职，仍统制其地。李璮受任前后，其势力局限于益都一路之地。此后不到十年，他的势力就逐渐伸展到益都以东和东南的差不多整个山东半岛。

　　元世祖中统元年，忽必烈即帝位，其幼弟阿里不哥也在漠北自立为大汗，两兄弟为争夺汗位发生战争。

　　李璮显然是想利用这种形势，进一步巩固自己割据山东东路的地位与权益。因此，他对世祖政权的违抗态度也越来越不加以掩饰。忽必烈为了稳定李璮，加封他为江淮大都督。

李璮上奏说："近日抓到一些百姓，知道宋在调兵将攻涟水，且侦察到许浦射阳湖一带，舟舰相望，看来宋兵的势头是想出胶西，向益都进发，请修缮城池以备。"

忽必烈下诏授李璮金符十、银符五，以赏有功；且赐银三百锭，降诏嘉奖一般将士；又令蒙古军与汉人军都听从李璮的节制。

李璮又宣称："宋朝吕文德集中淮南兵七万五千人来攻涟水，且分区筑堡威胁我。及得宋贾似道、吕文德书，措辞傲慢。他们大概知道蒙古朝廷近来有内顾之忧，一定是想乘机进攻。因此请求朝廷选将增兵，我当率先渡淮，以雪其来书出言不逊之辱。"

执政得了李璮的报告后，告谕李璮说："朝廷方与宋通和议，边将只能固守所辖地区。且南人好用离间之计，其欺诈行为已不止一次。所以，只要他军队未来，就不要轻举妄动。"

李璮接通知后又向忽必烈上奏说："今日宋朝在西方已无牵制，它可以合并所有力量向东。若他们以水陆力量包围涟州，再遣海军北上乘虚进攻胶州、莱州，然后率步兵骑兵直指沂、莒、滕、峄，则山东将不再是我所有了。对此我们怎能轻视而不做好充分准备呢？臣昨日追宋兵至淮安，不是不能乘胜占取扬、楚，只是因为执政制止我进攻，所以我不敢深入。若以枣阳、唐、邓、陈、蔡诸军攻荆山，取寿、泗，以亳、宿、徐、邳诸军联合我统率的军队，进攻扬、楚，则两淮可定。两淮若定，则进兵可取江南，自守可减轻人民负担，那时，您要做什么就可以做什么，这实在是上策啊。"

李璮在上奏这篇要求采取进攻策略的说明的同时，进呈将校冯泰等的功勋等级的名字，忽必烈下诏以益都官银分赏诸将校，并派遣阿李璮、哈剌拔都、爱仙不花等全部兵力开赴益都，还告谕说，在适宜的情况下还要增兵调赴益都。

于是李璮向朝廷要求给予他以节制各路来集的兵马的权力，并请求调拨一批兵器。中书议定给箭三万，忽必烈下诏给十万。

中统二年正月，李璮向行中书省发文说："宋人聚兵粮数十万，列舟舰三千艘于许浦，准备进攻内郡。而宣抚司在运输方面不能保证畅通，我担心一旦水陆交通被割断，连报告战况信息也不可能，那就糟了。所以请选派精良奇军，兼程来援，内外配合，乘机出击，则江淮是能为我所占领的。"

接着，又向忽必烈送来涟水捷报，皇上便再下诏书表示嘉奖，并给金符十七、银符二十九赠赐将士。

李璮还以"御宋"为名，擅自发兵修益都城防，以砖石筑墙，外掘深堑围之。蒙古占领华北之后，普遍禁止诸路修置城壁，李璮的举动确实是异乎寻常的。

中统初，元世祖忽必烈尚无暇南顾，因此对宋采取遣使修好的慎重策略，不欲轻启边衅。但李璮却在淮边潜师侵宋，想破坏信使郝经的使宋之命。他与北方其他世侯之间窥测时势，批评朝政的联络活动也相当频繁。

李璮与其同乡和岳丈、首任中书省平章政事王文统之间更保持着密切的联系。王文统，字以道，金大定府人，金朝末年举经义进士；为学不局限于儒家，喜读权术、谋略之书。

金亡前后，北方知识分子多投靠各路"诸侯"，即归附蒙古的汉人军阀，后者也需要招揽谋士以加强自己的军事和政治势力。王文统以所学权谋之术到处拜访诸侯，但其他都没有见到，只见到了李璮。

王文统教李璮藉南宋以自重，乘机扩充军事实力。李璮和他谈话后大喜，当即留置于幕府中，并要求自己的儿子彦简以文统为师。王文统也把自己的女儿嫁给了李璮，因而李璮深受信任，有关军事行动的事也都由两人共同商议决定。

李璮每年向上报告边境将士的功劳，夸大宣传宋人的实力，借以巩固自己的地位；还用官府的财物树立私恩，取得涟、海二郡，这些都是王文统的计谋。

蒙哥汗九年，忽必烈统东路军攻打南宋鄂州，见贾似道备御有方，十分赞赏，表示要搜罗这样的人才以为己用。随军藩府书记刘秉忠、张易等推荐了王文统。

元世祖忽必烈即位后，立即提拔王文统担任中书省平章政事，行中书省事于燕京，主管中原汉地政务，委以"除旧弊，立新政"的重任。

王文统受命后，设立十路宣抚司分管各地，颁布一系列条画，以革除赋税、吏治诸方面的积弊；发行中统元宝交钞，并制订了严密的钞法；选用人才，分立中书左三部、右三部，以健全政府机构。元朝各项制度的奠定，王文统起了重要作用。

王文统善于理财，他所推行的改革措施，一定程度上限制了蒙古、色目贵族的任意搜括，使国家财政收入大增，以此，深受忽必烈的信任，忽必烈有意升任他为丞相。

但是，王文统为人妒忌尖刻，开始成立中书省时，张文谦为左丞，文谦素以安国利民为己任，故凡讨论问题，观点明确，总和王文统意见不一致。王文统便对此愤愤不平，总想找个借口来陷害文谦。后来，文谦终以左丞之职行大名等路宣抚司事而离开中书省。

这时姚枢、窦默、许衡等都是世祖所敬重和信任的人。王文统便暗示世祖授枢为太子太师，授默为太子太傅，授衡为太子太保。在外表上，王文统装出对这些人很尊重的样子，其实不想他们作为顾问朝夕在忽必烈左右。

窦默曾与王鹗、姚枢、许衡都侍奉在世祖身旁，他们在元世祖忽必烈面前斥责文统，说："此人心术不正，必祸天下，不可把他安插在相位上。"

忽必烈说："如是这样，则谁可为相呢？"

窦默说许衡可以。世祖不高兴，此议就作罢了。

王鹗曾经请忽必烈让右丞相史天泽监修国史，让左丞相耶律铸监修辽史，让王文统监修金史，忽必烈说："监修诸史的阶衔，俟修史时再定。"

王文统虽然受到忽必烈器重，但是与女婿李璮的关系一直很密切。

他们之间的书信往来中曾有"期甲子"等语，表明李璮早已向王文统透露过自己的预谋。

中统二年冬，忽必烈再次率军亲征漠北。李璮抓住这个机会策动叛乱。不料，到十二月世祖即还跸燕京。但这时举兵称乱，已如箭在弦上，不容迟疑。

三年正月，李璮又将宋朝贾似道引诱蒙古总管张元、张进等人投宋的招降书呈送皇上。李璮统制山东三十余年，他对忽必烈前后所奏的有几十件事，说的都是些恫吓朝廷的虚话，其目的是谎报敌国的动向以要挟朝廷让步，而他自己却想方设法修缮城池和增加军队。

李璮的谋算也可以说是很深了。开始，李璮将儿子彦简作为人质送到京师，而自己又暗地私设从益都到京师质子营的驿站。

中统三年正月底，李璮用早已布置的私驿召回留质燕京的儿子李彦简，三四天后，即尽杀境内蒙古戍军，宣布以涟、海等城献于宋，率领自己指挥的舟舰返攻益都，公开反叛朝廷。

二月八日，李璮攻入益都，开仓库犒赏部下，又继续进攻蒲台。民众听说李李璮反叛，或入保城郭，或逃奔山林，因此，自益都至临淄的数百里之地，寂无人声。

李璮举事之前，忽必烈对他的用心即已有所察觉。粘合南合和张宏等人，曾在事发前向世祖进言，谓李璮必反。由于当时北边未靖，中原守备空虚，元世祖忽必烈只能对他暂用安抚、姑息之策，表面上不动声色。

中统元年、二年两年之间，忽必烈升任李璮为江淮大都督，赐金、银符共六十余枚，褒赏奖谕竟至再三。种种殊遇，其实都是为了将他暂时稳住。三年初，李彦简逃归山东，忽必烈立即召谋臣姚枢入对，要他预测李璮动向，可见朝廷对益都事态始终保持着高度警觉。

二月十七日，忽必烈听说李璮反元，便下诏书公开揭发李璮的罪过。十八日，忽必烈命诸将讨李璮。

李璮造反，直接牵涉到了他的岳丈王文统。先是其子彦简，由京师

元世祖忽必烈传

逃回山东后，遣人告诉中书。及李璮的反书传到忽必烈手里时，许多人都说文统曾派遣自己的儿子荛与其暗通音信。

忽必烈召见了王文统。他质问王文统说："你教唆李璮反对朝廷，已经有好多年了，这是人尽皆知的事，我今问你，到底你策划些什么，都要告诉我！"

王文统对答说："我也忘了，容我详细写下来，再交给您。"写完后，忽必烈要他自己宣读。其中有句话说："如果您保存我蝼蚁之命，那我就保证为皇上夺取江南。"

忽必烈对王文统说："你今天还想向朕为李璮说情吗？"

这时，正好有人持王文统的三封信从洺水来，忽必烈以书信示文统，王文统惊慌失措，汗流不止。

书中有"甲子期"字样，世祖问："甲子期是什么意思？"

王文统答道："李久有反元之心，因我在朝中，不敢立即发动。我很久就想告之皇上以捉拿李，但因皇上用兵北方，局势还未平定，等到甲子年，则还有数年，我说这话，是为了推迟他的反期而已。"

忽必烈说："不必多说了，我把你从一个平民的地位提拔起来，给你以很大的权力，待你可谓不薄，你为何负心做出这种事？"

王文统还支吾其词，始终不肯自己说出"臣罪当死"四个字。元世祖乃命左右赶他出去，一出去就将他捆起来。

忽必烈还召窦默、姚枢、王鹗、僧子聪及张柔等来，将文统三封书信给他们看，并问道："你们看文统当得何罪？"

张柔高呼道："宜千刀万剐！"

忽必烈又说："你们说该如何？"

众臣都说："当死。"

忽必烈说："他自己也在我跟前服罪了。"

文统伏诛，子荛也同时被杀。忽必烈诏告天下，说：

国制有规定，怀二心者必杀。没有想到，地位如此之高的宰相居然会心怀奸邪。平章政事王文统，自底层起用，提升到台司，我对他的信赖不可谓不深，对他的待遇不可谓不厚，这是希望他报效朝廷，谁知他与李璮是同谋，暗中使子荛通消息。近来得到他的亲笔书信数封，察觉他的谋反之心已有多年，宜斩首示众，使民众知道其滔天罪恶。已于二十三日将反臣王文统及其子荛依法处死。呜呼，负国而谋反，死有余辜，处宰相之位而被刑，一时还不明白他为什么会这样，你们众百姓，应该好好体会我的这些用心。

王文统虽以反元而被处死，但元朝的规章法度，确实多出自王文统的功劳。处死王文统后，忽必烈全力对付李璮。

根据姚枢的判断，李璮举事之后，有三种战略可供选择："使璮乘吾北征之衅，濒海捣燕，闭关居庸，惶骇人心，为上策；与宋连和，负固持久，数扰边，使吾罢于奔救，为中策；如出兵济南，待山东诸侯应援，此成擒耳。"

忽必烈追问："今贼将安出。"姚枢断然回答："出下策。"事态的发展，完全证实了姚枢的看法。

二月三日，李璮称乱时，他本人似乎难在涟、海一线。璮事先虽已遣人向南宋纳款，但晚至二月初一降书方递达临安。宋廷认为"情伪难凭"，要李璮实献出涟、海，以示诚信。

李璮于初十致书宋廷，保证"来意真确"，在此前后，宋朝方正式接收涟、海诸城，并于二十四日诏封李璮为保信宁武军节度使、督视京东河北等路军马、齐郡王。

这段交涉表明，李璮在公开叛乱之前，并没有与宋取得确实的联络，起事后即匆匆领兵北走益都、济南。自二月末至五月，宋两淮边军乘李璮之乱，在滕、徐、邳、宿一线频频出击。

李璮也没有向南移兵，以期与宋军两背相倚。可见他向宋纳款，仍是玩弄"挟敌国以要朝廷"的故伎，根本没有认真考虑过"与宋连和，负固持久"的策略。

另一方面，李璮返益都不久，即进据济南。此后驻军济南达两月之久，直至被元军团团围住。又可见他也根本没有奔袭燕京、拒元北征之师于居庸之外、趁中原人心未定以乱求变的胆魄。他采取的，恰恰是姚枢所说的"下策"，即出兵济南，坐待山东诸侯应援。

李璮起兵之后，便立即从涟海趋赴益都。初八日，璮入据益都，发府库犒其将校。十七日，元廷诏令山东各地修筑被拆毁的城垣以御李璮。

这时，河北山东各路世侯随从征北的军队虽已班师南还但似乎还来不及回到各自原来的驻地。因此元廷只好指令他们"尽发管内民为兵以备"。

同时，命令济南万户张宏、归德万户邸浃、武卫军炮手元帅薛军胜等部主力会滨、棣，割断在平滦担任总管的李璮之子李南山与山东的联系，而水军万户解成、张荣实、大名万户王文广、东平万户严忠范所部则集结东平。

二十日，元廷又诏令汇集于滨棣、东平的军队分别由北、南两路向济南靠拢，以期将李璮封锁在山东东路。但是，李璮比元军抢先一步抵达济南。

张宏守城之卒数不满千，只好携祖父张荣弃城出逃。二十六日，李璮占领济南。张宏在出奔京师途中遇到讨伐李璮的元军，于是充前锋回攻济南，在益都一线相峙。

李璮虽然也屡次出击元军，但是总的战略意图都是用主力固守济南，坐待北方世侯的响应。以致在最关键的几十天里，他在军事上竟一无进展。

蒙古取代辽金以来，以宋为正朔的观念在北方淡漠已久，因此恢复宋室的号召很难有强大的政治感召力。

汉人世侯们亲眼看到了蒙古军队的作战能力，也认识到诸侯之间实力均衡、互相牵制的复杂形势，所以往往满足于大汗君临之下割据一方的实权和地位。在蒙古最高统治集团中，忽必烈的确更被他们视为最适合于推行汉法的君主人选。因而尽管这些汉人军阀在平时的私下谈论里或有诽议朝政的不逊之辞，但如果没有充分的把握，他们绝对不肯轻易举兵反抗元廷。

李璮称乱后即传檄各路，结果只有太原路总管李毅奴哥、达鲁花赤戴曲薛以及邳州万户张邦直响应。其他人非但不起而支持，而且多在元廷督责之下带兵参加对他的围剿。

李璮把成功的赌注完全押在不切实际的空想上，结果只能一步步地将自己引向坐而待毙的死路。

就在李璮幻想各路人马群起响应的时候，忽必烈已经完成了围攻济南的军事部署。四月初，济南郊外已集结了十七路人马，高丽军队也奉调助攻。元军开始树栅凿堑，围困济南。

四月底，忽必烈诏右丞相史天泽专征山东，诸将皆受节度。史天泽接受军前行中书省参议宋子贞的建议，与前线统帅宗王合必赤商定，急增深沟高垒，"以岁月毙之"。

元世祖忽必烈传

五月初，元军又在原有围城工事基础上进一步构筑环城。是月中旬，济南被完全困死。从此李璮身陷孤城，不复得出。

六月初，宋军曾由海路北上，进攻沧、滨等州，是举或有接应李璮的意图，但未能成功。除济南、益都等大城池外，山东东路大部很快被元军收复。

史天泽重围之中的济南，士气逐渐衰落。至六月中旬，城内粮尽力竭，人心涣散。李璮本人也情绪低落。七月十三日，李璮勉强整军出战，希冀突围。但因缺粮乏力，被元军掩杀，仓皇退回城内。

七月十九，李璮手刃爱姜，乘舟自投城内大明湖中，因水浅未死，被元军捕获。李璮被擒后，即被带到宗王合必赤帐前。

史天泽向合必赤建言："宜即诛之，以安人心。"

随即由史天泽等人会审李璮。

东平万户严忠范首先问："此是何等作？"

李璮回答说："你每与我相约，却又不来。"严就肋下刺一刀。

史天泽问："何不投拜？"李璮不答。

又问："忽必烈有甚亏你处？"

李璮说："你有文书约俺起兵，何故背盟？"

史天泽叫来黄眼回回砍去李璮的两臂，次除两足，开食其心肝，割其肉，方斩首。

看来史天泽很担心李璮会更多地暴露北方世侯之间在私下窥测时局、指摘朝政甚至语涉反意的隐秘，因此一反"慎密谦退"的稳重作风，在军前擅命处死李璮。

第二天，史天泽即引军东行，未至益都，城中人已开门迎降。李璮之乱至此完全平息。

李檀之乱平定后，一些儒臣上书，认为乱事之起，是由于诸侯权重。史天泽上奏："兵民之机，不可并于一门，行之，请自臣家始。"史氏子侄即日解除兵权者有十七人。忽必烈委任史天泽节度诸将出征李璮。史天泽自始至终，都未曾把诏旨示人。平乱后入朝，世祖慰劳，史天泽又尽将功劳归于众将。

三起叛乱，牵涉到很多被世祖委以文、武要职的汉人亲信。中书平章王文统被诛，推荐过王文统的刘秉忠、张易、商挺、赵良弼等人都受到忽必烈的怀疑。

史天泽匆忙杀李璮灭口，回朝后则以"擅杀自劾"。忽必烈虽未加罪责，但李璮与汉地世侯们私下交通，他心里显然是十分清楚的。然而，在汗位争端尚未完全解决的情况下，过分追究北方世侯与李璮之乱的关系，可能把他们逼到公开与朝廷对抗的立场上去，这会给元政权带来很大危害。

忽必烈很快停止追究，在政治上继续优容各地世侯，以免迫使他们铤而走险。同时，忽必烈还充分利用他们害怕朝廷深究的自危心理，裁削私家权力，把这些专制一方的军阀变成中央集权的专制君主统治下的文武官僚。

忽必烈迅速平定李璮之乱，这对于忽必烈政权的巩固和避免再次出现分裂的局面都具有很大的作用。各地方军阀们受此事警告，更加死心塌地地为忽必烈效命。

而且李璮事件牵连了许多地方军阀，忽必烈借此机会削弱了他们的兵权，以史天泽为首的各地军阀纷纷交出他们的兵权。这样，忽必烈解除了内患。

与此同时，忽必烈又采取了相应的措施来抑制诸侯的势力，主要措施有：废除诸侯世袭制度，改变军阀割据一方的状况；地方实行军民分治，分益都军民为二，董文炳领军，撒吉思领民。

以后这一制度在各地推广，诸路管民官理民事，管军官掌兵戎，从而把各地的兵权进一步集中到皇帝手中。

忽必烈还先后在北方汉地实行罢世侯、置牧守、行迁转法，易置汉人将领部属、将不擅兵、禁止民间私造私藏兵器等制度，并利用色目人作为统治的帮手，以对汉人进行牵制等等。

这些措施，连同设立枢密院和加强中书省，都对元王朝中央集权政治的建立，蒙古、色目贵族与汉族官僚之间矛盾的发展，产生了重大影响。从这个意义上可以说，李璮之乱失败，进一步加速忽必烈政权对华北各地统治的集权化过程。

灭亡南宋

宋恭帝德祐二年二月初五，元军兵临宋都临安，谢道清求和不成，只好抱着五岁的宋恭帝，带着南宋皇族出城跪迎，向元军统帅伯颜投降，宋恭帝宣布正式退位。

三月二日，伯颜以胜利者的姿态进入临安，董文炳、吕文焕、范文虎入城安抚百姓，禁止杀掠，封闭仓库，收缴宋廷衮冕、圭璧、仪仗、图籍以及大批财宝、器物，远往大都。

元世祖忽必烈下达诏书，要伯颜送宋朝君臣速往大都朝见。而此时的宋恭帝赵㬎还不满六岁，就莫名其妙地随着母亲及其他朝官、宫廷人员一同被送到了北京。

决定全力进攻南宋

　　忽必烈在平定阿里不哥之乱后，政权得以巩固，即着手整顿军队，督造战船，组训水军，积极进行灭宋准备。

　　到忽必烈时期，蒙古已经形成空前强大的元帝国。蒙古贵族利用体格健壮、擅长骑射、能够忍饥渴耐寒暑的牧民，学习了中原和西域的军事技术和生产技术，形成了强大的军事力量，在短短的几十年中，东征西讨，席卷了大半个亚洲，兵锋深入欧洲腹地。

　　在这种情况下，偏安江南的南宋小朝廷正是"危亡之祸，近在且夕"。但是，腐朽的南宋王朝在杀害抗金英雄岳飞、对金称臣后，逍遥自得，在临安过着纸醉金迷、醉生梦死的日子。当时有人在杭州的旅邸壁上写了这样一首诗：

　　　　山外青山楼外楼，西湖歌舞几时休？
　　　　暖风薰得游人醉，直把杭州作汴州。

这首诗深刻反映了南宋小朝廷偏安一方、纵情享乐、把恢复中原的大事丢在一边的情景。

这个时期，南宋执政的皇帝主要是宋理宗和宋度宗。宋理宗本名赵与莒，原本不是皇子，只是宋宁宗的远房堂侄。

他是赵匡胤之子赵德昭的十世孙，但宋帝位一向并非由赵德昭这一脉后人继承，至赵与莒父亲赵希瓐这一代已与皇室血缘十分疏远，而赵希瓐在生时并没有任何封爵，只当过小官，生活与平民无异，赵与莒也因此在平民家庭出生及成长。

赵与莒七岁时，父亲赵希瓐逝世，生母全氏带着他和弟弟赵与芮返回娘家，三母子在全氏在绍兴当保长的兄长家寄居，一直到赵与莒十六岁。

这时，宋宁宗因为八名亲生子都早夭，命宰相史弥远找寻品行端正的宗室继承沂王的王位，史弥远推荐了赵与莒。

嘉定十四年，赵与莒选入宫内，赐名贵诚，继承沂王王位。宋宁宗驾崩后，史弥远联同杨皇后假传宁宗遗诏，废太子赵竑为济王，立沂王赵贵诚为新帝，是为宋理宗。

宋理宗继位的前十年都是在权相史弥远挟制之下，自己对政务完全不过问，自己则尊崇理学、纵情声色，直到绍定六年史弥远死后，宋理宗才开始亲政，亲政之初立志中兴，采取罢黜史党、亲擢台谏、澄清吏治、整顿财政等改革措施，史称"端平更化"。

这一时期，蒙古迅速崛起，成为继辽、西夏、金之后又一对宋朝构成巨大威胁的少数民族政权。面对急剧变化的局势，宋朝内部就对外政策产生了争议。

一些人出于仇视金朝的情绪，主张联蒙灭金，恢复中原；另一部分人则相对理性，援引当年联金灭辽的教训，强调唇亡齿寒的道理，希望以金为藩屏，不能重蹈覆辙。

无休止的争论使宋朝在这两种意见之间摇摆不定，既不联金抗蒙，也未联蒙灭金。然而，随着蒙古与金朝之间战事的推进，在金朝败局已定的情况下，最终理宗作出了决定。

绍定五年十二月，蒙古遣王檝来到京湖，商议宋蒙合作，夹击金朝。京湖制置使史嵩之上报中央，当朝大臣大多表示赞同，认为此举可以报靖康之仇，只有赵范不同意，主张应借鉴徽宗海上之盟的教训。

一直胸怀中兴大志的理宗把这看作是建不朽功业的天赐良机，遣使答应了蒙古的要求。蒙古则答应灭金以后，将河南归还给宋朝，但双方并没有就河南的归属达成书面协议，只是口头约定，这为后来留下了巨大的隐患。

金哀宗得知宋蒙达成了联合协议，也派使者前来争取南宋的支持，竭力陈述唇齿相依的道理。理宗拒绝了金哀宗的请求，任命大臣史嵩之为京湖制置使兼知襄阳府，主持灭金事宜。

绍定六年，宋军出兵攻占邓州等地，于马蹬山大破金军武仙所部，又攻克唐州，切断了金哀宗逃跑的退路。十月，史嵩之命京湖兵马钤辖孟珙统兵二万，与蒙军联合围攻蔡州。

端平元年正月，蔡州城被攻破，金哀宗自缢而死。末帝完颜承麟为乱兵所杀，金国灭亡。宋蒙联手灭金时，仍并未就灭金后河南的归属作出明确规定。

元世祖忽必烈传

金亡以后，蒙军北撤，河南空虚。端平元年五月，理宗任命赵葵为主帅，全子才为先锋，赵范节制江淮军马以为策应，正式下诏出兵河南。不久，全子才收复南京归德府。随后向开封进发，七月五日，宋军进驻开封。

全子才占领开封后，后方没有及时运来粮草，以至全子才无法继续进军，贻误了战机。半个月后，赵葵又兵分两路，在粮饷不继的情况下继续向洛阳进军。

宋军到达洛阳，遭到蒙军伏击，损失惨重，狼狈撤回。留守东京的赵葵、全子才看到战机已失，加上粮饷不继，率军南归。其他地区的宋军也全线败退，理宗君臣恢复故土的希望又一次落空了。

"端平入洛"的失败，不仅使南宋损失惨重，更使蒙古找到了进攻南宋的借口，蒙古由此开始了攻宋战争。朝野上下对于出兵河南的失败及由此带来的严重后果议论纷纷，而对这种局面，理宗也不得不下罪己诏，检讨自己的过失，以安定人心。

政治生活的失败，沉重打击了宋理宗的自信心。执政后期，他开始沉湎于醉生梦死的荒淫生活中，朝政相继落入丁大全、贾似道等奸相之手，国势急衰。

理宗晚年喜好女色，三宫六院已经不能满足他的私欲。善于奉迎的内侍董宋臣，便在一次元宵佳节为宋理宗找来临安名妓唐安安。

唐安安姿色艳美，能歌善舞。宋理宗一见非常喜爱，便把她留在宫里，日夜宠幸。

唐安安仗着宋理宗的宠爱，过起了豪奢的生活。唐安安家中的用具上到妆盒酒具，下到水盆火箱，都是用金银制成的；帐幔茵褥，也都是绫罗锦绣；珍奇宝玩，更是不计其数。除了唐安安之外，宋理宗还经常召一些歌妓舞女进宫。

起居郎牟子才上书劝诫宋理宗："此举坏了陛下三十年自修之操！"宋理宗却让人转告牟子才不得告知他人，以免有损皇帝的形象。姚勉以唐玄宗、杨贵妃、高力士为例劝告宋理宗，宋理宗竟然恬不知耻地回答："朕虽不德，未如明皇之甚也。"

阎贵妃是宋理宗晚年最宠爱的妃子，姿色妖媚，初封婉容。淳祐九年九月，宋理宗封阎氏为妃。宋理宗对阎贵妃赏赐无数，阎贵妃想修建一座功德寺，宋理宗不惜动用国库，派遣吏卒到各州县搜集木材，为其修功德寺，闹得老百姓不得安宁，为了求得合适的梁柱，竟想砍去灵隐寺前的晋代古松。

幸好灵隐寺住持僧元肇写了一首诗："不为栽松种茯苓，只缘山色四时青。老僧不许移松去，留与西湖作画屏。"这才保住古松，这座功德寺前后花了三年才建成，耗费极大，修得比自家祖宗的功德寺还要富丽堂皇，当时人称为"赛灵隐寺"。

后来，阎贵妃在理宗的宠爱下，骄横放肆，揽权心切，干预朝政，一些投机钻营的小人走她的门路，于是她更加骄横专恣，干权乱政起来。

之后阎贵妃又与马天骥、丁大全、董宋臣等奸臣勾结，狼狈为奸，沆瀣一气，史称"阎马丁董"，恃宠乱政，结党营私，排除异己，陷害忠良，与贾似道明争暗斗，打击诬陷，把朝政搞得乱七八糟。

随着年岁渐长，宋理宗开始考虑继承人问题。他只有一个儿子赵维，可不幸早夭，后来就再也没有生下儿子，于是只得立他的侄子赵禥为太子。

赵禥是宋理宗赵昀之侄，荣王赵与芮之子，初名孟启，又名孜、长源。宋理宗无子，收其为养子，先后封为建安王、永嘉王、忠王。

赵禥之母是荣王赵与芮府中的一名小妾，因出身微贱，总受正房夫人的欺负，发现怀孕后立刻被夫人逼服打胎药，谁知胎儿没打下来，还是出生了。

元世祖忽必烈传

因为是皇帝近亲唯一的男孩，赵禥得到全府上下人的保护，无奈已中药毒，天生体弱，手足发软，很晚才会走路，七岁才会说话，智力低于正常水平，宋理宗为他配备了良师，精心教导，仍不能使他开窍，常常被他气得发昏。

左丞相吴潜不同意让这个弱智儿作为大宋天下的继承人，请求另选宗室子弟，但是，宋理宗是史弥远从民间选来的，本来就与宋宗室没多大关系，当然不愿意。贾似道乘机进谗言，将吴潜贬往外地，别人更不敢多言了。

景定元年六月初六，赵禥被立为皇太子，赐字长源，命杨栋、叶梦鼎为太子詹事。七月初一，入居东宫。十七日，举行册封礼。

当时理宗家教甚严，鸡初鸣问安，再鸣回宫，三鸣前往会议所参加处理国家政事。然后退回讲堂，讲官讲经，其次讲史，终日手不释卷。天将晚时，又到榻前起居，习以为常。

宋理宗问他今日讲的是何经，答对了，则赐座赐茶；否则，为之反复讲解分析；仍不明白的话，理宗会随之发怒，要求明天必须再予以讲解。

景定二年正月十五日，赵禥到太庙朝拜孔子，请以张木式、吕祖谦列为从祀。十二月十五日，册立永嘉郡夫人全氏为皇太子妃。

景定五年十月二十六日，理宗去世，太子赵禥即皇帝位，是为宋度宗。而就在同一年，忽必烈凭借着汉族地主阶级和一部分蒙古贵族的支持，击败了阿里不哥，夺得了最高统治权，开始准备攻宋。

宋度宗即位后，孱弱无能，智商低于正常人水平，荒淫甚于理宗，整天宴坐后宫，与妃嫔们饮酒作乐。作为皇帝，宋度宗的治国才能相当地一般，但作为人，他的欲望本能却是相当地不一般。《续资治通鉴·宋纪一百八十》上所记载：

> 帝自为太子，以好内闻；既立，耽于酒色。故事，嫔妾进御，晨诣合门谢恩，主者书其月日。及帝之初，一日谢恩者三十余人。

这段话的大概意思是，赵禥做皇太子时就以好色出名。当了皇帝后还是这样。根据宫中旧例，如果宫妃在夜里奉召陪皇帝睡觉，次日早晨要到合门感谢皇帝的宠幸之恩，主管的太监会详细记录下受幸日期。赵禥刚当皇帝时，有一天到合门前谢恩的宫妃有三十余名。

有好事者研究后说，如果一夜按十二小时计算，那么幸三十多个宫妃，赵禥平均二十四分钟临幸一位宫妃。进而，他得出的结论是，这是超过人体极限的，一定是有上等的春药在强有力地支持他。

难能可贵的是，宋度宗居然从不担心国家的前途命运，后来连大臣奏章都懒得批，全部交给四个最得宠的女人执掌，号称"春夏秋冬四夫人"。

有什么样的皇帝，就会有什么样的大臣。在宋度宗时期，最受宠的大臣是贾似道。贾似道在宋理宗时期，已经权倾一时。宋理宗以"师臣"相称，百官都称其为"周公"。

贾似道少年聪慧，二十一岁以父荫为嘉兴司仓。二十四岁进士及第，因其姐被宋理宗选为宠妃，贾似道也靠"裙带风"青云直上，先为宝章阁直学士，后擢为太常丞、军器丞，凭借其八面玲珑之术，步步高升，直至右丞相。

当时蒙古向南宋提出"联蒙灭金"之约，但灭金后，蒙古却将南宋应得土地削减。宋理宗便命贾似道领兵出战，贾似道既无军事才能，又畏敌如虎，还未交战，先暗中派人与蒙古私下议和，并表示南宋王朝愿称臣，岁奉二十万两白银，绢二十万匹。

蒙古主帅获利后撤退，贾似道乘机进攻，杀伤一百七十名蒙古兵。这一小胜，竟被贾似道渲染为"空前绝后"的大捷，他闭口不谈屈辱的和约，而大唱"宗社危而复安"。宋理宗受其蒙骗，命文武百官恭迎贾似道凯旋。

之后理宗罢免丞相丁大全，从而使贾似道得以专权。贾似道得势后，立即作威作福，大肆屠杀功臣，还与同党编辑《福华编》，为其在抗蒙战役中的"丰功伟绩"歌功颂德。

宋理宗为表彰贾似道，在西湖景区内为其造了一个栽满奇花异草、建有亭台楼阁的"后乐园"。

北宋范仲淹"先天下之忧而忧，后天下之乐而乐"的名句脍炙人口，却被昏君奸臣滥用于此。贾府与皇宫隔湖相对，早晨听到上朝钟声，贾丞相才下湖。

船系在一条粗缆绳上，绳端连着一个大绞盘，行走不必划桨撑篙，十几个壮夫拼命推绞盘，船行如飞，一会便到宫前，贾似道赶走正直的大臣，把大小朝政都交给大小门客处理，自己每日在园中享乐，娼妓、尼姑、旧宫女都被他弄来，日夜饮酒淫戏，还有年轻时结识的酒朋赌友能进贾府。

一天，贾丞相又趴在地上，与群妾斗蟋蟀玩，一个熟悉的赌友拍拍他的肩膀，笑着说："这就是平章的军国重事吧？"

在宋代，平章就是宰相的别称，贾丞相也狂笑起来。因此，当时人说："朝中无宰相，湖上有平章。"故贾似道又被称为"湖上平章"与

元世祖忽必烈传

"蟋蟀宰相"。

贾似道之所以被人称为"蟋蟀宰相"，是因为他对蟋蟀有特殊的爱好和深入的研究。他玩蟋蟀已经玩儿出了艺术，爱玩儿蟋蟀已经到了荒唐的地步。在贾似道位居高位之后，他放浪形骸、有恃无恐，甚至出现了将蟋蟀带入朝堂的荒唐事件。

皇帝与大臣们议论国事，大堂上不时出现虫鸣之声。后来蟋蟀更是从贾似道的水袖内跳了出来，荒唐的是竟然跳到了皇帝的胡须之上。堂堂大国官员，竟然将戏耍之物带上了朝堂，由此可见国家大事在他眼中还比不上戏耍之物重要。

贾似道也的确视国家大事如儿戏。蒙古不断对南宋发动猛攻，襄阳被元包围，边关的文书接二连三地传来。然而这些文书都被贾似道置之不理，而是专心玩乐。每日里不处理公务，只与妓女歌姬嬉戏淫乐，与小妾们斗蟋蟀玩儿。

除此之外，贾似道还专门就蟋蟀写出一本著作——《促织经》，这本书可以说是是世界上第一部研究蟋蟀的专著。观此书可知，贾似道虽然在政务上并不精通，但是的确精于斗蟋蟀。

《促织经》共二卷，分论赋、论形、论色、决胜、论养、论斗、论病等，对蟋蟀进行了详尽的论述。玩蟋蟀玩儿到这种程度，还专门给蟋蟀写了一本书，难怪后人要称其为"蟋蟀宰相"了。

当然，贾似道也并非一无是处。南宋后期，土地集中在大地主手中是一个严重的问题，因为这些地主通常也是大官僚，当时政府用"和籴"的计划弥补这个问题，就是要求地主义务将稻谷卖给国家。但是当政府购买的稻谷越多，也必须发行更多的纸币，于是造成通货膨胀。

于是，贾似道建议废除和籴，减少纸币的流通以稳定物价，然后限定所有人地产的数量，超出限定的土地由国家收购变成公田，然后将公田的收入去偿付军需。这个计划遭到大地主阶层的强力反对，但贾似道极力推行，使公田法实施到他下野，共计十二年。

除此之外，贾似道还是一个敏锐的艺术鉴赏家，他的好友廖莹中曾给予他在文学上的帮助，贾似道还令人将王羲之的《兰亭序》临摹起来，又复制了四版姜夔及任希夷的真迹。

贾似道喜收藏图籍，其家所收善本图书达千余部，聚敛奇珍异宝，法书名画，今尚存世的许多古代书画剧迹，如《王羲之快雪时晴帖》《展子虔游春图》《欧阳询行书千字文卷》《赵昌蛱蝶图》《崔白寒雀图》等，均是他的藏物。

宋度宗即位后不久，升贾似道任太师，倍加宠信，将朝政统统委托给他。贾似道见度宗比理宗还要昏庸，就更加专横跋扈、目无天子，稍不如意，就以辞官相要挟。度宗唯恐他不辞而别，总是卑躬屈膝地跪拜，流着眼泪挽留他。

史载，一天，正要举行祭祀大礼，突然下起倾盆大雨，管皇帝马车的官正是度宗宠爱的胡贵嫔的父亲胡显祖，胡显祖建议乘小车回宫，度宗不敢轻举妄动，说："先问问贾丞相吧！"

元世祖忽必烈传

胡显祖急于回宫，哄皇帝说："丞相已经答应了。"皇帝便匆匆回宫。过一会儿，雨过天晴，贾似道以为皇帝再来主持典礼，才知皇帝已经回宫，顿时大发雷霆："我身为大礼使，连陛下的举动都不得预知，不干了！"当即装模作样走出京城。

皇帝苦求几日，贾相仍不理睬，只得将胡显祖罢官，流着泪把胡贵嫔送到庙里罚做尼姑，贾似道这才满意归朝。

宋度宗登基后五年，贾似道为了测试自己在朝中的地位，便在度宗面前说自己年事已高，打算返乡享福。

度宗为了不失去该"军事奇才"，便下旨准许贾似道可六日才上朝一次，也不用如百官般行礼，到后来更是十天上朝一次，而且每次退朝，度宗总要离座目送他走出大殿后，才敢坐下。

南宋因政治腐败，致贾似道得以擅权网罗亲信，极力打击陷害有功将领。一批战功卓著的将帅，或被罢官，或被治罪而死，致使民心相悖，将士离心，战备松弛，坐失强兵固边的大好时机。南宋统治集团为宋朝的灭亡准备了条件，宋朝的覆亡不可避免了。

忽必烈夺得蒙古汗位、稳定内部之后，即派兵侵犯南宋四川地区，并沿汉江南下。

当时，蒙古于宋朝在前线处于相持阶段，由于宋军擅长守城，加之在丘陵及水泽地区蒙古骑兵并不占优势，所以前线战事进展遇到了很大的困难，忽必烈对于进攻南宋犹豫不决。

这时，一个名叫刘整的人出来献策。刘整，字武仲，祖上几辈生活在关中地区。金末时投奔南宋，隶属名将江万载、孟珙麾下，宝祐二年随李曾伯入蜀，选拔为将，屡建战功。曾以十二骑袭破金国信阳，军中呼为"赛存孝"。

景定元年四月，刘整升任泸州知府兼潼川路安抚副使。身为北方人的刘整以武功获得升迁，为一些南方将领所忌，这其中就有后来守卫襄阳的主将吕文德。

刚好此时刘整最初的直接领导江万载因不满权臣贾似道当权误国，辞职归里奉养慈母，贾似道为了排除异己，在各路武将中推行所谓的"打算法"，即派遣官府会计查核各地军费，凡在战争中支取官府钱物用于军需者，一律加以侵盗掩匿的罪名治罪。大将多获罪，赵葵、史岩之、杜庶等名将均因此罢官，还被勒令赔偿。

另一名将向士璧被夺官下狱，被逼而死，家族又被拘押偿付军需。名将高达、曹世雄对不学无术的贾似道十分鄙视，贾似道怀恨在心，命党羽罗织罪名，逼死曹世雄，罢了高达的官。

贾似道嫉妒在钓鱼城立下盖世奇功的王坚，故意把他调知和州，罢了他的兵权，不久王坚即抑郁而死。吕文德当时为策应大使，与四川制置使俞兴勾结，打算利用"打算法"迫害刘整。

刘整得知消息后，惊恐不安，派人到临安向朝廷上诉，因一向看重他的上级礼部尚书江万载等都已辞职，投诉无门。当他看到比他名气更大的向士璧、曹世雄均被逼而死后，更加担心，于是秘密派人与蒙古成都路军马经略使刘黑马联络，表示愿意以泸州及所属十五郡三十万户投降。

灭亡南宋

由于刘整是宋之名将，他突然以蜀之冲要的泸州要求投降，让蒙古方面感到难以理解。当时蒙古将领多认为刘整投降之举真假难辨，不可信。只有刘黑马认为刘整此举毫不可疑，最终，他力排众议，决定派儿子刘元振前去受降。

景定二年六月，刘整召集手下官员，杀死反对投降蒙古者，开门迎接刘元振入城，被蒙古任命为夔路行省兼安抚使。

宋理宗听说后勃然大怒，命俞兴讨伐刘整，结果却被刘整打败。吕文德奉命务必收复泸州。刘整难以支持，次年初撤出，将泸州民众徙往成都、潼川。

正月，吕文德收复泸州。南宋朝廷改泸州为江安军，但其所隶之州，除泸、叙、长宁、富顺外，均为蒙古军占有。南宋方面丢失大半个四川，战争形势急转直下。

元世祖忽必烈传

咸淳三年十一月，南宋降将刘整向忽必烈进献攻灭南宋策略，他说："宋主弱臣悖，立国一隅，今天启混一之机。臣愿效犬马劳，先攻襄阳，撤其扞蔽。"正式向元朝提出先攻襄阳的策略。他认为南宋如果"无襄则无淮，无淮则江南唾手可下也"。

可是，由于元宪宗蒙哥大举猛攻的失败，元朝一度丧失了吞灭南宋的信心。而且，在刘整降元前后，蒙古三路大军向南宋全线施压，也并未取得多大进展，在三处战场双方均处于相持状态。

四川方面，理宗端平二年，蒙军大举入蜀，但宋军在余玠、王坚、张珏等人的杰出指挥下，固守山城，发挥宋军进攻不足、守城尚可的优势，多次挫伤蒙军的锐气，并在合州用炮石击毙蒙哥汗，蒙军撤退。在相当长一段时间内四川局面始终未能打开。

在东面战场，淮东和淮西两地，两军主要隔淮河对峙，由于江南河网发达、水系众多，水泽之地对蒙古骑兵驰骋极为不利，加上这里是距南宋都城最近的防线，宋军在此布防也最重，因此东面战场也无进展。

另外，忽必烈在取得大理形成对南宋的西南面包围后，曾经尝试过直进中路、经长沙取鄂州、直下江左的战术。但是，由于汗位继承权的纠纷，忽必烈在与贾似道鄂州议和之后返回北方争夺汗位。南宋乘此机会加固襄、樊城池，因而在忽必烈处理完内部问题后南进至襄阳时遇到了极大的阻碍。

刘整的归降，使忽必烈最终坚定了攻灭南宋的信心。忽必烈早在开庆元年攻宋时就深知襄樊地位重要，在刘整的建议下，又经过商挺、郝经、郭侃等谋臣建策，逐渐形成了先取襄樊、实施中间突破、沿汉入江、直取临安的灭宋方略。

成功在襄樊城取得突破

襄阳、樊城地处南阳盆地南端，居汉水上游，三面环水，一面傍山，西临关陕，东达江淮，跨连荆豫，是控扼南北之要冲，地势十分险要，自古以来为兵家必争之地，南宋视其为朝廷根本、关系国家存亡的重地，于是开府筑城、储粮屯军，经多年经理，建成为城高池深、兵精粮足的军事重镇。

襄樊是南宋抵抗蒙古军队的边境重镇。蒙古与南宋在襄樊的交锋，从窝阔台汗时期已经开始。

南宋端平二年，蒙古大汗窝阔台集合了蒙古、女真、西夏、渤海等各部人马共计五十万以上，兵分三路攻宋。其中由窝阔台三子阔出带领的中路军，兵峰直指襄樊。

当时襄阳的镇守将领是南宋京湖安抚制置使赵范，他的部下有一支原属于金国的降兵组成的"克敌军"。赵范贪杯，当时蒙古军队与"克敌军"联络作为内应，赵范还在酣睡。"克敌军"打开城门，把蒙古军队引入。

赵范没办法只身逃出襄阳，襄阳失陷了。这次襄阳失守是岳飞从伪齐政权下收复后的第一次失陷，这对南宋来讲后果很严重，损失巨大。直接的损失来自襄阳失陷的官民物资，数万人被掠走，三十万石粮食、二十四库精良兵械，尽入敌手。

襄阳失守，在军事战略上的失败更加惨重。襄阳作为战略要地，是南宋王朝的"国之西门"，是南宋在荆襄防线的一个重要支撑点。襄阳失，则江陵危；江陵危，则长江之险不足恃。

长江天险不再是天险，门户洞开之后便是大片土地无险可守，直接威胁到首都临安。因此襄阳失守后不到一年，宋京西南路的一府八州，有七个州全部失陷。

然而，当战局对于南宋十分危急之时，蒙古军的主帅阔出在南宋端平三年秋天突然得重病不治身亡。而南宋名将孟珙却在蕲州、江陵等地，接连击退蒙军的进攻。

全面主持京湖地区防务后，孟珙三战三捷，克樊城复襄阳。虽然收复了襄阳，却由于蒙古军队对襄阳的破坏导致襄阳城防破落不堪，人员物资严重匮乏，不得不主动放弃。

淳祐十一年，就任京湖安抚制置使不久的李曾伯认为，郢、襄一带的地位很重要，尤其是襄阳绝对不可弃之不顾，便在修复郢州城后，向朝廷请求一万五千名兵力增援及钱粮支持，打算收复襄阳。

在朝廷的支持下，李曾伯向盘踞襄阳的蒙古军队发动猛烈进攻，一举攻克了襄阳、樊城。收复襄阳后，李曾伯又下令筑城，限期两个月内在城内建造营房一万间，以备屯驻之用。加固后的襄阳城，周围长九里，樊城则约四里半，防御能力大为增强。

鉴于"筑城容易守城难"，次年春，李曾伯又向朝廷提出六点经营襄阳的建议，包括实行营田、奖励屯田、运输米粮、修筑城堡、免税、增兵协防等。

朝廷部分采纳其建议，下拨一百万缗的屯田及修筑渠堰补助费，并免除襄、郢之税三年。到宝佑二年上半年，李曾伯调任夔路策应大使、四川宣抚使时，已有六千多户军人家眷迁入襄阳定居，使其渐渐恢复生机。

自从南宋淳祐十一年高达收复襄阳后，南宋朝廷对襄阳的战略性开始重视。宋理宗调拨了大量人力物力，经过十几年的大力经营，襄阳重新成为城高池深、兵精粮足的重镇，成为宋长江中上游的门户和屏壁。

在这十几年中，另外一个军事集团开始成为襄阳防守的主要力量，那就是吕文德集团。

吕文德，字景修，淮南西路安丰军人。出身平民，后被收入淮东制置使赵葵麾下，以抗击蒙古侵略起家。他转战江淮、湖北、四川各地抗蒙前线达三十多年，多次击退蒙古军，取得骄人战绩。

吕文德在与蒙古军作战中，往返与四川与湖北各地，在几十年的战斗中，不仅积累了经验，也培养了一批家族武装。当然，吕文德能够成为在京湖地区重要的军事集团十几年不倒，除了他的军事实力以及军功外，他与贾似道的勾结也是重要原因。

吕文德上献媚于贾似道，下打击异己。正因为这样，导致不少将领为了自保而纷纷投降忽必烈。特别是孟琪的爱将刘整由于看到其他将领受到打击、杀害，而向忽必烈投降。他所率领的水师更是精悍，于是蒙古终于得到了梦寐以求的水师。

忽必烈平定内乱后，经过五年的战争准备，具备了进行大规模战争的条件。当南宋降将刘整进献攻宋方略后，忽必烈开始实施对襄阳的战略包围。

首先，建立陆路据点，作为攻宋的根据地。南宋咸淳三年，忽必烈采纳刘整的建议，遣使以玉带贿赂南宋荆湖制置使吕文德，请求在襄樊城外置榷场，吕文德应允。

蒙古使者以防止盗贼、保护货物为名，要求在襄樊外围筑造土墙，目光短浅的吕文德竟然同意。于是，元人在襄樊东南的鹿门山修筑土墙，内建堡垒，建立了包围襄樊的第一个据点，一下子就断绝了襄阳的粮道。

等到吕文德明白过来，才知道自己误事了，又气又急，一病不起。

咸淳三年秋，阿术率军攻打襄阳，俘人略地而归，宋军趁蒙古回军之机，在襄阳以西的安阳滩派水军扼其归路，然后派骑兵直冲其阵，蒙古军队大乱，都元帅阿术坠马，险些被宋军活捉。

蒙将怀都选善识水性的士卒泅水夺得宋军战舰，其余将领奋勇拼杀，才将宋军击退，转败为胜。安阳滩之战，蒙古军队虽然打败了宋军，但却暴露出水军不占优势的弱点。

咸淳四年，蒙将阿术在襄樊东南鹿门堡和东北白河城修筑堡垒，切断了援襄宋军之路。九月，忽必烈命刘整、阿术等率军围困襄阳和樊城，从此同襄、樊军民开始了长达五六年之久的襄樊保卫战。

咸淳三年冬，南宋任命吕文焕知襄阳府，兼京西安抚副使。吕文焕，号常山，小名吕六，吕文德之弟，安丰人。

吕文焕早年从军，在宋理宗开庆、景定年间随其兄吕文德在鄂州、四川等战场与蒙古作战。吕文焕在从军前曾教人兵法，后被召至前线，建有不少战功，是一员颇有名气的骁将。

咸淳三年十二月，吕文焕以功累擢知襄阳府兼京西安抚副使，接替程大元成为正式的襄阳守将，抵御蒙古将领阿术、刘整围攻。次年十一月，为打破蒙军鹿门、白河之围，吕文焕命襄阳守军进攻蒙军，但被蒙古军队打败，宋军伤亡惨重。

吕文焕急向其兄吕文德求援，吕文德认为襄阳城坚池深，未予重视。吕文焕多次出击，均未能破围。

宋咸淳五年三月，宋将张世杰率军与包围樊城的蒙军作战，又被阿术打败。七月，沿江制置使夏贵率军救援襄阳，遭到蒙古军与汉军的联合伏击，兵败龙尾洲，损失二千余人，战舰五十艘。忽必烈又派丞相史天泽前往规划。蒙古军在襄、樊四周修城筑围，封锁汉水，控扼水陆要冲；同时造战船，练水军，并屡败南宋援军。

咸淳六年，蒙将史天泽在襄樊西部的万山包百丈山筑长圩，又在南面的岘山、虎头山筑城，连接诸堡，完全切断了襄阳与西北、东南的联系，襄樊成为一座孤城。

这一时期，元军在襄樊外围修筑十余处城堡，建立起长期围困襄樊的据点，完成了对襄樊的战略包围。其次，建立水军，寻求制服南宋的战术优势。

咸淳六年，刘整与阿术谋议，"我精兵突骑，所当者破，惟水战不如宋耳。夺彼所长，造战舰，习水军，则事济矣"。忽必烈当即命刘整"造战船，习水军"，以图进取襄阳。

刘整于是造船五千艘，日夜操练水军，又得到四川行省所造战舰五百艘，建立起一支颇具规模的水军，从而弥补了战术上的劣势，为战略进攻准备了必要条件。

从咸淳四年蒙军筑鹿门堡、修白河城到咸淳六年完全包围襄阳，蒙古军队已处于战略上的优势，南宋政府为挽救危局，进行了反包围战与援襄之战，从而揭开了襄樊之战的序幕。

至元五年，忽必烈命都元帅阿术、刘整率师攻襄樊，旋遣枢密副使史天泽、驸马忽刺出督师襄樊。

襄樊被困三年，但贾似道却一直对宋度宗封锁消息，甚至有敢说蒙军攻宋的就被贬职的，也有被借故杀掉的。

咸淳五年三月，两淮都统张世杰率马步舟师最先赶到襄阳，与蒙军在襄阳东南的汉江上进行了一场大战。经过激战，张世杰不敌蒙军，被迫退回。随后赶到的四川安抚制置使夏贵，则利用春季汉水暴涨，以战船将粮衣等物资送入襄阳城内。

六月，荆鄂都统唐永坚自襄阳城杀出，结果兵败被俘投降。七月，宋将夏贵率五万军队、三千艘战船，再度增援襄阳。此次却遭沿江堡垒蒙军的猛烈阻击，增援未果。

十二月，吕文德病故。京湖战场宋军失去了临边四十年、最具威望的军事指挥官，给襄阳保卫战带来了重大的消极影响。

尽管蒙古决定不惜一切代价夺取襄阳，各地的军队也是源源不断地开往襄阳，在短短一年之内围困襄阳的蒙军就增至了十万。但是，吕文德所建立的军事集团的战斗力也是不容小视的。

他们在襄阳地区经营十多年，他们凭借襄阳夹汉水、地险城固的有利地形，特别是守备措施充分，物资储备丰富，使得蒙军虽然急切，但在短时间内根本拿不下襄阳。

但是，由于元军在襄阳地区站稳脚跟，采取长期围困的方式不断缩小包围。特别是元军对于援助襄阳的部队进行痛击，宋军几次增援都以失败告终。

吕文焕困守孤城，间有张世杰、夏贵、范文虎等人多次入援，但都失败。而宋廷对于吕文焕也不放心，朝廷中不断有人呼吁以经营襄阳有经验的高达代替吕文焕。

咸淳六年，宋将李庭芝任京湖制置大使，督师援襄，屡战不利。而原因是另一名将领范文虎不受李庭芝节制，只听命于贾似道，牵制、束缚了李庭芝的救援行动。

咸淳六年春，吕文焕以步骑一万五千人、兵船百余人奇袭襄阳西北蒙军的造船基地万山堡，但被蒙古将领张弘范打败。御史李旺向宰相贾似道进言起用高达，贾似道说："吾用达，如吕氏何？"

李旺说："吕氏安，则赵氏危矣！"吕文焕也听到这个传闻，心里很不爽。他幕府中的一个门客献计道："今朝廷以襄急，故遣达；吾以捷闻，则达必不能遣矣。"

吕文焕采用了这个计策，抓获了几个蒙军哨骑后就向朝廷报捷。但事实上朝廷并没有急于派高达援襄阳。从此事可以看出贾似道对吕文焕的支持及吕文焕与南宋朝廷相互不信任关系。

这一年，蒙古命宋衞写信劝降吕文焕，就称："足下在吕氏族中，最才最贤，宋廷必将易置腹心，尺书见召，鱼脱于渊，其祸不可测也。"企图离间吕文焕与南宋朝廷间的关系。尽管如此，吕文焕仍奋力抗敌。

咸淳六年春，吕文焕出兵襄阳，攻打万山堡，蒙军诱敌深入，趁宋军士气衰退，蒙将张弘范、李庭反击，宋军大败。九月，宋殿前副都指挥使范文虎率水军增援襄阳，蒙军水陆两军迎战，大败宋军，范文虎逃归。

咸淳七年，范文虎再次援襄，蒙将阿术率诸将迎击，宋军战败，损失战舰一百余艘。

这一时期，宋蒙两军虽然在襄樊外围进行了长达三年的争夺战，但因蒙军包围之势已经形成，不但南宋援襄未能成功，而且襄樊城中宋军反包围的战斗也不可能胜利，宋军只好困守襄阳，败局已定。

襄、樊长期被围断援，供饷困难。贾似道却隐匿不报，也不派兵增援。以至襄樊被围攻了三年，形势十分危急。后来，度宗知道了，追问贾似道。

贾似道仍然隐瞒真相，说："蒙古兵已经退去，这是谁造的谣？"度宗回答是一个宫女告诉他的，贾似道就将那宫女杀了。如此腐朽的统治，使宋朝处于灭亡的前夜。

咸淳七年十一月，蒙古建国号为元，加紧对襄、樊的进攻，并对樊城发动总攻，襄樊之战正式开始。

三月，阿术、刘整、阿里海牙率蒙汉军队进攻樊城，攻破外城，增筑重围，进一步缩小了包围圈，宋军只好退至内城坚守。

四月，南宋京湖制置大使李庭芝移驻郢州，招募襄阳府、郢州等地民兵三千多人，于襄阳西北清泥河修寨造船、募民兵，并利用襄阳西北的清泥河以轻舟百艘装满兵甲物资，派总管张顺、路分钤辖张贵率领都统制救援襄阳。

二张率轻舟百艘，士卒三千及大批物资出发，临行前张顺激励士卒说："这次救援襄阳的行动，任务十分艰巨，每个人都要有必死的决心和斗志，如果你们当中的有些人并非出于自愿，那就赶快离去，不要影响这次救援大事。"

当时三千水军群情振奋、斗志昂扬，表示坚决完成任务。五月，救援战斗开始，二张率舟师在高头港集结船队，把船连成方阵，每只船都安装火枪、火炮，准备强弓劲弩，张贵在前，张顺在后，突入元军重围。

元世祖忽必烈传

船队到达磨洪滩，被布满江面的蒙军船舰阻住，无法通过。张贵率军强攻，将士一鼓作气，先用强弩射向敌舰，然后用大斧短兵相接，冲破重重封锁，元军被杀溺而死者不计其数，又转战一百二十余里，于五月二十五日抵达襄阳，时襄阳被困已有五年之久。

激战中，张顺牺牲，几天以后，襄阳军民在水中找到他的尸体——披甲执弓，怒目圆睁。襄阳军民怀着沉痛敬佩的心情安葬了张顺，并立庙祭祀。

外援船的到来，极大地鼓舞了襄、樊军民。张贵入援虽然给襄阳守军带来希望，但在元军严密封锁下，形势仍很严峻。

张贵入襄后，派人潜回郢州，联络郢州的殿帅范文虎，约定南北夹击，打通襄阳外围交通线，计划范文虎率精兵五千驻龙尾洲接应，张贵率军和范文虎会师。但范文虎却于会师前两天退兵三十里，而元军得知消息后，迅速占领龙尾洲，以逸待劳。

当张贵按约定日期辞别吕文焕，率兵三千顺汉水而下，检点士兵时，发现少了一名因犯军令而被鞭笞的亲兵，张贵大惊，对士兵们说："我们的计划已经泄露，只有迅速出击，敌人或许还来不及得到消息。"

他们果断地改变了秘密行动，乘夜放炮开船，杀出了重围。元军中阿术、刘整得知张贵突围，派数万人阻截，把江面堵死。

张贵边战边行，接近龙尾洲，在灯火中远远望见龙尾洲方向战舰如云、旌旗招展，以为是范文虎接应部队，举火晓示，对方船只见灯火便迎面驶来。等到近前，才发现来船全是元军，他们先占领了龙尾洲，以逸待劳。

宋元两军在龙尾洲展开一场遭遇战，宋军因极其疲惫，战斗中伤亡过大，张贵力不能支，被元军俘获，不屈被害。元军派四名南宋降卒抬着张贵尸体晓示襄阳城中，迫使吕文焕投降。吕文焕杀掉降卒，把张贵与张顺合葬，立双庙祭祀。从此，襄、樊与外界中断联系。

二张入援失败后，襄阳城内物资紧缺，对外联系也被断绝，宋朝援兵迟迟不来，史载吕文焕"捍御应酬，备殚心力。粮食虽可支吾，而衣装薪刍断绝不至。文焕撤屋为薪，缉麻为衣，每一巡城，南望恸哭"。

元军为尽快攻下襄樊，于咸淳八年秋采取了分割围攻战术。元将阿里海牙认为："襄阳之有樊城，犹齿之有唇也。宜先攻樊城，樊城下则襄阳可不攻而得。"

为切断襄阳的援助，元军对樊城发起总攻。咸淳九年初，元军分别从东北、西南方向进攻樊城，忽必烈又派遣回回炮匠至前线，造炮攻城。

元军烧毁了樊城与襄阳之间的江上浮桥，使襄阳城中援兵无法救援，樊城完全孤立了。刘整率战舰抵达樊城下面，用回回炮打开樊城西南角，进入城内。南宋守将牛富率军巷战，终因寡不敌众，牛富投火殉职，偏将王福赴火自焚，樊城陷落。

元军将领阿里海牙攻克与襄阳唇齿相依的樊城，并屠其全城。元世祖忽必烈降诏谕吕文焕："尔等拒守孤城，于今五年，宜力尔主，固其宜也。然势穷援绝，如数万生灵何？若能纳款，悉赦勿治，且加迁擢。"吕文焕开始动摇了。

樊城失陷以后，襄阳彻底成为孤城，形势更加危急。吕文焕多次派人到南宋朝廷告急，但终无援兵。襄阳城中军民拆屋作柴烧，陷入既无力固守，又没有援兵的绝境。

咸淳九年二月，攻破樊城后，元军将领阿里海牙移攻襄阳，仍发回回炮轰击，所中无不摧陷，城中守军大乱，军民人心动摇，不少宋军将士逾城降元。

刘整以前曾到襄阳城下劝降吕文焕，被伏弩所伤，因此主张毁灭襄阳城、俘虏吕文焕。

阿里海牙不同意，亲自至城下再次劝降，告诉吕文焕："君以孤城御我数年，今鸟飞路绝，帝实嘉能忠主。信降，必尊官重赐以劝方来，终不仇汝置死所也！"

张庭珍也在城下喊道："我师所攻，无不取者，汝孤城路绝，外无

元
世
祖
忽
必
烈
传

一兵之援，而欲以死守求空名，如阖郡之人何？汝宜早图之！"

萨木丹、阿里、译史王员外郎主动请缨，进襄阳劝降，吕文焕设宴招待，萨木丹综合国际形势、双方军事实力对比、襄阳面临的困境，对吕文焕说："天眷吾有元，海外内罔非臣属，独尔一隅漏王泽。今天兵云集，带甲百万，以中国之大，供亿无穷，筑长围，扼鹿门，横亘江路，攻具之奇，有西域机石，飞三百余步，以是樊破无噍类尔。婴城固守六载，为人臣义无不足，如生民何？圣朝上应天时，下徇地利，中察时变，平宋必矣，其审思之！"

此外元将张宏也进行了招谕。

经过元朝的多番工作，吕文焕内心已经倾向于投降，但还犹疑未决。于是，阿里海牙和吕文焕折箭为誓担保，吕文焕感泣。咸淳九年二月二十四日，吕文焕和儿子出城投降，归顺元朝。襄阳因而失守，南宋灭亡已成定局。

吕文焕投降，元朝如获至宝。不仅由于襄阳的战略重要性，更因为吕氏家族在南宋举足轻重的地位。正如胡祗遹所言："吕生世握兵柄，兄弟子侄布满台阁，宋君臣之孰贤孰愚，宋河山城郭之何瑕何坚，宋兵民之多寡虚实，宋兵刑政之得失巧拙，不为不知。"所以元朝决定优待吕文焕，招降吕氏子弟与部下。

吕文焕降元后，奉旨入朝觐见元世祖，并主动为元朝策划攻打南宋鄂州，自请为先锋。元世祖忽必烈封吕文焕为昭勇大将军、侍卫亲军都指挥使、襄汉大都督，赐其将校有差。

至元十一年二月，吕文焕拜参知政事、行省荆湖，跟随元将伯颜征讨南宋，招降沿江州郡，陷沙洋、新城、鄂州等城。元世祖命吕文焕率其麾下，以善遇降将的圣旨，招谕元军尚未攻下的州郡。

当时沿江诸将多是吕氏旧部，争相望风款附，投降元朝。当然也大有忠贞爱国之士，如新城守将边居谊佯装接受吕文焕的招降，诱其至城下，伏弩乱发，几乎将吕文焕射死。

宋廷多次派人请和，吕文焕不听。元军一路高歌猛进，直抵南宋都

灭亡南宋

城临安。至元十二年五月，南宋谢太皇太后下诏晓谕吕文焕等人，吕文焕回书一封，不为所动。南宋朝廷下令籍没吕文焕等人全家。

宋元襄樊之战经过长期较量，终于以元胜宋败结束。蒙元的胜利，在于战略上处于主动地位，建立了包围襄樊的堡垒，以逸待劳；又注重弥补战术上的不足，制造战船，训练水军，在襄樊战役中发挥了巨大作用。

宋朝统治者不重视边备，将帅软弱无能，吕文德见利忘义，使蒙古军队占据了襄阳有利地位，在反包围战过程中，因将帅不和、步调不一等原因犯了一系列战术错误，战斗中基本上执行了消极防御策略，导致了被元军围困五年之久的不利地位，最后归于失败。但是二张援襄的传奇式行动，气壮山河，留名青史，体现了南宋爱国军民保卫领土、抗敌御侮的智慧和勇气，为后人所传颂。

元世祖忽必烈传

突击南宋的长江防线

咸淳九年正月，元军攻破樊城，二月，襄阳守将吕文焕献城投降。消息传来，贾似道假装要率军出征，可是胆小无能的度宗偏死死拖住贾似道，不让他出征。

不久，宋度宗因纵欲过度，死于临安宫中的福宁殿。度宗去世后，留下三个未成年的儿子：杨淑妃所生的赵昰七岁，全皇后所生的赵㬎四岁，俞修容所生的赵昺三岁。

谢太后召集群臣商议立帝，众人以为杨淑妃所生赵昰年长当立，但贾似道和谢太后都主张立嫡子，于是赵㬎被立为帝，即宋恭帝，由太皇太后谢道清垂帘听政。

谢道清垂帘听政，但朝廷实权实际上仍掌握在宰相贾似道手中。宋恭帝即位之时，宋室江山处于风雨飘摇之中。蒙古铁骑大举南下，局势失去控制，宋王朝的统治已经陷入了瘫痪状态。

元军突破襄樊，宋廷朝野大为震动，急忙调整部署，把战略防御重点退移至长江一线。忽必烈采纳将、臣谏策，增兵十万，乘胜大举攻宋。

忽必烈命驻蜀元军进攻两川要地，以阻宋军东援；命合丹、刘整行淮西枢密院，博罗欢为淮东都元帅，分别进攻两淮，牵制宋军，配合主力攻宋；命荆湖行省左丞相伯颜、平章政事阿术率军二十万，自襄阳顺汉水入长江，直取临安。并告诫伯颜勿妄杀，以争取人心。

伯颜，蒙古巴林部人。他曾祖父述律哥图在成吉思汗手下当差，任巴林部左千户职位，此后世代相承。

伯颜生长于伊尔汗国，以深略善断著称，信奉也里可温教。元宪宗三年，跟随旭烈兀西征。后受伊儿汗旭烈兀命出使大汗廷奏事，深得元世祖忽必烈赏识，留做侍臣，与谋国事。

忽必烈敕中书右丞相安童的妹妹给他做老婆，并说："做伯颜的老婆，不令你的姓氏失色。"

元世祖忽必烈传

至元二年七月，伯颜官拜光禄大夫、中书左丞相。朝廷里的大小事情，有难办的，他往往三言两语就能搞定。众人信服地说："真正有能耐的宰相啊。"

至元四年，任中书右丞相。至元七年，改任同知枢密院事。搬到同知枢密院任职。至元十年，按皇帝的意愿拥立燕王真金为太子。忽必烈汗任命他为伐宋军最高统帅。

至元十一年九月初十，伯颜会师于襄阳，分兵三路并进。以翟招讨将一军趋荆南，千户唉都将一军入淮，伯颜与阿术率水、步军由中道循汉水取郢州。

二十日，师次盐山，距郢州四十里。郢州旧城位于汉水东，依山而筑，以石建城，矢石皆不能近，无法强攻。宋军又于汉水西筑新郢，两城间横铁链，锁战舰，水中密植木桩，阻断舟楫往来。

宋黄州武定诸军都统制张世杰率沿江九郡精锐守郢州，以水军扼江面，步军阵于两岸，配以炮弩，使元军难以接近江岸。

元监战遏只里领数骑侦察，遇宋军，部卒坠马被俘，遏只里单骑挥戈冲入宋军，救出部卒，杀获宋军四人，匆忙退出。万户阿剌罕率军破新郢南门堡，被张世杰力战击退。

伯颜遣使招降被拒，后得知郢州下游有黄家湾堡，堡西有沟渠，深阔数丈，南通藤湖，趁下雨水涨，可行船入湖，转入汉水。

为减少损失、早日入江，伯颜令军舍郢经黄家湾、藤湖迂回而进。伯颜一面耀兵郢州，围而不攻；一面暗遣总管李庭、刘国杰攻拔黄家湾堡，继而遣兵修治平江堰，破竹为席铺地，拖船入湖，迂回入汉。

十月十五日，伯颜、阿术率近百骑殿后，行至泉子湖，宋郢州副都统赵文义、范兴率二千精骑来追，伯颜、阿术急忙回军迎击，知印百家奴突入宋阵拼杀，身受数创；伯颜、阿术奋力与宋军搏战，阵斩赵文义，俘杀范兴，俘数十人。宋军战死五百人，余皆溃退。元军顺利入汉水，继续南进。

伯颜率元军主力，绕过郢州后，于十月二十二日进至沙洋堡。伯颜遣断事官杨仁风去招降，宋守将不肯与之对话，又遣一降将持黄榜和檄文，带上赵文义人头入城招降。

宋守将王虎臣、王大用斩使焚黄榜，坚壁不降。时宋裨将傅益带水军十七人乘船降元，继而又有七艘战船降元。王虎臣等将欲降而未及者全部处死。一直相峙到天黑，伯颜命新军万户忙兀台架设巨炮十二座，准备攻城。

二十三日，伯颜命参知政事吕文焕至城下招谕，又不应，于是命诸军发起强攻。知印百家奴立云梯于东角楼，登城力攻，夺其旗帜、弓矢、衣甲；新军万户忙兀台也竖云梯登城，焚其楼橹，拔羊角坝；易州等处管军把总巩信，率勇士五十人，纵火焚寨，宋军大乱。

日暮，北风大起，伯颜命元帅张荣等人顺风发金汁炮，焚其庐舍，烟焰燎天，城中房舍几尽，沙洋被攻破。守将王虎臣、王大用等人被忙兀台俘获，其余全部被屠。沙洋堡南五里为新城，由善于守城颇得人心的京湖制置帐前都统边居谊戍守。

二十四日，元军至新城。吕文焕以为沙洋堡只是小堡，可不攻而破，于是遣人招降，没想到边居谊拒绝投降，率舟师迎战。

伯颜命万户帖木儿、史弼列沙洋所斩人头于城下恫慑并缚王虎臣、王大用至城下喊话劝降，边居谊仍拒不出降。

元军又射黄榜和檄文入城中，边居谊佯邀吕文焕面谈。次日，吕文焕驰至城下，宋伏弩乱发，吕文焕身中三箭坠马，几为宋军钩获，幸为元军挟救，仓皇奔还。

二十六日，宋守城总制黄顺越城出降，伯颜授其招讨使职，令他到城下再次招降。可是边居谊誓以死守。黄顺乃呼城上守军，其部曲欲缒城出降，被边居谊截获斩杀。二十七日，宋军副都统制任宁也出降。

伯颜见招降不果，乃督军占据周围堡寨，全力攻城。宣令降者悉免，拒战者皆斩。边居谊仍不为其威胁所动，率军以火具、弓弩顽强抵抗，击退吕文焕军进攻。

元世祖忽必烈传

元军总管李庭攻破新城外堡，竖云梯，蚁附而上。边居谊以家资尽散将士，往来督战，拒战至傍晚，元军破侵汉楼，楼火延绵，毁及民居。边居谊度力不能支，乃还宅第，剑刎不死，赴火自焚。边居谊所部三千人，除黄顺、任宁外，皆尽力死战，悉为元军所屠，新城陷落。

此战伯颜针对沙洋、新城宋军防守严密的情况，反复进行招降，瓦解宋军，继而集中全力实施强攻，迅速破城，是其实行战抚相兼策略的初步尝试。

伯颜军破沙洋、新城后，又降复州，于十一月二十三日进至蔡店，欲渡江攻取鄂州。鄂州地处汉水入江口，为长江咽喉、南北要冲，是南宋的江防重镇。

宋廷为阻止元军浮汉入江，命淮西安抚制置使夏贵率战船万艘，控扼汉水入江口，权知汉阳军王仪守汉阳，权知鄂州张晏然守鄂州，都统王达守阳逻堡，荆湖宣抚使朱祀孙以游击军扼大江中流。

十一月二十五日，伯颜见宋军战舰密布，阻遏入江通道，于是采纳部将建议，拟过沦河由沙芜口入长江。因夏贵已在沙芜口布兵防守，伯颜便以部分兵力佯攻汉阳，声言取汉阳渡江，诱夏贵调水军往援。

十二月初四，元军乘隙占领汉口，继而派兵一部袭占沙芜口，并在汉口北凿开汉水堤坝，引战舰入沧河，转沙芜口入江。伯颜令战舰数千艘泊于江北岸，将步骑数十万列阵于江岸，以轻舟系其后，布于沧河湾口。

夏贵见势急率水军全力增援阳逻堡，在与元军交战中，其子夏松战死。至夜，夏贵偷袭元军战船，又被击退。

蒙军将领建策伯颜夺取沙芜口南岸宋军战船，伯颜认为获小胜骄其志，不如渡江获全功，于是令诸将做攻阳逻堡的准备。十一日，伯颜督军进围阳逻堡，连攻三日未下。

十三日晚，命右丞阿里海牙以一部兵力继续攻城，牵制宋军；暗遣平章政事阿术率骑兵三千，利用雪夜乘船溯江西上四十里，至青山矶对岸停泊，拟从防御薄弱处乘虚渡江。

次日晨，阿术前军强渡至中流，遭宋水军阻截，死伤三百多人。阿术大怒，亲自率后军继至，击败宋都统程鹏飞所率水军，获船千余艘，立即架浮桥，保障大军渡江。伯颜闻讯，督军急攻阳逻堡。夏贵闻元军已渡江，率战舰三百艘东逃，余舰大溃。

元军乘势拔阳逻堡，王达及守城将士大部战死。朱祀孙率部退回江陵，鄂州江防至此瓦解。元军回师包围鄂州，焚宋战舰三千艘，切断汉阳与鄂州的联系，在元军招降攻势下，两城遂于十七、十八日相继投降。伯颜留兵四万驻守鄂州，继率主力沿江东进。

此战是元军浮汉入江的重要战役，也是灭宋战争的重大转折。伯颜以声东击西、避强捣虚、分割包围的战法，取得了以少胜多的战绩，打破了宋军水陆联防。鄂州之战的迅速胜利，为沿江东进奠定了良好的基础。

至元十二年正月，元军攻占鄂州后，荆湖行省左丞相伯颜鉴于四川、湖南、江陵等地未下，为保障后方安全，命右丞阿里海牙领兵四万镇守鄂州。

伯颜亲率十余万大军，令降将吕文焕为先锋，以战抚兼施之策，沿江东进。虽然宋军守将张世杰、边居谊等人在鄂州等地顽强抵抗伯颜的大军，但终因寡不敌众，纷纷溃败。

宋沿江诸将，多为吕氏旧部，及元军至，皆望风归降。至元十二年正月初，元军至黄州，沿江制置副使知黄州陈奕降。十一日，蕲州守将管景模降。

十三日，宋兵部尚书师夔、江西安抚使知江州钱真孙派人迎降元军。十四日，伯颜率军至江州，宋知南康军叶阊以城降。十六日，知安庆府范文虎遣人以酒馔至江州迎接元军。此时身在两淮的宋朝降将刘整唯恐吕文焕立下头功，一气之下竟然发病而死。

元军所到之处，沿江城池的守将纷纷归降，只有理宗朝的礼部尚书、已辞官十几年的江万载不甘受侮，与兄前左丞相兼枢密使江万里毁家纾难，并由江万载带领江氏"三古"家族成年男子募组了几千义军赴鄂州，一路对元军进行节节抵抗。

江万载，名亿，字子玖，号古山。南宋江南西路南康军都昌林塘江家村人，是宋末爱国名相江万里的胞弟，与兄万里、弟万顷被时人雅称为江氏"三古""三昆玉"。

江万载自幼体格魁伟，臂力过人，其祖父江璘、父江烨对其寄予厚望，除授以家传理易之学外，还重金聘名师授以兵法武艺，万载每学皆得其精髓。

宋宁宗嘉定十六年，刚满十六岁的江万载授以武选出仕，后不断升职，二十一岁时就已经成为殿前禁军都指挥使，执掌南宋的精锐之师殿前禁军。

后来，江万载转任文阶官职，累官至礼部尚书，虽然少年得志，但因始终不肯巴结史弥远、丁大全、贾似道等权贵，故始终不给担任一省一州之军政大权。

直到宋理宗开庆元年，忽必烈大举侵宋，江万载才作为贾似道的最高军事参谋长随其重返战场，协助贾指挥组织鄂州之战，鄂州战役在江万载的具体组织调度下，初战告捷，挡住了忽必烈蒙元大军多路进攻。

宋蒙双方正相持不下时，蒙哥被四川军民射死。忽必烈被几十万宋军拖住，一时之间竟陷入进退两难之地。这时，江万载提出，趁蒙元内乱不稳之际，正面留小量宋军牵制蒙元，主力则迂回截断蒙元兵力北撤必经之路，同时传檄北方汉地人民反正起义，逼迫忽必烈在中原与宋军决战。

但是，作为宋军主帅的贾似道却怯战请和。江万载不愿再与贾等同流合污，以壮年之身辞官归里，以教子弟族人及乡里精壮习文练武演兵为乐。

宋度宗咸淳九年，南宋军事重镇襄樊失陷，江万载与其兄江万里把江氏三古家族几代积蓄下来的家产变卖充作义军军费，在江万载兄弟的号召下，三古家族成年子孙都带头踊跃参加义军。

在地方豪杰及饶州知州唐震的支持下，义军很快成形，但当时宋廷当权的贾似道、陈宜中害怕开罪蒙元，挑起战端，竟下令取缔，江万载只得带义军退入鄱阳湖，以湖船为家，过起渔兵结合的日子。

咸淳十年九月，蒙元二十万大军兵发襄樊，展开全面灭宋战争，江万载不顾朝廷反对及义军势单力弱的情况，毅然率领义军千里驰援鄂州，走上举军自救的道路，虽然终难抵挡蒙元汹涌兵锋，可蒙元对这支一路死缠烂打的义军也无可奈何。

江万载义军以灵活机动的战术并凭借鄱阳湖及长江水系保卫家乡饶州长达三个月之久。但饶州通判万道同举城投降，知州唐震死难，江万里和三古家族一百八十多人殉国，饶州失陷。

蒙元欲借优恤江万里及其殉难家人后事的方法诱劝江万载带义军投降，被江断然拒绝，并借与原宋军叛将刘整聚旧之机由江万载了江钲将刘整射伤，使其退出了指挥蒙元军侵宋的指挥行列。刘整受伤后，在军中死去。

七八日后，江万载在张世杰部宋军的帮助下，率义军一度短暂收复饶州城，使其兄江万里举家殉国的事迹得以上报宋廷并声闻天下激励英雄义士。

谢道清闻讯，连下几道诏令，诏令江万载官复礼部尚书兼殿前禁军都指挥使之职，并加封江氏三古家族在义军的子孙任各级武阶官职，与张世杰军一道入卫临安。

江万载带义军随张世杰入卫临安后，即接手了殿前禁军，稳定了因原殿前禁军指挥使韩震被陈宜中诱杀的乱局，谢道清因此令江万载摄行军中事，代宋恭帝行使权力。

临安的军事经江万载整顿，很快走出了贾似道鲁港之战失败的阴影，重新集结了十多万的军力和近一万艘战船，江万载自请带军趁蒙元与扬州李庭芝相持不下之机及时出击蒙元侧背，希能收到击溃敌之一路、挫敌诸路士气的效果，但被谢道清所否决。

这时的南宋重臣王熵、陈宜中、留梦炎等都不敢督军出击蒙元，反而相互指责、争权夺利，战和不定从德祐元年四月份吵到六月末，才由张世杰督军出击焦山。

元世祖忽必烈传

在此期间，由于南宋长江沿线州郡官员和守军将领纷纷弃地投降和逃匿，江万载的义军势弱，难挡蒙元兵锋，元军得以顺利突破长江防线，于德祐元年春攻克军事重镇安庆和池州，兵临建康城下。

二月初一，伯颜率军至安庆府，范文虎以城降。南宋朝野内外大震，京师各界都把希望寄托于贾似道身上，呼吁他出征，指望他能像理宗朝那样取得"再造"之功。

南宋摄政太皇太后谢道清，急令丞相贾似道督师抗元。可是由于贾似道惧怕刘整，迟迟不敢出兵，直到德祐元年正月，听说刘整死后，他才高兴地说："吾得天助也。"上表恭帝，请求出征。

贾似道亲率南宋最后的精锐十三万人，装载着无数金帛、器甲和给养，甚至带着妻妾，离开京城，阵势绵延百余里。二月，行至芜湖，与夏贵会合。

夏贵一见贾似道，从袖中抽出一张字条，上写："宋历三百二十年。"言下之意，宋朝历时已近三百二十年，国势已尽，不要为它丢了性命。贾似道心照不宣，点头默许。

贾似道到达前线之后，率后军驻扎于鲁港，命大将孙虎臣统领前军屯驻在池州下游的丁家洲，夏贵率战舰三千五百艘横列江上。决定南宋生死存亡的一战到来了！

但贾似道胆小如鼠、贪生怕死，根本不思抗击。他深知蒙古军队的勇猛，不敢与之正面交战，仍然幻想走开庆元年同忽必烈讲和的老路，因此下令释放元朝俘虏，送荔枝、黄柑等物给伯颜，希望通过称臣纳币求得和平。

但此时元军的目标在于灭亡南宋，称臣纳币已不能满足他们的贪欲，求和的请求被断然拒绝。

遭拒绝后，贾似道方令步军指挥使孙虎臣将精兵七万列阵于丁家洲之长江两岸，命淮西安抚制置使夏贵以战舰二千五百艘横亘江中，自率后军驻鲁港，阻止元军东下。

初六，伯颜率军至池州，都统制张林以城降。十六日，伯颜率军进至丁家洲，与宋军相距数里。见宋军阵势，伯颜度寡不敌众，当以计胜。乃召诸将授以方略，令军中做大筏数十个，上置柴草，佯言将焚烧宋舟，使宋军昼夜严备而兵疲。

二十一日，伯颜督步骑军沿江两岸进攻，令战船同步骑军合力向宋军冲击，并以巨炮轰击孙虎臣军。宋前锋将领姜才方与元军接战，孙虎臣竟弃阵先遁，诸军溃败。

元平章政事阿术率战船数千艘，乘风疾进，突入宋阵，横击宋舰。夏贵恐贾似道督师获胜，而受责于鄂州之败，不战而逃。贾似道闻之，惊愕失措，急忙鸣金收兵，乘船逃往扬州。

宋军失去指挥，溃军蔽江而下，死者无数，江水为之变赤，战舰多沉没，元军获大批军资器械，乘胜东进。

贾似道位居平章军国重事、都督诸路军马，度宗尊之为"师臣"，众臣视之为"周公"，却如此不堪一击，时人讽之曰：

丁家洲上一声锣，惊走当年贾八哥。

寄语满朝谀佞者，周公今变作周婆。

此战，宋军虽系精锐之师，但将领各怀异志，不齐心协力，招致惨败。元军伯颜采取疲而攻之、水陆合击的战法，以少胜多，取得了歼宋精锐的重大胜利。

贾似道几乎未加抵抗，和几个属下一起抛弃其统领的十三万精兵，乘小船逃走。南宋军队大败，军士死伤逃亡不计其数，天下舆论大哗。元兵直逼临安，朝野一片震恐，要求杀之以谢天下。

不过，谢太后却认为，贾似道勤劳三朝，不能因为一朝之罪，失了对待大臣的礼数。在强大的压力下，谢太皇太后被迫将他免职，但此举无法平众怒，朝廷内外都坚决要求处死贾似道。谢太皇太后无奈，只得把他贬到偏远的广东一带，并抄没其家产。

县尉郑虎臣家里曾受过贾似道的迫害，为了报仇，他主动要求押贾似道去贬所。在押解的路上，郑虎臣多次提醒，让贾似道自尽，但他苟且偷生，不愿就死。

郑虎臣想尽办法，勒逼折磨，到了木棉庵时贾似道自知再也活不下去，就服冰片自杀。怎奈一时并不得死，只是腹泻，郑虎臣气愤不过，在厕所内处死了贾似道。

后来，宋亡后，元世祖曾问宋降将："尔等何降之易耶？"答云："宋有强臣贾似道擅国柄，每优礼文士，而独轻武官。臣等积久不平，心离体解，所以望风送款也！"元世祖说："正如所言，则似道轻汝也固宜！"

元世祖忽必烈传

攻破南宋长江防线

元军东进至太平州，江东运判孟之缙以城降。三月，元军至建康，宋沿江制置使赵溍弃城遁，都统徐王荣等以城降。镇江知府洪起畏遁，总管石祖忠以城降。偏师取饶州、宁国府。广德军、溧阳、常州等地相继归降。

忽必烈命伯颜行省于建康，阿剌罕为参知政事；阿塔海、董文炳以行枢密院驻镇江，令其各守营垒勿进；命阿术率军攻扬州，阻其南援。

宋廷为挽救危局，相继发兵戍银树、东坝、四安镇、独松关、吴江等要地；命保康军承宣使、总都督府诸军张世杰白临安发兵三路北进抗元，先后收复广德、溧阳、常州等地。

因荆湖地区多数州县未下，郢州即成为鄂州的隐患。至元十二年春，忽必烈命安抚使贾居贞为签书行中书省事，协助阿里海牙戍鄂，并不断为其增兵，加强防御力量；先后遣伯术、唐永坚等人四次持诏书谕降，虽然都统制张世杰已率军一万赴临安勤王，守城将士仍未应。

阿里海牙与贾居贞商议，郢州不降皆因有江陵、岳州为依托，江陵屯有重兵，若不乘隙先取，迨春水涨，恐为宋军所图。遂报请忽必烈批准，贾居贞留戍鄂州，阿里海牙率军西进。

时宋湖北安抚副使兼知岳州高世杰奉京湖四川安抚使朱祀孙之命，集郢、复、岳三州以及上流诸军战船一千六百艘，兵二万人，扼守荆江口，准备袭击鄂州。

三月二十一日，阿里海牙率军至荆江口，屯军于东岸。夜半，高世杰率军遁去。次日黎明，宋军战船于洞庭湖口成列而阵。

阿里海牙命水军万户张荣实捣其中坚，水军万户解汝楫率舟师从左右两翼进击，宋军溃败，高世杰败走，元军追至桃花滩，遣郎中张鼎新召之，高世杰乃降。约半数溃卒在都统密佑、刘俊带领下退往江西。

阿里海牙以高世杰力屈始降，斩之，以枪揭其首招降岳州，总制孟之绍惧，举城降。二十七日，阿里海牙遣山东经略使王俨戍岳州。此战，阿里海牙不失时机地主动出击，指挥果断，迅速占领岳州，为攻占江陵奠定了基础。

此后，元军又破沙市镇，屠其城，征降江陵，招降澧州、常德、峡、复、郢等州。阿里海牙用兵荆湖的胜利，为伯颜进军临安解除了后顾之忧。

面对元军大举南侵，风雨飘摇中的南宋朝廷下诏各地起兵勤王。郢州守将张世杰、江西安抚副使文天祥入临安勤王，分别被委以保康军承宣使、浙西江东制置使之职。特别是张世杰，一度被朝廷上下寄予很大希望。

张世杰其实是蒙古的"叛兵"。《宋史》记载，他是涿州范阳人，南宋前期，范阳一直属金国管辖，金被蒙古联合南宋所灭后，又纳入蒙古版图。

张世杰出身行伍，随从张柔戍守杞州，有犯法的行为，于是奔逃到宋州，隶籍淮军，没有人知道他的名字。阮思聪见到他后认为他是奇才，就告诉了吕文德，吕文德征召他为小校。

元世祖忽必烈传

张世杰多次立功，升到黄州武定诸军都统制；攻打安东州，战斗勇猛，与高达援救鄂州有功，迁调官职十阶。不久，他随从贾似道进入黄州，战于骡草坪，夺回敌人所俘获的东西，加官环卫官，历任知高邮军、安东州。

咸淳四年，元军修筑鹿门堡，吕文德向朝廷请求增兵，调张世杰与夏贵前往。等到吕文焕带着襄阳投降元军，朝廷命令张世杰率领五千人驻守鄂州。

张世杰用铁索封锁两城，配以火炮、弓弩，其显要之地都散布木桩，设置攻打器具。元军攻破新城，长驱而下，张世杰奋力战斗，使元军不能前进，元军派人招降他，张世杰不从。

元丞相伯颜明着攻打严山隘，暗中从唐港以水军冲锋陷阵进入汉水，东攻鄂州，鄂州投降。

张世杰率领所部军队入卫临安，又经过饶州，才入朝廷。当时正危急，召诸将救援朝廷大多没有到达，只有张世杰来到，宋度宗叹息惊异。张世杰从和州防御使不到几个月多次加官到保康军承宣使，总都督府兵。

被委以保康军承宣使一职的张世杰"总都督府兵"，可谓重兵在握。张世杰认为，要想守住临安，必须收复临安周围的失地，然后组织兵力，与元兵决一死战。

按照这一想法，张世杰部署兵力，派遣将领四处出击，取得浙西各郡，收复平江、安吉、广德、溧阳诸城，军势颇为振奋。一时间，朝廷上下似乎看到了"中兴"的希望。

常州收复后，接下来就应该收复镇江了。此时是德祐元年七月，距离镇江城陷已整整四个月。怎么夺回镇江城呢？这时江北扬州、真州等地仍为南宋据守，张世杰于是联系两地的守将，打算合围夺下镇江，但这两地的兵力却是屡战屡败。

原来，元兵分别屯兵瓜洲和西津渡，已形成南北呼应之势，封锁住了长江。江北之兵根本无法渡江驰援。在此情势下，张世杰决定，结集一万多艘战船，在焦山水面与元军决一死战。

这是决定南宋生死存亡的一战。战前张世杰做了充分准备，他除了将战船屯驻于焦山南北江面外，还分别和常州守将张彦、扬州守将李庭芝相约，让他们分别从大江南北发兵，这样"三路交进，同日用事"。

可惜的是，布阵时，张世杰犯了一个致命错误。他令战船以十艘为一方阵，系上索链，沉锚于江，横截于江面。通晓"三国"的人，对火烧赤壁肯定很熟悉，这和庞统所献"连环计"有什么区别？

如果元兵用火攻，这些锁在一起、系于江中的船只，哪里还会有一丝战斗力？这是很危险的。张世杰下令，非有号令，不准发碇，以示非胜即死。虽然破釜沉舟的决心令人钦佩，但从布阵开始，此战已经埋下失败的阴影了。

指挥这场战役的元军统帅是平章阿术。据《续资治通鉴》记载，阿术登上与焦山隔江相望的石公山，大喜说："可用火烧，宋军即败！"于是，他招来一千名善射的健壮士卒，准备乘船以火箭两路夹击宋军战船。阿术自己居中，对宋军形成合围之势。

这场焦山大战发生于七月初二这一天。出乎张世杰意料的是，原本约定同日起兵的张彦、李庭芝，此时却没有如约发兵。这样一来，张世杰从开战起，就陷入了孤立无援的境地。

为什么张彦、李庭芝没有发兵呢？其实，张彦并未按兵不动，而是发兵袭击丹阳吕城，结果阿术遣将将其击败。李庭芝当时也是发兵的，不过由于瓜洲驻守大量元兵，也没能及时驰援。

焦山大战拉开序幕后，张世杰布阵的弊端就显露了出来。元军驾着小型战船，在江面上往来如飞，而宋军的战船却因环环相扣，显得很不灵活。

当元军的弓箭手向宋船顺风发射火箭后，瞬间，宋船篷樯起火，烟焰蔽江，阵势大乱。此时宋军虽然极力死战，但战船却是前行不得，欲退不能，混战中万余人丧命江中。

当时元军驻守镇江的大将董文炳，带着儿子董士选乘船奔赴战场。

元世祖忽必烈传

弟弟的儿子董士表也要同行，董文炳对他说："我弟弟就你一个儿子，我不忍你和我们一同前往。"但董士表坚持要去，董文炳只得同意了。

董文炳乘船居中，旌旗招展，士选、士表乘船居于两翼，大呼突阵。众将士受此感染，奋勇争先。江面上一时声震天地，横尸弃仗，江水为之不流，惨烈至极。

自寅时战到午时，宋军大败，张世杰退走，文炳追到夹滩。张世杰收纳溃兵再战，又败，东退入海。文炳因船小不能入海，至夜回师。张世杰眼看大势已去，逃奔圌山。他向朝廷上奏疏请求救援的军队，没有得到答复。

这次战役，元军俘宋军万余人，都释放不杀，缴获战船七百艘。宋军力量从此削弱。此战，元军水陆协同作战，战术运用得当，用两面夹攻、中央突破的方法，把过去蒙古骑兵惯用战法用于水战，并施以火攻，大败宋水军，致宋长江防线彻底崩溃，临安危在旦夕。

攻取南宋都城临安

至元十二年七月，忽必烈最后下定灭宋决心，命伯颜率领元军直逼临安。伯颜受命后，召集攻宋将帅部署方略，确定了"分诸军为三道，会于临安"的作战部署。

这年十一月，伯颜分兵三路会攻临安，西路由参政阿剌罕、四万户总管奥鲁赤率领蒙古骑兵出建康，向溧阳、独松关进军；东路由参政董文炳、万户张弘范、都统范文虎率水师沿江入海，向海盐、澉浦进军；中路由伯颜带领诸军，率水陆两军出镇江，向常州、平江进军。

西路军主帅阿剌罕率军南下，直趋溧阳，遭到南宋守军的抵抗，结果宋军损兵折将，残部南撤。

元军乘胜追击，在溧阳西南银林东坝再次打败宋军。元军在追击途中受到南宋援军的阻击，双方展开激战，后来元军派蒙古骑兵冲杀，宋军抵挡不住，突围南逃。

溧阳之战，宋军损失将校七十余人，士卒近二万人，伤亡惨重。西路军于十一月下旬逼进建康通往临安的要隘独松关，南宋守将张濡率兵北上阻击元军，与元军骑兵交战。

宋军虽是精兵强将，但只有数千人，而且都是步兵，虽然奋勇冲杀，但却难以阻挡强大的蒙古骑兵，最终被击溃。主将张濡被杀，士兵死伤两千多人，元军控制了临安的北大门。

伯颜攻破常州后，派都元帅阇里帖木儿、万户怀都率兵攻无锡、平江，在元军大兵压境下，两地宋军投降元军。东路水军以范文虎为先锋，顺江东进，由于长江两岸已无宋军把守，元军进军顺利。

当时长江口活跃着一支由贫苦渔民组成的水军，由朱清、张瑄率领，不受宋朝管辖。元军主师董文炳认为可以利用这支力量，便招降了这支海上武装，朱、张二人带领人马和海船随元军南下攻取临安，增强了元军海战能力。

东路军出长江口后沿海南下，直趋临安。在此以前，宋江阴军金判李世修欲降，但未成功，董文炳传令晓谕利害，世修归附，令他暂为本军安抚使。

董文炳军纪律严明，所过之地，民不知兵，凡俘虏百姓，一律释放，无人敢隐藏，颇有威信，人们望旗而服。张王宣拥众数人，横行海上，文炳命招讨使王世强及子士选去劝降。士选单舟到张王宣处，谕以威德，王宣降，得海船五百艘。

至元十二年十二月，元朝三路大军逼近临安城。东路军董文炳一部抵达盐官县。盐官是临安的重要县城，正等待救兵。董文炳两次派人去招降，都不肯从。

将佐们要求攻下后大肆屠杀，董文炳不许，对将佐说："该县距离临安不远，声势相通。临安约降不杀人，已有言在先，我若轻杀一人就有害于大局，何况屠杀一县之人。"再派人入城去劝说，表明诚意，该县终降。

董文炳率东路军与中路伯颜大军会师，西路军阿剌罕也率部与中路军会师。随着蒙古铁骑的逼近，临安府内人心惶惶，大批人试图逃离都城，尤其是朝廷大小官员，为保身家性命，带头逃跑。

同知枢密院事曾渊子等几十名大臣乘夜逃走。签书枢密院事文及翁和同签书枢密院事倪普等人，竟暗中指使御史台和谏院弹劾自己，以便卸任逃走。御史奏章未上，二人已逃跑。

谢太后严厉谴责了这些不忠之臣，下诏说：

> 我大宋朝建国三百余年来，对士大夫从来以礼相待。现在我与继位的新君遭蒙多难，你们这些大小臣子不见有一人一语号召救国。内有官僚叛离，外有郡守、县令弃印丢城，耳目之司不能为我纠击，二三执政又不能倡率群工，竟然内外合谋，接踵宵遁。平日读圣贤书，所许谓何！却于此时作此举措，生何面目对人，死何以见先帝！

然而，太后的谴责在蒙古铁骑的威胁之下显得如此苍白无力，根本不能激起内外官员为宋室而战的信心。德祐二年正月短暂的休战后，仅有六名官员出现在朝堂上。

官员的逃跑瓦解了军心、民心，使宋王朝根本无法组织起有效的抵抗，皇室陷入了孤立无援的境地。

擅权误国的贾似道已被罢免，此时朝廷如果能够振作起来，任用贤臣，局势或许还可以扭转。但恰恰此时，宋朝犯下另一个严重的错误，即任命陈宜中为相。

陈宜中是一个狂妄自大、欺世盗名的两面派，惯于提出冠冕堂皇的高调言辞，谴责任何妥协退让的主张和行为。

陈宜中本为贾似道所援引，贾似道兵败以后，他却率先提出处死贾似道，以提高自己的声望，毫无廉耻。统率禁军的殿前指挥使韩震提出迁都建议，他竟然私自将其骗到自己家中杀害。

陈宜中私自诱杀韩震，差一点儿引起南宋精锐之师殿前禁军的军变。多亏谢太后当机立断，急调江万载接管殿前禁军，才平息对立双方的危机。

陈宜中长期通过这种哗众取宠的表演和豪言壮语来获得权势，提高自己的威望，但事实上却是一个优柔寡断、冒充抵抗英雄的胆小鬼。

德祐元年春夏之交，战事最为激烈的时候，朝野内外纷纷要求他亲往前线督战，他却犹豫畏缩，不肯出城。显而易见，陈宜中不可能为宋朝冒生命危险。

德祐元年六月初一，发生日食后，谢道清削去自己"圣福"的尊号来顺应天变。丞相王爚既老且病，陈宜中、留梦炎庸碌无所长，每天在朝堂争斗。

张世杰在焦山兵败后，陈宜中离开临安，逃到了远离前线的南部沿海地区，要求朝廷在这一地区给他安排职务。他拒绝朝廷派来请他回朝的命令，太皇太后无奈，亲自给他的母亲写信。

在母亲的干预下，陈宜中才无奈回到了都城任职。太学生对陈宜中的逃跑行为进行了强烈的抨击，指责他畏首畏尾、胆小怕事，是一个言过其实的两面派，是和贾似道一样的误国之臣。

谢道清又亲自写信召夏贵等人的部队说："我们母子不足为念，难道不报答先帝的恩德吗？"夏贵等人也少有人来。

张世杰焦山兵败后不久，被提升为龙、神、卫四厢都指挥使。当年十月，升任沿江招讨使，改任制置副使、兼知江阴军。不久，元军到独松关，朝廷召文天祥入卫，以张世杰为保康军节度使，知平江，不久也征召入卫朝廷，加官检校少保。

陈宜中当国，行事摇摆不定，徘徊在和与战之间，不能作出决断。他口头上喊出各种豪言壮语，实际上却懦弱怕事，没有与元军决一死战的勇气和才能。

陈宜中经谢道清写信给其母亲催其回到临安后，否决了文天祥、张世杰提出的将南宋朝廷迁往东南沿海，让江万载、张世杰带所剩宋军据临安与蒙元决一死战的方案，令张世杰失望而去。

这时，元军攻破常州，谢道清派陆秀夫等人前去请和，元军不同意。陈宜中就率领公卿大臣请求迁都，谢道清不允许，陈宜中痛哭着再三请求，谢道清不得已听从他。第二天出发时，陈宜中却不到场。当时宫车已驾好，谢道清大怒作罢。

德祐元年年底，局势在陈宜中主持之下，朝着越来越不利于宋朝的方向发展，除了彻底投降以外，已没有其他回旋余地。文天祥、张世杰提出迁都到东南部地区，以图背水一战，胆小的陈宜中否决了这项提议，一意求和。

德佑二年正月，元军迫近临安，张世杰请转移皇帝、皇后、太后三宫进入海上，而与文天祥合兵背城一战。丞相陈宜中正派人向元军请和，张世杰不同意，报告太皇太后阻止。

没有多久，和议也终止。元兵到达皋亭山，张世杰于是领兵进入定海。石国英派都统卞彪劝说张世杰投降，张世杰以为卞彪是来随从自己一起南下，用椎杀牛让他享用，酒吃到一半，卞彪从容说话，张世杰大怒，割断他的舌头，在巾子山把他裂尸。

德祐二年正月，谢太后命令陈宜中出使元军军中，约议向元朝称臣。陈宜中胆小怕事，反而对太后进行责难。谢道清哭着说："只要能保存国家，称臣不必计较。"

德祐二年正月十八日，谢太后派大臣杨应奎向元军献上降表和传国玉玺，哀乞伯颜念上天好生之德，对宋朝皇室从宽处理。

元朝要求与宰相面对面会谈，陈宜中被这种要求吓破了胆，便再一次抛弃了太后和年幼的皇帝，于当天夜里逃离了临安，文武百官也暗中逃走。

陈宜中逃走后，蒙古铁骑已兵临城下，局面已无可挽回。谢太后开始从两方面着手安排。她首先任命文天祥为右丞相兼枢密使，出使蒙古军营谈判。文天祥正气凛然，被伯颜扣留，谢太后又派贾余庆出使。

与此同时，谢太后秘诏江万载摄行军中事，带军暗中保护益、广二王等赵宋皇族人员以及国舅杨亮节、驸马都尉杨镇等大臣和部分宫廷机构撤离临安，准备重建宋朝。

元世祖忽必烈传

二月，元军进驻钱塘，南宋全然失去了抵抗能力。为保全临安城，使黎民免受兵火洗劫，谢道清派左丞相吴坚等，赴元大都将降表进呈给元世祖忽必烈，南宋至此基本告亡。

宋恭帝德祐二年二月初五，元军兵临宋都临安，谢道清求和不成，只好抱着五岁的宋恭帝，带着南宋皇族出城跪迎，向元军统帅伯颜投降，宋恭帝宣布正式退位。

三月二日，伯颜以胜利者的姿态进入临安，董文炳、吕文焕、范文虎入城安抚百姓，禁止杀掠，封闭仓库，收缴宋廷衮冕、圭璧、仪仗、图籍以及大批财宝、器物，运往大都。

元世祖忽必烈下达诏书，要伯颜送宋朝君臣速往大都朝见。而此时的宋恭帝赵㬎还不满六岁，就莫名其妙地随着母亲及其他朝官、宫廷人员一同送到了北京。谢太后因有病在身，并未同行，但不久也在元军的逼迫下启程北上。至此，南宋朝廷灭亡。

在理宗和度宗统治时期，宋朝的灭亡已经不可逆转，恭帝即位不满二年，宋廷就投降了元朝。宋室江山是太祖赵匡胤从后周孤儿寡母手中夺得，最后又失于孤儿寡母之手。后人写诗讥讽道：

当日陈桥驿里时，欺他寡妇与孤儿。

谁知三百余年后，寡妇孤儿亦被欺。

赵㬎到了北京，很快，忽必烈召见了他，被封为瀛国公。全皇后、谢太皇太后都封了爵位，基本上都得到了较好的安置。南宋不同于金国。

蒙古人对南宋并没有直接的仇恨，金国被蒙古所灭后，完颜皇家宗室被全部杀死，一个也没留。但南宋赵氏、皇亲投降了元朝后，基本都没有加害。

谢道清被元军从临安押往大都居住，贬封寿春郡夫人。又过了七个年头，谢道清七十四岁那年，离开了人世，归葬于家乡，墓葬邻近其父亲的陵室。

赵显和他的母亲在北京虽然仍然过着衣食无忧的生活，但是处处被监视着，时刻得不到自由。

至元十九年，赵显已经十二岁。这时，南宋残余力量已经消灭干净，忽必烈将赵显从大都被遣送到了上都，在那里又生活了六年。

至元二十五年，忽必烈"赐瀛国公赵显钞百锭"。但此时忽必烈已经不打算再养着他们娘俩了，但如何安排他们呢？十天后，决定出来了：瀛国公赵显学佛法于土蕃，其母全皇后被令出家为尼。

一对母子都被元朝安排出家了，从此骨肉分离。赵显出家学佛的地方是土蕃，即今西藏。赵显十九岁到西藏喇嘛庙里出家，得法号"合尊"，此后为了忘却昨日伤心事，潜心学习藏文。

不数年，赵显已经在藏佛界崭露头角，成为把汉文佛典译成藏文的翻译家，并且还担任过萨迦大寺的总持，成为当时西藏的佛学大师，四处讲经、潜心研究佛学，一生如此。后来翻译了《百法明门论》，还有深奥的《因明入正理论》，在扉页留下了题字，自称"大汉王出家僧人合尊法宝"，被藏族史学家列入翻译大师的名单，成为一段历史奇事。

围追堵截南宋小皇帝

　　忽必烈命令元军进攻临安时，宋将江万载也想带原来的义军和文天祥到东南沿海募集更多的义军抵抗蒙元，但两人都被谢太后留了下来，帮助宋廷应对危局，江万载及其率领的义军还被谢道清交给了一项特别的任务，就是即使到了最危险的时候也要保证赵氏皇族有人能逃脱蒙元的追杀。

　　在谢道清的要求下，江万载及其带领的江氏三古家族子孙从德祐元年八月份焦山之战失败后转入隐秘战线，秘密地进行着保护益、广二王出走东南，寻求安全基地积蓄力量重建宋朝的准备工作。

　　谢道清虽然仍让江万载担任殿前禁军都指挥使的职务，仍让江摄行军中事，但却特意对外宣称，老臣江万载因年老已辞官回乡，有意散布江万载已不在朝的消息。

　　后来，在陈宜中等与伯颜谈判好宋朝的投降条件，按伯颜的要求遣散南宋所剩官军和各地自发入卫临安的义军时，包括文天祥募的几万和江万载之侄江璆募的几千在内的近十万官军、义军被陈宜中等遣散，江万载所带的义军和殿前禁军却由于谢道清及江万载的事先准备得以保全，一直保护南宋小朝廷直到崖山之战才全军覆没。

德祐二年正月十八日，就在元军攻克并进入临安时，江万载却率领江氏三古家族剩余子孙带两万禁军保护益、广二王和一班大臣悄悄撤离了临安。

元军统帅伯颜知悉这情况后，很快就派蒙元铁骑追杀上去，江万载硬是以不足两万的军马，保护着多达五六万人的流亡群体，一路血战到达婺州。

这年，益王赵昰七岁，广王赵昺四岁。"赵氏孤儿"在伯颜斩草除根的追剿铁蹄下，存留了下来。这时，一批不肯附逆的宋室文臣武将得知"二王"南下，怀着东山再起的梦想，集聚而来。

大臣陆秀夫听闻，也赶到婺州与益、广二王及江万载义军汇合。

陆秀夫，字君实，一字宴翁，别号东江，楚州盐城长建里人，与文天祥、张世杰并称为"宋末三杰"。

宋恭帝德祐元年，元军以排山倒海之势，大举南侵，两淮地区首当其冲，最先感受到"黑云压城城欲摧"的危急。李氏幕府的幕僚或辞职，或遁逃，纷纷作鸟兽散。

元世祖忽必烈传

正所谓"疾风知劲草，板荡识铮臣"，大敌当前，唯独陆秀夫坚如磐石，协助李庭芝坚守城池，英勇抗敌。李庭芝深受感动，大为感慨，认为这样的忠义之士、国家栋梁，正是朝廷所急需的人才。

李庭芝急国家之所急，把陆秀夫推荐给了朝廷，授礼部侍郎官职，累至正少卿兼权起居舍人。然而，陆秀夫对此很是烦恼。因为这些职务都远离军队、远离前线，让他深感英雄无用武之地。

当此之时，元军分东西两路以排山倒海之势大举进攻南宋，忽必烈灭宋决心已定。陆秀夫多次上书，慷慨陈词，请求到前线抗元杀敌，固守长城，却屡次遭到拒绝。

一个堪当大任的国之忠臣，就这样被无情地摒弃在战争之外，只能望洋兴叹，空怀一腔报国之志。

不久，元军元帅伯颜攻下建康，临安近在咫尺，唾手可得。当伯颜听到陆秀夫等一批抗战志士其人其事时，不无惋惜、不无忧虑地感叹道："宋有这样的忠臣却不能重用，祸必亡国呀！不过，如果他们得到重用，我能饮马江南吗？"

芜湖决战之后，元军陈兵皋亭山，虎视临安，宋王朝一片混乱。文武百官一见大势已去，惶惶不可终日，各自盘算着逃生之路，树未倒，猢狲就要散了。左丞相、状元出身的留梦炎率先弃官逃跑。

德佑二年正月，陆秀夫以礼部侍郎身份到前线讲和，还没有到达，敌人就又反悔了。陆秀夫只好率领随从南下，听说二王已经到达婺州，迅速赶往。

婺州立足不稳，江万载于是继续率军保护二王及陆秀夫等退往温州。这时，张世杰带领几万军队赶来，江万载这才算松了一口气。

至元十三年五月，陈宜中、张世杰、陆秀夫、文天祥等在福州拥立益王赵昰为帝，改元景炎，是为宋端宗。

封广王赵昺为卫王，陈宜中为左丞相兼枢密使、都督诸路军马，张世杰为枢密副使，陆秀夫为签书枢密院事，文天祥为枢密使、同都督。遣将向江西、两浙南部进兵抗元，意在驱逐鞑虏，中兴大宋。

宋端宗在福州登位后，依旧遵从谢道清北上临行前的吩咐，以江万载摄行军中事，代替宋端宗行使权力，也继续支持江万载等及其三古家族子孙隐蔽身份的做法。

赵昰流亡政府是特殊历史背景下的产物，强大的元帝国压迫得它已几乎没有藏身之所，内部臣僚之间在团结的旗帜下各怀异心。这个短命政府，像一个最后的舞台，让一班人说打念唱，酣畅地表演一下自己而已。

外戚杨亮节以国舅自居，居中秉权。张世杰与陈宜中主张不同，主张各异。文天祥对张世杰专权不满，与陈宜中意见不合，被排挤出朝廷，以同都督的身份在南剑州开府聚兵，指挥抗元。

陆秀夫则更是日子难过，虽身为端明殿学士、签书枢密院事，却处处受到陈宜中的排挤。起初，陈宜中因为陆秀夫长期在军队里熟知军务，每当有事都征求陆秀夫的意见然后办理，陆秀夫也全心全意为他参谋，言无不尽。

但是，陆秀夫是有独立人格和独立主张的人，并不想和陈宜中结成联盟。当他们意见多次相左后，陈宜中就暗中指使御史弹劾陆秀夫，并将其免职，赶出朝廷。

张世杰对此十分愤怒，他指斥陈宜中说："国难当头，大敌当前，正是用人之际。你动辄罢官免职，是何居心？"由于张世杰力挺，陆秀夫满腔悲愤地又回到朝中。

十一月，元军进逼福州，张世杰等率领十七万官军和三十万民兵，护送赵昰入海，逃向泉州。泉州实力派蒲寿庚有降元倾向，大队人马又取道潮州，驶往惠州海面的甲子门。

第二年九月，又转移到浅湾。流亡政府从此真正变成了"海上行朝"，也从此，他们的双脚再也没有踏上大陆一步。当时君臣流亡海滨，大小政事都疏于治理，杨太妃垂帘听政，与臣下说话还自称为奴。此时，陆秀夫负责中央日常工作，"外筹军旅，内调工役，凡有所述作，又尽出其手"。

陆秀夫严谨自律，每当群臣朝会的时候，陆秀夫仍端持着手板，俨然像过去上朝一样，有时在行程途中，凄然泪下，用朝衣拭泪，衣服都湿透了，左右的人为他所感染都无不悲痛欲绝。

元世祖忽必烈并没有放生的慈悲，他派出两路大军加速进剿，一路陆上堵截，一路海上追击，双管齐下。景炎二年十一月，张世杰迎战元水军不利，和陆秀夫护卫行朝到井奥，即今广东省中山市南海中岛屿。

陈宜中见形势危急，希望护送小皇帝到占城避难，就先去打探情况，过吴川极浦亭，曾赋诗明志：

颠风吹雨过吴川，极浦亭前望远天。

有路可通外屿外，无山堪并首阳巅。

淡去起处潮细长，夜月高时人入眠。

异人北归须记取，平芜尽处一峰园。

陈宜中希望可以向占城借兵抗元。后来到元朝占领占城，陈宜中败走至暹罗，并于当地终老。

景炎三年三月，一天夜间，江万载等保护南宋小朝庭到达广州湾附近的井澳，遇元将刘深伏击，江万载带亲兵奋力击退刘深的伏击，保护端宗登上海船，却又突然遇上台风，将年幼体弱的宋端宗刮落海中。

年逾七十的江万载奋力跃入海中救起了宋端宗，自己却不幸被海风巨浪卷走。二十万南宋军民痛失实际统帅，杨太后虽然追赠江万载为"开闽侯"，并赐谥号"武肃"，但对外却封锁江万载已殉国的消息。

端宗赵昰虽被救起，却已得病，吓得好几天都讲不出话来。因元军追兵逼近，不得不浮海逃往碙州，经此颠簸，又惊病交加，四月，宋端宗赵昰崩。

流亡近三年的南宋小朝廷接连遭受打击，军民之心大为动摇，群臣都想借此机会离开。

陆秀夫说："度宗皇帝有一个儿子还在，把他怎么办呢？古人中曾有过仅凭借一旅即成就中兴的，而我们现今百官都在，还有数万军队，上天如果还没想灭绝大宋，难道就不能凭此振兴国家吗？"

这样，陆秀夫劝住大臣们，并和张世杰、江万载次子江钲等扶立宋端宗之弟赵昺为帝，是为宋帝昺。由于陈宜中一去不回，于是就以陆秀夫为左丞相，张世杰为太傅，江钲为殿前禁军指挥使，苏刘义为开府仪同三司、殿前都指挥使，南宋小朝庭才得以继续流亡于广东沿海。

不久，流亡小朝廷到达广东新会崖山。经众臣充分商议，认为新会崖门两山对峙，高四十余丈，面临大海，海面壮阔，以为天险，可以固守。

于是众臣将少帝赵昺迁都新会崖山，并在此安营扎寨，伐木建造行宫三十间，建营房约三千座，设正殿名慈元殿，为杨太后与小皇帝赵昺临朝议政之所，此被誉为崖山行朝草市。

陆秀夫安顿君臣住下，筹划军国大事，迎接即将到来的恶战。其时，陆秀夫既要筹措军旅，又要调集工役，而且凡是有什么需要写的，也都由他亲自动手。虽然在颠沛流离之中，事务繁多，时间匆忙，他每天都还是要写《大学章句》以劝讲别人。

张世杰等人一方面督数十万之师，连云樯橹，夯土筑城，以为天险；另一方面，联络新会富户马南宝，安置匿藏部分宋室宗裔等，并通过马南宝组织招募乡民勤王。

这时，对如何布防崖门，张世杰与江钲两大军事统帅却发生激烈争吵。江钲要求分兵防守崖门出入海口，以便相互呼应；张害怕兵力分散，不予同意；江不同意张把大船都用铁链相连的方案，并暗示其可能重复焦山之战的错误。

张嫌江妨碍其作战方案的实施，以杨太后的名义调江钲回福建立江万载衣冠冢并募兵筹饷，并以苏刘义暂时接替江钲职务掌管殿前司。后崖门海战时，蒙元军统帅张弘范果然先分兵封锁控制宋军海陆出口，而南宋二十万军民因战船被铁链相连，移动艰难而鲜有能逃生者。

元征南大将张洪范奏言忽必烈："南方赵昺称帝，闽、广百姓蜂起响应，如不及时剿灭，恐为大患。"

至元十五年六月，忽必烈为彻底消灭南宋势力，命张弘范为蒙古、汉军都元帅，率水、步骑军二万由海道南下，都元帅李恒率步骑由陆路南下，会歼南宋残部。

陆上，张洪范部将生擒势单力薄的文天祥，陆上宋兵被消灭净尽。元军直逼广州沿海，堵死了赵昺登陆的路，也切断了行朝和陆上的任何联系，水师直逼崖山。

祥兴二年，元军主帅张弘范等人的军队到达崖山，有人对张世杰说："北兵用水军堵住海口，我军就不能进退了，为什么不先占据海口。侥幸取胜，这是国家的福分；不能取胜，仍然可以向西撤退。"

张世杰不同意。他知道，士卒海上颠簸，九死一生，军心浮动，一旦登陆，难免溃散。张世杰说："连年航行在海上，什么时候是个了呢？现在应该与敌人决一胜负。"

张世杰下令烧毁岛上的所有建筑，全部人马登舟，依山面海，将千艘战舰用粗大缆绳连环起来，结成一字长蛇阵，又在四周高筑楼栅，宛如城堞。赵昺的龙船安置在中间。这阵势，已明示全军，生死存亡，在此一战。

不久，张弘范的兵开到，占据海口，打柴、汲水的道路全被堵死，宋军啃干粮啃了十多天，口渴了，向下捧海水来喝，海水味咸，喝了就呕吐泻肚，宋军极度困乏。

张世杰率领苏刘义、方兴每天大战。张弘范得到张世杰一个姓韩的外甥，给他官做，三次派他前去招降张世杰，张世杰历数古代的君臣说："我知道投降了，不仅能生存而且能富贵，但是我为皇帝死的志向是不能动摇的。"

张洪范针对敌情，要火烧连营。他仿效东吴周瑜的做法，将艨艟斗舰，满载油膏，乘风纵火，想一举取胜。岂料，陆秀夫、张世杰早有防备：舰船厚土灰泥，两边有长木撑持，元军火船无法靠近，全部自燃沉海。

巧计不成，只得硬攻。"海上行朝"处在张洪范和李恒南北夹击之中。不久，宋属将陈宝降元，元军攻愈急，昼夜不息，宋师虽困犹勇，敌不可破。

祥兴二年二月初六，云压楼船，海浪如山。对峙两军都高度紧张。宋军四周包围着四支威猛的元军。陆秀夫和张世杰做好了分工，他负责近卫皇帝；张世杰指挥战斗，各自严阵以待。

早潮退去的时候，陆秀夫发现元军顺流作试探性地攻击。张世杰率部抵抗。元军退去。及至中午，潮水猛涨，局势渐趋平静。陆秀夫和张世杰正商议退敌之策，忽听元军帅船鼓乐齐鸣。

陆、张不知道这是敌军发动进攻的信号，以为是元军战斗间隙饮酒作乐呢，就放松了警惕。不料，鼓乐起处，四面元军呐喊声起，千舰齐发，合围过来。

陆、张才知中计了。这决定行朝命运的最后一搏不可避免地爆发了。陆、张紧急分工，陆秀夫贴身皇帝周围，张世杰驱舰指挥，迎击敌人。

也是天该灭行朝。张世杰还没有来得及有效地组织起抵抗，狂风里，宋军船队中突然有一艘战船的桅顶绳断旗落，顷刻之间，几乎所有舰船的樯旗也随之纷纷飘落，宋军一片惊慌失措。

是夜又大雾，风雨交加，咫尺不能相辨，降元宋将张弘范与李恒兵分四队，对宋军进行四面夹击，元兵恶攻，晨战及昏，宋军兵力消耗殆尽，溃不成军。

元军突破外围防线，杀入宋军阵营，势如破竹。两军肉搏，血流成河。宋军最终全面崩溃。主帅张世杰见大势已去，计划抽调精兵入中军，将小皇帝赵昺接到后，以十九艘船夺港冲出。

张世杰率帅船杀到外围，见赵昺的御船过于庞大，被外围的船只阻隔在中间，无法突围，便派小舟前去接应。

当时天色已晚，海面上风雨大作，对面不辨人影，一直在皇帝身边观察战况的陆秀夫见此情景，知道势难挽回，他万分绝望地紧紧抱住惊恐万状的小皇帝。

突然间，一只小船向他靠近过来，几个士兵大喊着说受张世杰之命，要接幼帝转移。陆秀夫深恐有叛徒趁机向元军卖主求荣，又担心轻舟难以躲过元军蛛网般的战舰，招致幼帝被俘或遇难，就果断拒绝了来者的请求。

幼帝赵昺的座船极其笨重，又与其他舰船环结，估计逃脱已十分困难。陆秀夫当机立断，决心以身殉国。他盛装朝服，手仗利剑，催促着妻子投海自尽。

接着，他来到幼帝赵昺面前，双膝跪下，满脸凝重，恭恭敬敬三叩首，说："臣等不才，中兴之路绝矣。我大宋江山的徽宗、钦宗、恭帝

元世祖忽必烈传

因投降受尽了北人的屈辱。陛下不应重蹈旧路，当为国死难。"

惊恐万状的幼帝似懂非懂地摇摇头又点点头。陆秀夫再次跪下向幼帝三叩首，又把金印、玉玺拴在八岁幼帝赵昺身上，然后趴在地上，让幼帝爬上他的后背。

陆秀夫站起来，用白色的绸带把幼帝和自己一遍又一遍紧紧地缠在了一起，然后，一步一步地走向船舷，走向舵楼，环顾烟雨，纵身一跃，消失在海天苍茫之中。

见此情景，后宫诸臣也纷纷蹈海。二十万军民大多投海而死，崖海十万浮尸，最终向世人展示了一个民族宁折不弯、宁死不屈的英雄气概。

张世杰获此惨状，悲痛欲绝。于是命苏刘义长子，尚书、水军都统苏景瞻断后，他与刘义乘月黑风高驾船夺港护着杨太后等冲出重围逃脱。

张世杰还想侍奉杨太后寻求赵氏的后代而立位，再图后举；但杨太后在听闻宋帝赵昺的死讯后也赴海自杀了，张世杰只好将其葬在海边。

张世杰带剩余残兵沿海漂流，不久遇上台风。将士劝张世杰登岸，张世杰说了句："不必了。"

张世杰步履沉重地登上舵楼，俯视残损舰船，焚香告天说："我为赵氏，能做的事都做尽了，一君亡，又立一君，现在又亡。我还没有死的原因是希望敌兵退，再另立赵氏以存祀啊。现在到了这个地步，岂非天意啊！"说完，纵身入海。

江钲回闽为其父治坟之后，募得几百豪杰士卒赶去崖山，到广东海陆丰时，崖门之战已结束七天，江钲闻知崖门二十万军民已全军覆没，大哭几场后，也投海而死。

苏刘义突围后，扮装相士辗转潜返新会沙涌，秘密联络马南宝，寻到一位姓赵名旦的宋室后裔小孩，拥立为王，以继赵宋统绪，重上顺德都宁山，登山立寨建都，命名"都宁"，取"都此可宁"之意，招集千余军民，继续反抗元朝统治。后被元朝重军复剿月余，苏刘义最终殉国。

此战，历时十二年，由于忽必烈攻宋方略正确，善择伯颜等良将，注重发展水军，大力实行招降安抚政策，形成了军事、政治优势，置宋军于被动挨打境地，终于灭亡南宋，结束了唐末以来三百七十多年的分裂局面，重新统一中国，在中国战争史上占有重要地位。

南宋则因政治腐败，治国、治军方针迂腐，奸相当权，排斥异己，任用庸才，赏罚失律，致使朝野上下离心离德，招致败亡。

包括南宋在内，西夏、金朝、西辽、吐蕃、高丽的今中国全境第一次落入突厥蒙古族征服者手中。这是5世纪的拓跋氏突厥人和12世纪的女真氏通古斯人都没有实现的事业，忽必烈最终完成了。

忽必烈实现了十个世纪以来所有居毡帐之民即世世代代的游牧民们所抱有的蒙眬梦想。草原上漫游的牧民们，即灰狼和红色雌鹿的所有子孙们，随着忽必烈一起，最终成了中国的主人。然而，征服是缓慢的，足以抵消它所产生的坏影响。

尽管这位游牧民族的后代忽必烈征服了中原，然而，他本人已经被中原文明所征服。宋朝一灭亡，他就成了具有十五个世纪悠久历史的国家的合法君主。他的王朝，取名为元朝，只希望追随以往的二十二个中国王朝的步伐。

力图劝降宋臣文天祥

　　元世祖至元十九年十二月初八日，元世祖忽必烈亲自召唤南宋抗元名臣文天祥来到自己的宫殿中，进行劝降。

　　文天祥，初名云孙，字履善，又字宋瑞，自号文山、浮休道人。选中贡士后，换以天祥为名，改字履善。相貌堂堂，身材魁伟，皮肤白美如玉，眉清目秀，双目炯炯有神。

　　他二十岁即考取进士，在集英殿答对论策。当时宋理宗在位已很久，治理政事渐渐怠惰，文天祥以法天不息为题议论策对，其文章有一万多字，没有写草稿，　气写完。皇帝宋理宗亲自选拔他为第一名。

　　考官王应麟上奏说："这个试卷以古代的事情作为借鉴，忠心肝胆好似铁石，我认为，能得到这样的人才可喜可贺。"宝佑四年中状元后再改字宋瑞。不久，他父亲逝世，回家守丧。

　　开庆初年，元朝的军队侵伐宋朝，宦官董宋臣对皇上说要迁都，没有人敢议论说这是错的。文天祥当时入朝任命为宁海军节度判官，上书

"请求斩杀董宋臣，以统一人心"。因不被采纳，就自己请免职回乡。后来逐渐升官至刑部侍郎。

咸淳十年，文天祥被委任为赣州知州。德祐元年，长江上游告急，诏令天下勤王。文天祥捧着诏书流涕哭泣，派陈继周率领郡里的英雄好汉；同时联络溪峒蛮，派方兴召集吉州的士兵，各英雄豪杰群起响应，聚集兵众万人。

此事报到朝廷，命令他以江南西路提刑安抚使的名义率军入卫京师。他的朋友制止他说："现在元兵分三路南下进攻，攻破京城市郊，进迫内地，你以乌合之众万余人赴京入卫，这与驱赶群羊同猛虎相斗没有什么差别。"

文天祥答道："我也知道是这么回事。但是，国家抚养培育臣民百姓三百多年，一旦有危急，征集天下的兵丁，如果没有一人一骑入卫京师，我会为此感到深深的遗憾。所以不自量力，打算以身殉国，希望天下忠臣义士将会有听说此事后而奋起的。依靠仁义取胜就可以自立，依靠人多就可以促成事业成功，如果按此而行，那么国家就有保障了。"

德祐元年十月，文天祥到平江，元兵已从金陵出发进逼常州。文天祥派遣他的将帅朱华、尹玉、麻士龙援助常州，最终没有成功。元兵攻入常州，占领了独松关。陈宜中、留梦炎召令文天祥，弃守平江，退守余杭。

德祐二年正月，文天祥担任临安知府。不多久，宋朝投降，陈宜中、张世杰都走了。朝廷继而任命文天祥为枢密使。不久，担任右丞相兼枢密使，作为使臣到元军中讲和谈判，与元朝丞相伯颜在皋亭山针锋相对地争论。

文天祥在军营举动异常，伯颜怀疑他有异志，将其扣留，文天祥指责伯颜失信，吕文焕从旁劝解，文天祥痛斥吕文焕是乱贼，吕文焕甚为惭愧。

吕文焕说："丞相何故骂焕以乱贼？"

文天祥说："国家不幸至今日，汝为罪魁，汝非乱贼而谁？三尺童

元世祖忽必烈传

子皆骂汝，何独我哉！"

吕文焕说："襄守六年不救。"

文天祥说："力穷援绝，死以报国可也。汝爱身惜妻子，既负国，又损家声。今合族为逆，万世之贼臣也！"而后又骂了他侄儿吕师孟。

元朝将领伯颜、唆都都对文天祥钦佩不已，唆都说道："丞相骂得吕家好！"

此后，文天祥同左丞相吴坚、右丞相贾余庆、知枢密院事谢堂、签枢密院事家铉翁、同签枢密院事刘岊，向北至镇江。

文天祥与他的侍客杜浒等十二人，于夜间逃入真州。苗再成出来迎接他，高兴得流着眼泪说："两淮的士兵足可以兴复宋朝，只是二制置使有些矛盾，不能同心协力。"

文天祥问道："这个计谋是从哪里来的呢？"

苗再成回答说："现在先约淮西兵赶赴建康，他们必然全力以防御我们淮西的士兵。指挥东面各将帅，以通州、泰州兵攻打湾头，以高邮、宝应、淮安兵攻打杨子桥，以扬州兵攻打瓜步，我率领水军直捣镇江，同一天大举出兵。湾头、杨子桥都是沿长江的脆弱之军，又日夜希望我们军队攻来，攻打他们，定会很快取胜。一起从三个方向进攻瓜步，我自己率兵从长江水面中以较少的士兵佯攻，即使有智慧的人也不能预料到这一点。瓜步攻下后，以东面的军队入攻京口，西面的士兵入攻金陵，威胁浙江的后退之路，就可以生擒元军的大帅了。"文天祥对此大加赞扬，随即写信送两个制置使，派遣使者四面联络。

文天祥没有到的时候，扬州有逃跑归来的士兵说："朝廷秘密派遣一丞相进入真州劝降来了。"

李庭芝信以为真，认为文天祥劝降来了，派苗再成迅速杀掉文天祥。苗再成不忍心杀他，欺哄文天祥到相城垒外，把制司的文书给他看，把他关在门外。好久以后，又派两批人分别去窥测证实文天祥是否是来劝降的，如果是劝降的就杀了他。

两批人分别与文天祥谈话后，证实其忠义，都不忍心杀他，派士兵二十人沿路护送至扬州，四更鼓响时抵达城下，听等候开城门的人谈论说，制置司下令防备文天祥很严密。

文天祥与随从听说后相互吐舌，于是向东入海道，遇元兵，躲入四围土墙中得以免祸。然而，因为饥饿而走不动路，于是向樵夫们讨得了一些剩饭残羹。

走至板桥，元兵又来了，众人跑入竹林中隐伏，元兵进入竹林搜索，抓住杜浒、金应带走了。虞候张庆眼睛被射中了一箭，身上两度挨箭，文天祥两次都未被发现，得以脱身。

杜浒、金应拿出身上的金银送给元军，才被放回，雇募两个樵夫抬着坐在箩筐里的文天祥到高邮，泛海坐船至温州。

文天祥听说益王未立，于是上表劝请即帝位，以观文殿学士、侍读的官职被召至福州，拜右丞相。不久，文天祥开始与陈宜中等人议论意见不统一。

元世祖忽必烈传

德祐二年七月，文天祥于是以同都督职出任江南西路，准备上任，召集士兵进入汀州。十月，派遣参谋赵时赏，咨议赵孟溁率领一支军队攻取宁都，参赞吴浚率一支军队攻取雩都，刘洙、萧明哲、陈子敬都从江西起兵来与他会合。

邹㳬以招谕副使在宁都召聚兵众，元兵攻打他们，邹㳬兵败，一同起事率兵的人刘钦、鞠华叔、颜师立、颜起岩都死了。武冈教授罗开礼，起兵收复了永丰县，不久兵败被俘，死于狱中。文天祥听说罗开礼死了，穿起丧服，痛哭不已。

景炎二年正月，元兵攻入汀州，文天祥于是迁移漳州，请求入卫朝廷。赵时赏、赵孟溁也率兵归来，唯独吴浚的士兵没有到。

不久，吴浚降元，来游说文天祥。文天祥派人缚起吴浚，把他吊死了。四月，进入梅州，都统王福、钱汉英专横跋扈，被处斩。五月，迁出江南西路，进入会昌。

六月，进入兴国县。七月，遣参谋张汴、监军赵时赏、赵孟溁荣等率大军进逼赣城，邹㳬率领赣州各县的军队攻取永丰，他的副官黎贵达率领吉州各县的士兵攻取泰和。

吉州八县克复了一半，仅剩赣州没有攻下。临洪各郡，都送钱劳军。潭州赵璠、张虎、张唐、熊桂、刘斗元、吴希奭、陈子全、王梦应在邵州、永州等地起兵，克复数县，抚州何时等人起兵响应文天祥。分宁、武宁、建昌三县豪杰，都派人到军中接受调遣参战。

元军江南西路宣慰使李恒派遣士兵入援赣州，而自己率兵在兴国进攻文天祥的据点。文天祥没有预料到李恒的兵突然攻至兴国，于是率兵撤退，靠近永丰的邹洬。

邹洬的军队已在他的前面溃败，李恒于是穷追文天祥至方石岭。巩信坚守拒战，身中数箭身亡。到达空坑，士兵都被打败溃散，文天祥的妻妾子女都被抓住。

赵时赏坐在轿子中，后面的元兵讯问他是谁，赵时赏说"我姓文"，众兵以为是文天祥，活捉了他返回军营，文天祥因此得以逃脱。

彭震龙、张汴等死于军中，缪朝宗自己上吊了。吴文炳、林栋、刘洙都被抓住带回隆兴。

赵时赏怒骂不屈服，有的多次被抓来的，往往很快放掉，说："小小的签厅官，抓来有什么用呢？"因此得以逃脱的人很多。

到行刑的时候，刘洙多次辩解，赵时赏呵斥他说："死了算了，何必这样呢？"于是林栋、吴文炳、萧敬夫、萧焘夫都不能免难。

文天祥召集残兵奔赴循州，驻扎于南岭。黎贵达暗中阴谋投降，被抓住杀了。景炎三年三月，文天祥进驻丽江浦。六月，入船澳。益王死了，卫王继承王位。

文天祥上表白责，请求入朝，没有获准。八月，加封义天祥少保、信国公。军中瘟疫又流行，士兵死了几百人。文天祥唯一的一个儿子和他的母亲都死了。

十一月，进驻潮阳县。潮州盗贼陈懿、刘兴多次叛附无常，为潮阳人一大祸害。文天祥赶走了陈懿，抓住刘兴，杀了他。十二月，赶赴南岭，邹洬、刘子俊又从江西起兵而来，再次攻伐陈懿的党羽，陈懿于是暗中勾结张弘范，帮助、引导元军逼攻潮阳。

文天祥正在五坡岭吃饭，张弘范的军队突然出现，众士兵随从措手不及，都埋头躲在荒草中。文天祥匆忙逃走，被元军千户王惟义抓住。

文天祥吞食龙脑，没有死。邹沨自刎颈项，众士兵扶着他至南岭才死。僚属士卒得以从空坑逃脱的人，至此时刘子俊、陈龙复、萧明哲、萧资都死了，杜浒被抓住，忧愤而死。仅有赵孟溁逃脱，张唐、熊桂、吴希奭、陈子全兵败被活捉，都被处死。

文天祥被押至潮阳，见张弘范时，左右官员都命他行跪拜之礼，没有拜，张弘范于是以宾客的礼节接见他，同他一起入崖山，要他写信招降张世杰。

文天祥说："我不能保卫父母，还教别人叛离父母，可以吗？"张弘范不听，一再强迫文天祥写信。文天祥于是将自己前些日子所写的《过零丁洋》一诗抄录给张弘范。诗中这样写道：

元世祖忽必烈传

> 辛苦遭逢起一经，干戈寥落四周星。
> 山河破碎风飘絮，身世浮沉雨打萍。
> 惶恐滩头说惶恐，零丁洋里叹零丁。
> 人生自古谁无死，留取丹心照汗青。

这首诗饱含沉痛悲凉，既叹国运又叹自身，把家国之恨、艰危困厄渲染到极致，但在最后一句却由悲而壮、由郁而扬，迸发出"人生自古谁无死，留取丹心照汗青"的诗句，慷慨激昂、掷地有声，以磅礴的气势、高亢的语调显示了诗人的民族气节和舍生取义的生死观。

张弘范读到"人生自古谁无死，留取丹心照汗青"两句时，不禁也受到感动，不再强逼文天祥了。

崖山战败后，元军中置酒宴犒军，张弘范说："丞相的忠心孝义都尽到了，若能改变态度像侍奉宋朝那样侍奉大元皇上，将不会失去宰相的位置。"

文天祥眼泪扑簌簌地说："国亡不能救，作为臣子，死有余罪，怎敢怀有二心苟且偷生呢？"张弘范感其仁义，派人护送文天祥到京师。

文天祥在路上，八天没有吃饭，没有死，才又吃饭。到达燕京，馆舍侍员殷勤、陈设奢豪，文天祥没有入睡，坐待天亮。于是移送兵马司，令士卒监守他。

文天祥的妻子欧阳夫人和两个女儿柳娘、环娘被元军俘虏后送到大都，元朝想利用骨肉亲情软化文天祥。文天祥一共育有二子六女，当时在世的只剩此二女，年龄都是十四岁。

文天祥接到女儿的信，虽然痛断肝肠，但仍然坚定地说："人谁无妻儿骨肉之情，但今日事已如此，于义当死，乃是命也。奈何！奈何！"又写诗道："痴儿莫问今生计，还种来生未了因。"表示国既破，家亦不能全，因为骨肉团聚就意味着变节投降。

利诱和亲情都未能使文天祥屈服，元朝统治者又变换手法，用酷刑折磨他。他们给文天祥戴上木枷，关在一间潮湿寒冷的土牢里。牢房空气恶浊，臭秽不堪。

文天祥每天吃不饱，睡在高低不平的木板上，又被穷凶极恶的狱卒呼来喝去，过着地狱一般的生活。

由于他坚决不低头，元丞相孛罗威胁他说："你要死，偏不让你死，就是要监禁你！"文天祥毫不示弱："我既不怕死，还怕什么监禁！"在囚禁的孤寂岁月里，他写下了不少感人肺腑的爱国诗篇。

当时，忽必烈多次搜求有才能的南宋官员，他问大臣们："南方和北方的宰相，谁最贤能？"

群臣奏称："北人无如耶律楚材，南人无如文天祥。"

忽必烈下了谕旨，拟授文天祥高官显位，并派遣投降元朝的宋臣王积翁去传达圣旨。

文天祥说："国家亡了，我只能一死报国。倘若因为宽赦，能以道士回归故乡，他日以世俗之外的身份作为顾问，还可以。假如立即给以高官，不仅亡国的大夫不可以此求生存，而且把自己平生的全部抱负抛弃，那么任用我有什么用呢？"

王积翁想与宋官谢昌元等十人一起请求释放文天祥为道士，留梦炎不同意，说："文天祥放出后，又在江南号召抗元，置我十人于何地？"此事于是作罢。

王积翁等又写信劝文天祥，文天祥回信说："管仲不死，功名显于天下；天祥不死，遗臭于万年。"王积翁见他如此决断，不敢再劝。

这时，忽必烈又让南宋小皇帝赵显劝降。昔时互为君臣，今日同为阶下囚。当文天祥看到八岁的"先皇"来到时，痛哭流涕，北跪于地，只说了四个字："圣驾请回。"赵显一看这情形，"噤不得语"，呆在那里，也不知道该说些什么，只能不了了之。

文天祥在燕京共三年，忽必烈知道文天祥始终不屈，同宰相议论放了他，遇上有人以文天祥起兵江南西路的事为借口，结果没有被释放。

至元十九年，福建有一僧人说土星冒犯帝王星，怀疑有变乱。不久，中山有一狂人自称"宋主"，有兵千人，想救出文天祥。

京城也有未署名的书信，说某日火烧蓑城苇，率领两侧翼的士兵作乱，丞相就没有忧虑了。当时大盗刚刚暗杀了元朝左丞相阿合马，于是命令撤除城苇，迁徙瀛国公及宋宗室到开平，元朝廷怀疑信上说的丞相就是文天祥。

至元十九年十二月初八日，元世祖召唤文天祥到宫殿中。文天祥见了皇帝只拱手作揖而不跪拜。皇帝的侍臣强迫他，他仍然坚定地站立着，不被他们所动摇。

文天祥极力述说宋朝没有不循正道的国君，没有需要抚慰的人民。不幸谢太后年老而宋恭帝幼小，掌权的奸臣误了国家，用人、行政，措施不当，你们元人利用我朝的叛将、叛臣，攻入我朝国都，毁灭我朝的国家。我文天祥在大宋危急而力图恢复兴盛的时候辅佐宋朝，宋朝灭亡了，我文天祥应当尽快就死，不应长久苟且偷生。

元世祖派人告诉他说："你用侍奉宋朝的忠心来侍奉我，就任用你当中书省宰相。"

元世祖忽必烈传

文天祥说："我文天祥是宋朝的状元宰相，宋朝灭亡了，只能死，不能偷生，希望一死就够了。"

元世祖又派人告诉他说："你不做宰相，就做枢密使。"

元世祖问："你有什么愿望？"

文天祥回答说："天祥深受宋朝的恩德，身为宰相，哪能侍奉二姓，愿赐我一死就满足了。"

然而忽必烈还不忍心，急忙挥手要他退去。第二天有大臣上奏说："文天祥不愿意归顺服从，应当赐他死刑。"参知政事麦术丁极力赞成这个判决，元世祖就批准他们的奏议。

文天祥将被押出监狱前，就写下遗书自我表白，挂在衣带中。那文词写着：

> 孔子说杀身成仁，孟子说舍生取义，因为已经尽了人臣的责任，所以达成了仁德。读古代圣贤的书，所学的不是成仁取义的事又是什么事呢？从今以后，我差不多就没有愧疚了！

至元十九年十二月初九，是文天祥就义的日子。这一天，兵马司监狱内外，布满了全副武装的卫兵，戒备森严。上万市民听到文天祥就义的消息，就聚集在街道两旁。

文天祥被押过市区时，气概神色自然，态度从容，观看的人像墙一样团团围住。即将受刑时，他不慌不忙地向执刑的官吏说："我的事都已做完了。"问市场上围观的人何处是南，何处是北，面向南方拜了又拜。

监斩官问："丞相有什么话要说？回奏尚可免死。"文天祥不再说话，从容就义，终年四十七岁。

灭亡南宋

追歼南宋残余势力

南宋灭亡后，伯颜取谢道清手诏，招降未附州县。淮西制置使夏贵以淮西降元。淮东制置使李庭芝坚持抗元至七月，最终被俘杀，淮东尽为元军占领。

江西战场，宋都带、李恒等破隆兴府后，招降十一城。旋于团湖坪、龙马坪击败宋军抵抗。十三年二月，破建昌军、临江军。吉、袁、赣等州相继降，江西平。

湖南战场，元至元十二年二月丁家洲之战后，元军主力迅速东进，占领建康、镇江等地；留驻鄂州的右丞阿里海牙，率军攻降岳州、江陵等地，湖北州县相继降附。

元兵驻巴陵县黄沙，一部陈兵常德，并继续南进，围攻潭州。潭州军民在知潭州兼湖南安抚使李芾率领下，又展开了一场英勇的保卫战。

李芾登城指挥诸将分地防守，城内居民也自动组织起来，助军守城。十月，阿里海牙至潭州，连营环锁，重兵围城，使广西、湖南衡州宋军不敢赴援。

元水军溯江而上，破李芾所置木桩十五处，拔城西栅，射书城中招降，李芾不应，继续督率诸将分兵守御，城中丁壮皆编为什伍，协同作战。

阿里海牙乃令决隍水，竖云梯，攻西城。李芾亲冒矢石督战，刘孝忠等率军奋力抗击。阿里海牙身中流矢，创甚，督军攻城益急。

参知政事崔斌率军夜集栅下，黎明登城不利，于是令将士衔枚潜登城西北铁坝，携带刍秸，焚其角楼，并竖木栅于城上，次日晨，布云梯鼓噪而上，城破。宋湖南安抚司参议杨霆挥兵巷战，又筑月城，增强防御，将元军击退。

十月敌兵攻打西壁，孝忠等人奋力迎战，李芾冒着流箭和滚石的危险亲自督战。对于受伤的将士，他都亲自去安抚慰劳，每天用忠义之道勉励他的将士。死伤的人多到堆叠在一起，人们还是登城拼死一战。元军方面有来招降的，李芾杀了他来示众。

十二月，元军加强攻势，阿里海牙令诸军分地围城，配以炮攻，进攻铁坝，刘孝忠被炮击伤，不能作战。有的将士产生动摇，李芾以忠义激励将士，誓死御敌。

围城日久，城中矢尽，李芾令百姓将废箭磨光，配上羽毛，用以再射；盐尽，则将库中盐席焚毁，取灰再熬，分给兵民食用；粮绝，则捕雀捉鼠充饥。

有将士受伤，李芾亲自抚慰，给以医药。他又日夜巡视城堡，深入兵民之中，以忠义勉励部属。元兵派人来招降，被李芾抓住，即当场诛杀。

经过三个多月的苦守，援兵不至，城池危在旦夕。和李芾一道守城的长沙人尹谷听到元兵已登城，乃积薪闭户，全家人坐在一起，举火自焚。

邻居来救，只见尹谷正冠端绩危坐于烈焰中，全家老少葬身火海。李芾闻讯赶到，感叹不已，以酒祭奠，叹道："务实真男子也，先我就义矣！"

尹谷殉难的那一天正是农历除夕之日，李芾留宾佐会饮，晚上传令，手书"尽忠"二字为号，决心与长沙共存亡。

宋军守城三月，大小数十战，虽屡挫元军，但城内兵、财匮乏，力不能支。十二年正月初一，阿里海牙总结攻城不利的教训，令将士身先士卒率兵攻城，前军登上城头，后军蚁附而上。

眼看城破在即，李芾端坐熊湘阁，令部将沈忠将他的全家老少一一处死后，积薪焚尸，然后自刎而死。沈忠放火焚烧熊湘阁，再回家杀了自己的妻子，然后纵身跳入火海。

消息传出后，全城官兵居民杀身殉国者甚众。岳麓书院的几百学生，在保卫潭州的战斗中，英勇无畏，城破后，大多自杀殉国。

潭州之战后，元军又相继招降湖南未附州县及韶州、南雄等州，湖南平。至元十三年六月，忽必烈为追歼南宋残部，于鄂州、临安设尚书省，下设诸路宣慰司。

忽必烈命阿里海牙增兵三万，进军广西，并诏谕广西静江府等大小官吏使之归降。

静江守将马暨，原知邕州，因抚御边陲有功，以左武卫将军征入朝，时宋室投降，滞留静江，总领屯戍诸军，掌广右经略司。

元军南侵，马暨令部将及少数民族武装防守静江府，自将三千兵马迎敌，后又退守静江。

由于他赤心报国，骁勇善战，深受将士们的拥护和爱戴，大家齐心协力，同仇敌忾，挫败了元兵一次又一次的猛烈攻击，坚守城池三个多月，大小战斗百余次。

元军久攻不克，便采取了诱降的策略，选派能言善辩的总管俞全前往劝降。俞全走到城下高呼："请马将军答话。"

马暨早知元军意图，登上城楼，二话不说，拉开弓箭便射，俞全来不及躲闪，被一箭射了个正准，当即倒地身亡。此举大长了宋军的士气。

此时，宋都临安府已被元军攻占，宋恭帝也已降元。因此，阿里海牙又生一计，派人到临安，要求宋恭帝亲写诏令劝马暨投降。

恭帝写好诏书后，派亲信宗勉前往静江府劝降。马暨接到诏书，勃然大怒，当众焚烧了诏书，杀了宗勉，并把宗勉的头颅掷出城外。阿里海牙又送进劝降书，许以高官厚禄，都被马暨严词拒绝。

九月，阿里海牙率军南进，前锋至严关。马暨深知严关为湘之咽喉，严关失守，静江不保。于是立即组织所部及诸峒少数民族兵丁据守静江，自率三千兵士守严关，凿马坑，断岭道，阻元军南下。

阿里海牙见严关两山壁立，中为通道，难以骤克，乃以偏师迂回至平乐，溯漓江而上，过临桂北进，与主力前后夹击严关，马暨兵败，退保静江。

十一月，元军攻破严关，又败都统马应麟于小溶江。静江城成了孤城，外无援兵，内绝粮草。阿里海牙率军围静江。遣人以忽必烈所赐诏书抄本示马暨，并书以天命、地利、人心劝降，马暨再次斩使焚书，以示拒降。

阿里海牙怒而攻之。静江依水为固，马暨守城三月，衣不解甲，前后百余战，力挫元军，城中死伤甚众，仍无降意。

十一月，元军久攻不克，乃筑大堰，断大阳、小溶二江上游，另引一渠决其东坝，以涸其城壕。将士们无食无水，死伤相继，形势日趋险恶。

阿里海牙遣主力佯攻西门，以精兵攻其东门。部将史格以战车攻城，因炮石蔽地无法靠近，乃伺隙率众攀堞，蚁附而上，攻破外城，安抚李梦龙降元，马暨率兵退守内城。

元军以优势兵力又破内城。百姓纵火焚居室，多赴水死。马暨率死士进行巷战，后因手臂为刀所伤，战不力，被俘。总制黄文政、总管张虎欲率残兵突围，兵败被俘，邑守马成旺及子马应鳞降。

马暨部将娄铃辖犹以二百五十人坚守月城继续抵抗。阿里海牙以为不足攻，于是派兵围十余日，娄铃辖佯称饥饿不能出降，如送食物，即可听命。元军信以为真，送牛、米入内，月城将士饱食之后，聚围火炮引爆，与月城同归于尽。

静江破后，马暨、黄文政、张虎被杀，阿里海牙下令屠城，并遣将招降广南西路十五州。此战，元军以迂回夹击之策，迅速攻破险关，但对环水坚城却恃众强攻，以致久攻不克，后以釜底抽薪和声东击西之策才一举破城。

至元十四年五月，文天祥率军进攻江西，各地义军纷起响应，收复除赣州之外所辖九县，吉州八县复其半。后因势孤力单败退广东，旋于五坡岭被俘。

元世祖忽必烈传

攻灭四川的抗元势力

南宋都城临安陷落后，四川由于地理封闭，加之战争时期信息不通，四川军民仍以坚强的意志继续着抗蒙斗争，直至蒙古人宣布南宋皇帝投降的消息，他们依然没有放弃斗争。

至元十五年二月，元西川行院使不花率重兵围攻重庆。重庆守将张珏是南宋名将，魁伟而有谋略，善用兵和处理政务。张珏十八岁到合州新驻地钓鱼城参军，因多次建立战功，升为中军都统制，被人称为"四川虓将"。

南宋朝廷向元军投降后，元军东、西川行辕出现矛盾，张珏趁机派出军队收复了泸州，杀掉降元的原宋将梅应春以及元将熊耳，俘虏了不少元将家属。

至元十三年年底，元军再次进攻四川。十二月，张珏命手下将领王立守卫钓鱼城，他本人入重庆指挥。赵定应迎接张珏进入重庆任四川制置使，张珏派部将张万、程聪领兵收复涪州。

南宋降将、原涪州刺史阳立再次带兵来决战，史进、张世杰战死，张万坚持不住，俘获阳立的妻女并安抚李端返回。张珏以都统程聪守涪州，重庆元兵全部退走。

元军被迫逐渐从重庆撤退，转而围攻泸州。在由溯江奔赴泸州的过程中，元将且只儿率军在红米湾击败宋军的拦截；进至安乐山复败宋军，斩首五百余级，获战舰四艘；又击败截击元军漕舟的宋军，乘胜攻破宋军的水上寨堡石盘寨。

元军至泸州后，首先攻夺外围据点，管军千户步鲁合答攻城西北的宝子寨；同签行枢密院事刘思敬攻城东北的盘山寨；刘整子刘垓与万户拜延攻神臂山的珍珠堡。

泸州军民在安抚使王世昌、守将刘雄、李都统的率领下，分守要隘，英勇抗击。两军相峙年余。时城中食尽，急需外援，而张珏自重庆遣史忠训、赵安所率援军遭拜延军的阻击，百余人被俘，未能抵泸州。

十四年十一月，元军乘机发起总攻。步鲁合答造云梯，登城急攻，先破宝子寨；刘思敬破盘山寨，擒守将任庆，俘九千余户；刘垓、拜延克珍珠堡。

泸州安抚使王世昌亲自率军增援珍珠堡及盘山寨，均被击败，王世昌及部将刘雄被俘。元桥船水手军总管石抹不老督军攻神臂门，蚁附而登，一度冲上城楼，又被宋军击溃。

刘思敬率部趁宋军激战一天疲惫之际，进行夜袭，破东门而入，进行巷战；管军万户秃满答儿及札剌不花率军夜夺水城而进，黎明，先登城入泸州。

天亮后，诸军加紧攻神臂门。万户也罕的斤及石抹不老率军先登拔之。宋军将士英勇拼杀，终因寡不敌众，兵败城破。

元军围攻泸州之时，张珏听说益王赵昰、卫王赵昺在广州称帝，派兵几百人寻求二王所在的地方，同时调史训忠、赵安等援救泸州。又派张万到夔州，联合忠、涪二州的军队攻克石门及巴巫寨，俘获元军将士一百多人。解大宁围，攻破十八寨。控入川的门户，川东形势一度好转。

至元十四年六月，元将张德润攻破涪州，捉住守将程聪。在此之前，程聪在重庆极力主张守城的意见，张珏入重庆，与他不相投契，派他出守涪州。

程聪到涪州因不平而郁郁不乐，不设防备而被捉。张德润用轿子抬着程聪返回，告诉他说："你儿子程鹏飞已经任参政了，你可以日夜与他相聚。"

程聪说："我被捉，他投降，不是我的儿子。"

这个月，梁山军袁世安投降。十月，万州天生城被攻破，元兵杀死守将上官夔。十一月，泸州粮食尽净，人们互相吃人，于是元兵破泸州，安抚王世昌自缢而死。

忽必烈向四川增兵，以西川行院使不花率军数万复攻重庆。以主力驻佛图关，分遣一军驻南城，一军驻朱村坪，一军屯江上。

不花遣宋降将李从入重庆招降，张珏不从。副使李德辉致书张珏劝降，再次被拒绝。十二月，达州降将鲜汝忠攻破皇华城，活捉守将马堃，军使包申在巷战中战死。

至元十五年春，张珏派总管李义率领军队经过广阳坝，全军覆灭。二月，元兵破绍庆府，捉守将鲜龙，湖北提刑赵立与制司幕官赵酉泰都自杀了。

张珏率兵冲出薰风门，与元大将也速儿战于扶桑坝，诸将从张珏的后面联合袭击，张珏军队大败。

重庆城中粮食已尽，张珏部将赵安写信劝说张珏投降，张珏不同意。赵安就与帐下韩忠显夜间打开镇西门投降。

张珏率兵在里巷展开战斗，力量不支，回去索要鸩酒喝，左右之人把鸩酒藏了起来，于是用小船载着妻子儿女向东逃往涪州，中途大为愤恨，用斧头砍船打算自沉，船夫夺掉斧头丢入长江中，张珏跳起来想投水被家人挽持住不得死。

第二天，万户铁木儿追到涪州，把他捉住送往京师。制机曹琦自缢而死，张万、张起崖出城投降。

在押往元大都途中经过安西的赵老庵，张珏的朋友对他说："公尽忠一世，以报所事，今至此，纵得不死，亦何以哉？"于是张珏解下弓弦在厕所中自缢，自尽殉国。

随从的人焚烧了他的尸骨，用瓦罐把他埋葬在死的地方。文天祥得知，甚感叹，作《悼制置使张珏》，诗云：

> 气战万人将，独在天一隅。
>
> 向使国不灭，功业竟何如？

此战，张珏以攻其必救之策，挫败元军五路围攻，在宋廷已降元形势下，又坚持抗元三年，可歌可泣。

元军以绝对优势，实施统一指挥，采取招降与军事进攻相结合之策，攻破重庆，为迅速占领四川铺平了道路。

元军攻占重庆后，继而征降夔州，涌向钓鱼城。当初，蒙哥西征，勇猛无敌，被当时的欧洲人称为"上帝之鞭"，谁知这条横扫亚欧大地的钢鞭竟在小小的钓鱼城被折断，蒙哥遗恨万分，他临终前发布遗诏："我之婴疾，为此城也，不违之后，若克此城，当赭城剖赤，而尽诛之。"屠城之心，无比强烈。

钓鱼城自建成后，在抗蒙战争中一直顽强坚守，历时三十六年。钓鱼城的坚持犹如一盏光芒四射的灯塔，鼓舞着南宋军民的斗志，这个小小的山城像一枚坚硬的铁钉，牢牢地钉在巴蜀大地上。

然而，泸州城破，守将王世昌血战殉国。重庆陷落，张钰被俘自尽，整个四川，只有钓鱼城的抵抗之旗在嘉陵江边孤零零地飘着，使人感到几分苍凉。

此时的钓鱼城，集聚着来自四面八方的十余万难民，小小的钓鱼城，其田亩所产，正常情况下不过维持二千人一年的生存。当年王坚、张钰守城时，对进入城中的难民有所选择，并严格控制居民数量。到四川抗蒙战争后期，沦陷地区扩大，加之蒙古军肆意屠杀，民众大量死亡，幸存者为数不多。

史料记载，南宋末年，由于战乱，四川人口从战前的一千五百万人锐减到八十余万。面对处在生命边缘的难民，王立不忍将他们拒之门外，于是悉数收纳。

可这样一来，难民的生命固然得到了庇护，众多的人口却成了钓鱼城防守的沉重负担。这时，恰逢四川连续两年大旱，粮食歉收。同时，蒙古军也汲取多年攻城失败的教训，对钓鱼城围而不打，欲待城中粮草耗尽、不堪一击时再行进攻。

粮草日见匮缺，城中居民饥馑，竟发生易子相食的惨剧。王立见状，心想，如此下去，抵抗何以坚持？他不是不知，泸州、重庆二城失陷的根本原因就是弹尽粮绝。

仅仅一个粮食问题，就足以使钓鱼城的防守在短时间内崩溃瓦解。钓鱼城此时的状况，与二十年前相比已经有了很大的差异，当年的斗志昂扬、同仇敌忾的抵抗，到如今已经变成了一种无奈的选择。

当时城中形成意见分歧的两派，一派主张忠君报国，抵抗到底，另一派主张为了百姓的生存，放弃抵抗；因为坚持抵抗肯定是死，放弃抵抗也许还有一线生机。

城中悲观气氛日浓，人心不一，令王立整日忧心忡忡。这时，蒙军发来最后通牒：若不投降，一旦破城，将屠尽城中的十万居民！这种血淋淋的威胁，让王立更是寝食难安。

王立作为一名冲锋陷阵的武将，早将生死置之度外，若是坚持抵抗，以身殉国，还能保留一世英名，何况中国的传统文化历来看重名节。尤其南宋时期，程朱理学盛行，"忠义精神"更是深入人心，以至成为文武官员为官尽职的信条。

据统计，南宋灭亡之时，自杀殉国的一级文官就达四百余人。悲壮的国殇中，他们的殉国无疑在人们的心里树立起一尊尊高大的形象，如王世昌、张钰等。所以，在此历史文化背景之下，忠勇者绝不会软弱降敌。

但是，顾了自己的名节，博得后人为自己树碑立传，那城中的十余万军民怎么办？想到蒙哥临终前的遗诏，想到这么多年来蒙古军在钓鱼城下付出的惨重代价，城破之时，军民定遭屠戮。

多年来，围攻钓鱼城的基本上是蒙古人的东川军，这支当年为蒙哥所统领的军队，对抵抗者实行屠杀的理念深植内心，加之他们中不少人的父辈和兄弟死于钓鱼城下，复仇的烈火一直在他们的心中燃烧。

王立知道，他们正在城外虎视眈眈，带着嗜血的欲望等待城破，然后疯狂地扑进来，将城中军民统统杀尽。所以，如果誓死抵抗，城中百姓必死，但放弃抵抗，自己又会背上一世骂名。个人的性命不足为惜，难道十万人的性命也不足为惜？

难道用十万人的白骨来支撑自己的一世英名，就是真正的忠义，就是上天的至理吗？王立思来想去，不知何去何从，不知出路在哪里，他陷入痛苦的思索中。

这时，一位美丽聪慧的女子看出了王立的心思。此女子姓宗，原蒙古军泸州守将熊耳的妻子，元朝重臣李德辉同母异父的妹妹，史称熊耳夫人。

至元十三年六月，王立攻打泸州，熊耳死，她被俘。为保全自己，她对王立谎称自己姓王，原为宋将牛乾之妻，丈夫殉国，自己被熊耳强掳为妻。王立见其美貌聪慧，颇有好感，便带回钓鱼城，让其侍奉自己母亲，并认作义妹。

熊耳夫人在钓鱼城居住了两年多，她善解人意，成了王立的知己，但她一直未将真实身份告诉王立。现在，钓鱼城到了生死关头，王力也陷入两难的痛苦之中，她决定亮明自己的身份，劝说王立放弃抵抗，向西川军投降，并利用李德辉的权力保证全城军民的安全。

她来到沉闷痛苦的王立身边，告知了自己的真实身份，王力大吃一惊。熊耳夫人把自己的想法对王立和盘托出，劝说王立认清天下大势，以十万百姓的身家性命为计，停止抵抗。

她对王力说，南宋已经灭亡，切莫拘泥于忠君的名节，救民于水火，才是真正的大义。

经熊耳夫人劝说和分析，王力纷繁矛盾的思绪逐渐清晰，他决意舍名节于不顾，把全城的军民从血与火中救出去。但是，想到蒙哥屠城的遗诏，想到与东川军多年的血仇，他对熊耳夫人的计划还是有所顾虑。

熊耳夫人坚定地对他说："如果西川军接受我们的条件，我们就停止抵抗，如果不接受，我将和你一起血战下去！"

熊耳夫人的坚定和忠诚终于使王立下定决心，他派人到成都西川枢密院向李德辉传递了愿意停止抵抗的信息，但要求李德辉必须满足三个条件：一不降旗；二不收兵器；三不改县志。抵抗的放弃必须以尊严为前提。

熊耳夫人为了证明自己身在钓鱼城，特地按李德辉熟悉的样式做了一双新鞋，附上家书一封，与降书一并置于鞋内。李德辉见到鞋和降书，高兴万分，一是终于知道小妹的下落，二是坚如磐石的钓鱼城即将放弃抵抗。

李德辉长期在忽必烈麾下效力，而忽必烈是蒙古诸汗王中唯一欣赏汉文化的皇帝，在一些汉臣的长期影响下，忽必烈同意放弃屠戮实行怀柔，以安抚民心。

李德辉力争实现小妹的愿望，他上奏忽必烈，劝其放弃蒙哥遗诏，答应钓鱼城的请降条件。忽必烈毕竟是雄才大略的一代帝王，他从汉文化的传统和统治的大局出发，同意了李德辉的请求。

消息传回钓鱼城，王立和熊耳夫人兴奋异常，这个原以为难以实现的目标终于实现了，钓鱼城有救了，全体军民有救了。

王立此时已经义无反顾，他为忠君保国奋战多年，如今，南宋君已亡，国已破，国祚不复，自己欲忠而无君所忠，欲保而无国所保，只有保民才是至仁至义的天理，至于千秋功罪，留给后人评说去吧，只要能够保全十万民众，即便背上万世骂名也罢！

李德辉深知东川军与钓鱼城的血海深仇，为确保全城军民安然无恙，他不顾花甲年纪，亲领五百人赴钓鱼城受降。

灭亡南宋

得知钓鱼城和平受降的消息，东川军统帅汪良臣异常愤怒，断然拒绝了钓鱼城的和平受降，并派兵把李德辉带来的五百人限制住。李德辉劝说几日，皆无效果。

后来，元廷派使者送来忽必烈的圣谕："鱼城既降，可赦其罪，诸军毋得擅便杀掠，宜与秋毫无犯。"面对圣谕，汪良臣纵然有亡君杀兄之仇、损兵折将之恨，也只好作罢了。

李德辉顶住了东川军强烈复仇的压力，没有对屠城的要求作出让步，在忽必烈诏书的支持下，践行了对王立和熊耳夫人的诺言。

蒙古人在征服世界的过程中杀人无数，凡是抵抗的城市都被屠城，只有钓鱼城抵抗了三十六年全身而退。因此，它被称为"东方的麦加""上帝折鞭处"。

蒙古大军消灭西夏和金时，可谓势如破竹；其三度西征，横扫亚欧数十国，更是所向披靡；但是，在征服南宋的过程中，他们却身陷泥潭，大伤元气，苦斗了近半个世纪，南宋无疑是蒙古人遭遇的最顽强的敌人。

如果南宋皇帝不是那么昏庸，如果不是贾似道等奸臣当道，如果全国的抵抗都像四川这么顽强，历史究竟应该如何，恐怕还很难说清。但是，历史毕竟是历史，它没有假设。

东征西讨

忽必烈大怒，认为高丽人不肯尽力。在元朝的施压下，高丽人捧着蒙古帝国的国书，心情复杂地踏上了日本岛。

当时控制日本国政的镰仓幕府收到忽必烈的国书后，非常吃惊。幕府的高级政要慌忙召开紧急会议，最终决定把皮球踢给中央政府的天皇。

日本天皇见到国书后，他和那群大臣一样心胆俱裂。日本宰相藤原长成还算有点胆子，仔细看了忽必烈的国书，然后轻松地对天皇说："人家没说要来揍我们，只是说，要我们去称他为'主人'。我们称他主人就是了。"

蒙古大军成功征服高丽

蒙古强盛时期，还对高丽发动了战争。

高丽，又称高丽王朝、王氏高丽，是朝鲜半岛古代国家之一。高丽都城为开京，国土大体上相当于今天朝鲜半岛中南部，从大同江不断向北方拓展，到12世纪时达到鸭绿江沿岸。

蒙古太祖十一年，一支原依附于蒙古人的契丹军队造反失败后，流窜进入高丽境内，占领高丽江东城，并以此为据点四处烧杀抢掠。

蒙古帝国大将哈真统帅大军追击契丹叛军进入高丽，高丽国王派遣将军赵冲领军协助，并向蒙古军提供粮草。江东城守敌投降，哈真与赵冲举行盟誓，蒙古与高丽约为"兄弟之国"。

蒙古从此年年遣使到高丽索要各种物品，从毛皮、绸缎到笔墨纸砚无一不要。高丽国小民困，物产不多，敌视蒙古的情绪逐渐升温，一蒙古使者在出使高丽返回的途中被杀。

杀死使者在蒙古人看来是不可饶恕的大罪，曾多次为此与别国开战。但由于蒙古大军西征，接着成吉思汗又在征讨西夏途中逝世，使蒙古帝国没有立即对高丽展开报复。

窝阔台即位后，以高丽杀使者为由，命撒礼塔率蒙古大军讨伐高丽。这段时期里，高丽由崔氏家族实施军事统治。蒙古军入据高丽后，洪福源率民一千五百余户前来迎降，附近州郡亦有来降者。

撒礼塔在洪福源的协同下先后攻取四十余座城，连战连捷的蒙古军直逼高丽王城。高丽高宗遣其弟怀安公王乞降。蒙古军队索取了巨额财物后退兵。但仍在高丽的各京、府、县留下了七十二名达鲁花赤，对高丽进行间接控制。

高丽国王逃至江华岛后造反，杀死蒙古所置达鲁花赤七十二人。为避免蒙古的报复，高丽武人政权掌权者崔瑀将傀儡国王和朝廷迁到了江华岛以避开蒙古骑兵的兵锋，继续抗击蒙古的侵略。

窝阔台决定第二次讨伐高丽，他再命撒礼塔率师征高丽，至王京南，攻其处仁城时，中流矢亡。副帅铁哥领蒙古军回师。原降服的高丽百姓由洪福源统治。高丽王遣其将军金宝鼎、郎中赵瑞章向窝阔台上书请罪。

窝阔台诏谕高丽王悔过，并指出他犯下的五大罪状。高丽王因占据江华岛，而蒙古没有水军，所以有恃无恐，派兵攻陷了已归附于蒙古的西京等处，劫夺了降将洪福源的家。

为此，窝阔台决定第三次派兵讨伐高丽。蒙古入侵庆尚道和全罗道。高丽民间的抵抗非常强。高丽王室也在江华岛修筑工事。虽然高丽几度战胜入侵者，但还是无法抵挡蒙古大军。

高丽高宗向蒙古请和。在高丽同意以高丽王室做蒙古人质后，蒙古撤军。但是，高丽只送了一个与王室无关的人给蒙古人。

蒙古大怒，要求高丽王室搬出江华岛到蒙古做人质并清除海上所有高丽舰船，交出反蒙古的官员。

然而，高丽这次只送去一个王子和十名贵族的孩子，拒绝了其他要求。蒙古又派兵攻克昌州、朔州等地。高丽王只好以族子为己子入质，高丽又臣服于蒙古。

元定宗贵由汗元年，高丽停止岁贡，蒙古军队再次进攻高丽，迫使高丽王遣王子前来朝贡，并留蒙古为质，要求高丽王室搬出江华岛做蒙古人质。

蒙古大汗贵由汗死后，蒙古撤军。蒙古大汗蒙哥继位，蒙古再次要求高丽王室做人质。高丽回绝后，蒙古大规模入侵高丽。高宗最后同意搬出江华岛并将世子安庆公交给蒙古，蒙古军随后撤退。

蒙哥汗八年，高丽大司成柳璥、郎将金仁俊等人发动政变，杀死崔竩，崔氏政权覆灭。在主和派文臣的建议下，高丽高宗最后同意将首都从江华岛迁回开城，并将世子王倎送到蒙古。蒙古军随后撤退，高丽成为蒙古的附属国。蒙古人在高丽北部设置了双城总管府和东宁府。

元世祖忽必烈中统元年春，高丽国王逝世，忽必烈派兵护送世子王倎回国即位并改名王禃，是为元宗。同时宣布在高丽境内实行大赦，送还高丽俘虏及逃入辽东的民户，禁止蒙古边将侵扰高丽，以抚民心。

元宗即位后一直采取亲元立场，并且曾数次前往元大都朝见忽必烈。然而高丽武臣的势力依然很大，金仁俊、林衍等武臣相继上台执政，并对元朝持强硬态度，元宗也无可奈何。

至元七年，林衍废黜了元宗，拥立安庆公王淐为王，独揽朝政。元宗被废触犯了元朝的利益，因此忽必烈遣使诘问林衍。林衍谎称元宗是因病逊位。因此，忽必烈要求元宗与安庆公王淐同来元大都以断其曲直，林衍拒绝了这一要求。

同年十月，忽必烈派头辇哥率大兵压境，封在京朝觐之高丽王世子为特进、上柱国，并派兵护送他回国平乱。同时，派兵部侍郎里德一行出使高丽，限期高丽林衍等来京陈情，听候决断。

林衍发兵抗击元军，失败窜居海岛，元宗在开城重新登上了王位。不久林衍的残部就杀死了林衍的儿子林惟茂，将其家属执送元大都。长达一百多年的武人时代终于结束，权力回到了高丽国王的手里，但是此时高丽朝廷已经成为蒙古帝国的附庸。

元世祖忽必烈传

根据蒙古朝廷的命令，高丽元宗将首都从江华岛迁回了开城。在蒙古朝廷的授意下，高丽元宗决定解散三别抄军。

三别抄，是高丽时代一支遂行警备与战斗任务的特殊部队，是左别抄、右别抄与神义军的统称。高丽权臣崔瑀以备盗为名建立具有崔家私兵性质的"夜别抄"为其最早的由来。

之后夜别抄人数增多，分为左别抄与右别抄两支部队，再加上被蒙古俘虏逃回者组成的神义军，合称三别抄，成为武人持续掌握高丽政权的重要权力基础。三别抄军始终坚持其反蒙古政策。

高丽元宗决定解散三别抄军，引起了三别抄军怨恨，在裴仲孙的率领下，三别抄军起兵叛乱，抗击高丽朝廷和其宗主国蒙古帝国。

他们有组织地封锁了江华岛和人陆间的水路，并占据了附近岛屿和沿岸地区作为根据地。三别抄军拥立王族承化侯王温为国王，建立了一个海上王国以抗拒蒙古。

他们后来放弃了江华岛，逃往西南的岛屿珍岛。虽然三别抄军袭击了高丽西南部的全罗道，但珍岛的粮食却开始紧缺。蒙古朝廷诏谕三别抄军降伏。裴仲孙请求让蒙古军先退兵，然后奉土投降，但被忽必烈拒绝。

至元八年五月，元将领忻都率兵攻占珍岛，王温等被杀。金通精退往耽罗。至元十年四月，忻都攻占耽罗，捉拿了金通精等人。元军占领济州岛，元朝于是设耽罗国诏讨司，屯兵驻守。高丽国王投降蒙古汗国，高丽蒙古战争结束，高丽成为元朝的藩属国。

元朝在高丽置征东行省，全称征东等处行中书省，由元朝直接统治。在王京设达鲁花赤管理征东事务及监管高丽国政，保留高丽原有政府体系，"从其国俗""自奏选属官"，丞相由高丽国王兼任。

至元十一年五月，忽必烈将女儿忽都鲁洁丽米斯嫁给高丽王子。六月，高丽老王逝世，王子继位。第二年，应忽必烈要求，高丽新国王改变了所有与元朝相类似的省、院、台、部等官职名称，派遣二十名贵族子弟前来"入侍"元朝。

自从高丽元宗的世子忠烈王娶忽必烈的女儿为妻后，以后的高丽君主直到高丽恭愍王都是娶蒙古公主为妻。高丽君主继承人按照约定，必须在元大都以蒙古人的方式长大成人后，方可回高丽。此后高丽处在蒙古的殖民统治之下近百年。

至元十七年夏，元朝在高丽创设驿站，加封高丽王储为开府仪同三司和行省左丞相。第二年，元朝在高丽征发军士、水手二万五千人，战船九百艘，发动侵日战争。至元十九年，日本侵扰高丽沿海，在高丽国王请求下，元军驻防金州。

第二年，元朝正式在高丽设置征东行中书省，以高丽王与元军将领阿塔海共领行省事。至元二十一年，忽必烈将耽罗划归高丽。

元世祖忽必烈传

元世祖两次东征日本

忽必烈统治高丽后，并不知道高丽正遭受日本人的侵扰。日本人经常跑到高丽去打砸抢，高丽被骚扰得没有办法，就在至元二年小心翼翼地告诉忽必烈。

忽必烈又羞又怒：羞的是他孤陋寡闻不知道有日本；怒的是日本居然没把大元帝国放在眼里。虽然暴跳如雷，不过此时南宋还没被解决，忽必烈不想对日本大动干戈。

另外，忽必烈还有一个精明的战略家的精密考虑。自日本废止了遣唐使以后，日本和中国大陆之间的交通其实就已经断绝。坚冰直到南宋时才被打破，中日逐渐恢复了往来。

在南宋以前，中日之间的往来路线是以高丽为中转站，先到高丽，然后再渡过对马海峡。这是一条非常安全的路线，遗憾的是，后来高丽发生内乱，高丽人对往来客商勒索抢夺、无所不为，商旅视这条路为黄泉路，所以只好另辟新航线。

有人发现，从中国的宁波横渡大海，就能一直到达日本的濑户，由此开始了中日之间贸易的新纪元。两个国家的船只航行在大海上，日夜不息。双方频繁的贸易关系使得两国的交情日益深厚，两国的关系自然也被忽必烈所得知。

恰好当时日本海盗经常骚扰高丽，忽必烈突然萌生一个想法：如果能利用侵扰高丽的日本海盗，去侵扰南宋，既能解决高丽的困难，同时可以使南宋不胜其烦，分散他的兵力，岂不是一箭三雕。

至元三年，忽必烈派了兵部侍郎黑的带着国书出使日本，国书内容透着蒙古大汗的傲慢，内容如下：

> 大蒙古国皇帝奉书日本国王：朕惟自古小国之君，境土相接，尚务讲信修睦。况我祖宗，受天明命，奄有区夏。遐方异域，畏威怀德者，不可悉数。朕即位之初，以高丽无辜之民，久瘁锋镝，即令罢兵，还其疆域，反其旄倪。高丽君臣感戴来朝，义虽君臣，欢若父子。计王之君臣，亦已知之。高丽，朕之东藩也。日本密迩高丽，开国以来，亦时通中国。至于朕躬，而无一乘之使以通和好。尚恐国王知之未审。故特遣使持书，布告朕志。冀自今以往，通问结好，以相亲睦。且圣人以四海为家，不相通好，岂一家之理哉？以至用兵，夫孰所好，王其图之。不宣。

忽必烈表面上说要和日本建交，但这只是外交辞令。本质上，他是命令日本一接到国书就必须马不停蹄地过来跪在他面前称他为主人。

黑的捧着国书先到高丽，高丽领导人给黑的派了几个向导。可当向导把黑的领到海边时，面对泡沫翻滚的肮脏的大海，黑的一阵呕吐。他返回中国对忽必烈说："高丽人信口胡说，大海无法渡过。"

忽必烈大怒，认为高丽人不肯尽力。在忽必烈的施压下，高丽人捧着蒙古帝国的国书，心情复杂地踏上了日本岛。

元世祖忽必烈传

当时控制日本国政的镰仓幕府收到忽必烈的国书后，非常吃惊。幕府的高级政要慌忙召开紧急会议，最终决定把皮球踢给中央政府的天皇。日本天皇见到国书后，他和那群大臣一样肝胆俱裂。

日本宰相藤原长成还算有点胆子，仔细看了忽必烈的国书，然后轻松地对天皇说："人家没说要来揍我们，只是说，要我们去称他为'主人'。我们称他'主人'就是了。"

天皇如同得到大赦，高兴得几乎跳起来，急忙让藤原长成草拟复牒，然后送给幕府执权北条时宗。忽必烈的国书在幕府内部讨论时，北条时宗有事外出，所以不知此事。现在知道了，又看了忽必烈的国书，就像炮仗一样炸了起来。他说："这国书言辞不逊，一看就是个不知体统的莽夫，我们不理他。"

结果，高丽使者空手而还，高丽国王向忽必烈透露了日本人的态度。忽必烈难以置信，他不相信一个自己从不知道的蕞尔小国会有如此胆量，居然敢不理睬自己。

忽必烈断定是高丽使者根本没有去日本，于是，又派黑的出使日本，并对他下了死命。

黑的无奈，于至元五年阴历二月再次踏上高丽半岛，在高丽使节的陪同下，登上日本的对马岛。但刚登上岛，就被岛上的居民用棍棒"欢迎"，黑的没有办法，只好退到海中。

一个夜深人静的夜晚，黑的带着护卫偷偷上岸，捉了两个日本岛民，然后兴高采烈地回到元大都。

此次日本之行，虽然没有什么结果，但忽必烈看到黑的居然捉到了日本的俘虏，就极高兴起来。那两个日本人不懂中文，更不懂蒙古语，黑的懂日文，所以在充当翻译的过程中，极力把两个日本农夫说成是前来朝贡的日本使节。

虽然那两个日本农夫怎么看都不像是日本使节，但忽必烈还是相信了，他对两个"日本使节"优礼有加，还让二人参观了大都城内的许多风景名胜。

两个日本农夫受宠若惊了小半年，忽必烈派人把两个日本农夫送到了高丽，然后让高丽派人把他们送回日本。当然，这两个人带着忽必烈的信，信的内容仍然是希望日本服从。

日本国相倒是重视这个问题，起草了回信，但镰仓幕府却断然否决，并且对前来索取回信的元王朝使者大肆辱骂。

至元七年年末，忽必烈以日本累次拒使为由，下令在高丽屯兵，以震慑日本人，同时物色能人志士，再次出使日本。江淮宣抚使赵良弼自告奋勇出使日本。

赵良弼，字辅之，元代女真族，本姓术要甲，音讹为赵家，因以赵为氏。初举进士，教授赵州。元世祖时，任邢州安抚司幕长、陕西等路宣抚使、江淮安抚使、经略使、少中大夫秘书监等职。

赵良弼聪敏智谋，敢于劝谏，深得忽必烈赏识，谏言常被忽必烈采纳。任江淮宣抚使时，主张中国待日以亲藩之礼，被世祖采纳。忽必烈择廷臣赴日，他不顾年迈请行。

元世祖忽必烈传

忽必烈大为欢喜，特授赵良弼少中大夫秘书监充国信使，手持国书去日本"招谕"。同时，忽必烈命令高丽国王务必把赵良弼送到日本。

至元八年正月，赵良弼在蒙古军队的护送下到达高丽。八月份，赵良弼一行百余人从高丽都城出发前往日本。九月十九日，赵良弼从对马岛到达九州岛，结果被太宰府西守护所的人所阻挡，不许他赴京都见天皇。

据说，在金津岛登陆时，岛上的日本人望见赵良弼的船只就准备举刀来攻，赵良弼一行迅速登岸，用日本话对他们说明来意，这才稳住了躁动的岛人。

后来，金津岛的行政官将赵良弼等引入日本特有的板屋之中，外面以重兵环围。但就在那天晚上，房间里的蜡烛突然灭掉，外面噪声一片。

岛上的日本人想要震慑赵良弼等人，但赵良弼安然自若，不为所动，日本人就如同一拳头砸在棉花上，没有引起任何反应，也就没敢轻举妄动。

第二天天一亮，赵良弼出来洗漱，发现日本国太宰府大小官员竟然刀剑出鞘，如临大敌。有人来问赵良弼昨天晚上受惊否，赵良弼冷笑道："你们今天见到我完好如初，可受惊否？"

据说，日本人大为惭愧，向赵良弼索要元王朝的国书。赵良弼却说："我必须要见到你们的国王，才肯拿出。"

日本官员回答："我国自太宰府以东，上古使臣，未有至者，今大朝遣使至此，而不以国书见授，何以示信！"

赵良弼反问道："隋文帝遣裴世清来，你家国王郊迎成礼，唐太宗、高宗时，遣使皆得见你家国王，怎么今天，却不见大元朝使臣？"

日本人被问住了，但仍然不许赵良弼见天皇，仍然索要国书。赵良弼最后说："不见汝国王，宁持我首去。"

太宰府的官员没有办法，赵良弼也没有办法，他如果不把国书奉上，那等于白来了。最后，双方折中，赵良弼交出了国书的副本，太宰府官员先交给了镰仓幕府，随后到达天皇手中。

这是一份绵里藏针的国书，表面上说睦邻修好，夸日本素知礼仪，不会干傻事，实际上是威胁日本，要日本臣服：

> 盖闻王者无外，高丽与朕既为一家，王国实为邻境，故尝驰信使修好，为疆场之吏抑而弗通……岂王亦因此辍不遣使，或已遣而中路梗塞，皆不可知。不然，日本素号知礼之国，王之君臣宁肯漫为弗思之事乎……如即发使，与之偕来，亲仁善邻，国之美事。其或犹豫，以至用兵。夫谁所乐为也，王其审图之。

其实忽必烈的意思已很显然，日本人也看出来了，这是在给日本下最后通牒。日本天皇看到最后通牒，魂飞魄散，但他作不了什么决定，因为是战是和的权力掌握在镰仓幕府手中。

日本天皇说，元朝只是要一个虚名，给他进贡而已；而镰仓幕府却说，有本事就来，我们不怕。赵良弼在日本逗留了一年，也没有得到日本的正面答复，无奈之下，只好回到中国，把日本人的冥顽不灵报告给了忽必烈。

忽必烈这次真是雷霆大怒了。至元十年四月，高丽有民间武装直接与朝廷对抗，忽必烈派出军队进驻高丽，并在耽罗岛设招讨司，驻扎镇边军一千七百人，这一招实现了忽必烈的第一个想法：控制了日本与南宋间的海上通道，自己的军队可以全力进攻日本。随后，忽必烈召忻都、金方庆等至元大都商议征日事宜。

第二年正月，忽必烈命令高丽王造舰九百艘，其中大舰可载千石或四千石者三百艘，由金方庆负责建造；拔都鲁轻疾舟三百艘，汲水小船三百艘，由洪茶丘负责建造，并规定于正月十五日动工，限期完成。

这一项目给高丽人带来了巨大的工作量和沉重的负担，死伤无数，金钱耗费无数。让忽必烈高兴的是，同年六月，九百艘军舰完工，忽必烈立即下达征日命令。

至元十一年，一支由蒙古、汉、高丽三族军队组成的联军，向日本进发。这支联军的核心是蒙古军队计有蒙汉军二万人、高丽军五千六百人，加上高丽水手六千七百人，共三万二千三百人，由征东都元帅忻都、右副帅洪茶丘、左副帅刘复亨统率。

日军反击，但无济于事，只一天时间，联军就占领了对马岛。十四日傍晚，联军攻入壹岐岛。十六日，联军逼近了肥前沿海岛屿及西北沿海一带。

但是，联军并没有在肥前登陆向纵深发展，而是把主力转移向博德湾。十月十九日，联军舰队进攻博德湾，杀散海滨守军，占领今津一带。

由于今津一带地形不利于大部队展开作战，且距离日本的指挥部大宰府尚有一日行程。因此联军当晚回到船上，准备次日进攻大宰府。

二十日晨，联军兵分四路，展开登陆战。第一路联军从博德湾西部

元世祖忽必烈传

百道源滨海一带登陆，面对的是前一天已在此布阵的日本第一线指挥藤原率领的五百名骑兵。

藤原是个正人君子，他完全按日本当时的惯例发动进攻。这种惯例是自杀式的，无论对方是多少人，都要在对方准备好后才主动进攻。由一名武士冲在前边，大队骑兵随后冲杀。

可想而知，日本军队的这种做法开始时让联军吓了一跳，但一接触，联军发现这些人都是瞎咋呼。结局已经可以预料，联军很快推进至鹿原。

另一路联军的进展却并不顺利，他们负责攻击百道源西部的赤阪，肥后武士菊池二郎武房率自己所部武士一百三十骑与联军展开战斗。最高指挥部的藤原经资所率领的武士部队阻挡住了联军的脚步。这部分联军只好向鹿原方向后撤。

第三路联军从鹿原及鸟饲一带继续登陆，扩大占领地域。日本北九州各地流氓纷纷保卫祖国，或是趁火打劫。但这些人都无一例外地遇上了联军，双方各有损失。

最后一部分联军从博德湾东部箱崎方向登陆，占领岸边松林，从背后夹击与百道源元军作战的日本士兵。该地守军大友赖泰的武士队伍经不起蒙古人的夹击，开始向东南方撤退。

由于大友赖泰部队的撤退，与百道源元军作战的日军腹背受敌，被迫向大宰府水城方向撤退。

二十日，联军与日军激战了一整天，近傍晚时候，元军先后占领了博德湾、箱崎等地，日军被迫全军撤退，但联军坚决痛打落水狗。元军左副帅、作战指挥刘复亨杀红了眼，为了更好地追击，居然跳下马来。

日本人见到一个穿着与其他人不同的人，猜测到很可能是个首领，就试着向他射了一箭，结果刘复亨中箭，联军被迫停止追击。日军撤退后，没有来得及逃走的老幼妇女，全部被杀掉。

晚上时分，受伤的左副帅刘复亨回到船上，联军总指挥蒙古人忻都召集其余将领讨论明天的军事行动。

经过一天的战斗，联军对日本武士的勇猛颇有惧意，刘将军又身受重伤。作为前线最高指挥官，忻都失去了往日的英雄气概和智慧，他无法准确地判断出战争双方的形势。

有人建议立即班师，忻都表示同意，并将所有士兵撤回船上，准备明天就回家。遗憾的是，老天不想让他们回家。就在这天晚上，博德湾出现了罕见的台风暴雨。

联军停泊在博德湾口的舰队一片混乱，不是互相碰撞而翻，就是被大浪打沉；午夜后，台风渐停，但暴雨又降，加上漆黑一片，士兵们以为天崩地裂了，都纷纷跳船逃命，其实是送死。就这样，到了第二天早晨，联军死亡兵卒达一万三千五百人。

第二天一早，日军在大宰府水城列阵，但不见联军进攻，派出士兵侦察，才知博德海面已无船只，联军撤退了。日本朝野对突如其来的台风赶走敌人十分惊喜，在全国范围内展开了大规模拜神的活动，称其为"神风"。

元世祖忽必烈传

事实上，忽必烈第一次发兵东征，主要意图就是通过武力威胁，迫使日本臣服，并不想占领日本。而总指挥忻都返回中国后为了保住自己的面子，就跟忽必烈说，蒙古兵已经攻入了日本，并且打败了他们。

忽必烈相信了，至元十二年阴历二月，他派礼部侍郎杜世忠、兵部侍郎何文著等人到日本招降。但据说，两人一登陆日本就被扣留，几个月后即被斩首。

如果说忽必烈是茫然无知，那日本方面就是胆战心惊。日本虽然击退了元军，但元军超级强大的战力使他们惊魂难定。很多人都认为，元军会卷土重来。

日本举国上下开始求神拜佛祈求保佑日本国，天皇写了许多"异国降伏"的字条到处粘贴，求神鬼和菩萨保佑。朝廷还特请高僧住持做法事，一连搞了七天七夜。

天皇如此，军政首脑们自然也不闲着。他们刺血写经，共写了《金刚经》和《圆觉经》两部，求佛祖拯救。至于普通老百姓，则见菩萨就拜，见佛就跪地磕头。

当然，除了这些精神上的抵抗和自卫外，日本人在现实中也没有闲着。首先是幕府改革了政治机构，利用战争的危机加强了中央对地方的控制，统一了军事指挥。另外就是修筑堡垒，仅在博德湾沿海，日本人就用石块修筑了一条高约二公尺、宽约三四公尺的"防垒"，即日本式的长城。

至元十六年，从日本逃回的高丽水手向上级报告了元大使杜世忠等人被杀的情况。忽必烈暴跳如雷，此时，南宋已灭亡，他决定第二次征日。

忽必烈命南宋降将范文虎去江南收集张世杰旧部及其他自愿从军者计十万人，战船三千五百艘，组成江南军，由范文虎统率，从庆元起航，跨海东征日本。另一方面，命洪茶丘至东北，招募沈阳、开原等地自愿从军者三千，归洪茶丘统领。

那个一旦遇到特殊情况就丧失信心与智慧的前东征总指挥忻都仍统领蒙古军。考虑到高丽跟日本人的仇恨，忽必烈又任命高丽将领金方庆为征东都元帅，统率高丽军一万人、水手一万五千人，战船九百艘，军粮十万石。三军合计近四万人，组成东路军，取道高丽东征日本。

军事部署完成后，忽必烈于至元十八年正月，召集两路征东军统帅会议，并任命宿将阿剌罕为两路军总指挥。会议确定，两路军各自择日出发，于六月十五日至壹岐岛会师。

同时，忽必烈命令各船携带农具，以备占领九州岛后做屯田之用。从这件事就可以看出，忽必烈和他的蒙古军队并非以杀人为业，他能统一地球四分之三的陆地，还是具备了一定的智慧。

至元十八年初，元世祖忽必烈征日军事部署已经基本完成，即将择日下令出征。恰值此时，高丽王上书朝廷称日本武士犯边。于是，忽必烈下令征日大军出发。

这次日本幕府方面有充分的准备，改进了他们的弓箭，与蒙古强弓不相上下。由于北条时宗下令在日本沿岸所有重要地区都建起了石墙，因此这些石墙起了重大防卫作用。元军的战舰在到达日本近海时，竟找不到登陆的地点。

五月三日，元军东路征日军进攻对马岛的世界村、大明浦，守岛日军坚决不想活了，顽强抵抗，但他们被全部杀掉。元军占领对马岛后，大肆杀掠。

二十六日，东路大军进入隐歧岛。元军占领隐歧岛后，理应按忽必烈在军议会上的指示，在此等待江南军。

但是，蒙古人忻都自恃有上次战争的经验，且兵力多于上次，尤其是出于对于南宋降将蔑视的心态，担心江南军抢占首功，因而在没有对日军的防御措施进行侦察的情况下，贸然率军自隐歧岛出发，驶向博德湾。

忻都真是丢尽了蒙古人的脸，在遇到日军的顽强抵抗后，战斗持续到六月十三日仍旧不能进得半步。在停泊于海上的一个月里，元军舰艇进行的几次强行登陆作战均告失败，并且一直遭到袭扰。

此时，正值盛夏十分，蔬菜和饮水供应都非常困难，内陆士兵长期在海上生活和战斗，不但疲惫不堪，还患上了各种疫病。在这种情况下，抢占博德湾的计划已难以实现。于是决定于六月十五日从志贺岛撤退，驶向壹岐岛，与江南军会师。

元军开始登陆作战，这次远征军遇到了更顽强更有效的抵抗，日军以石墙为掩护，不断击退元军的进攻，许多蒙古军将领相继阵亡，战斗又持续了一个多月，元军损失惨重，依然不能突破石墙。

八月一日，元军再次遭遇台风，风暴持续四天，军舰大部分沉没，范文虎落水被张禧救起。平户岛尚有被救起的士卒四千余人无船可乘，张禧将船上的七十五匹战马弃于岛上，载四千士卒回国。

被遗弃在日本九龙山的海滩上的元军尚有三万余人，日本发动反攻，残存的元军被驱赶至一处名为八角岛的狭窄地区，大部分战死，数万士兵被俘后，蒙古人、色目人、高丽人全部被斩首，原南宋的汉人留下安居。生还者不到十分之一。

元世祖忽必烈传

蒙古人第二次东征日本又以惨败而告终。当时有三名士兵拼凑小船逃回中国，忽必烈知道真相后大怒，但仅把范文虎降级。

忽必烈的二次征日虽然失败了，但他还不死心。至元二十年，忽必烈命阿塔海为日本省丞相，与彻里帖木儿右丞、刘二拔都儿左丞，募兵造舟，准备再次讨伐日本。

忽必烈一边做军事准备，一边仍然不放弃外交战术，当年八月，派如智和尚与提举王君治前往日本，后遇台风而还。第二年，忽必烈再次派如智和尚与参政王积翁出使日本，七月到达对马，但二人突生恐惧，调转船头逃回。

忽必烈第三次远征日本计划定于至元二十三年。然而，由于大臣的劝阻，也由于江南福建等地汉人起义，更由于在东南亚安南等地的失利，忽必烈无法两路同时兴师，只好下诏罢征，第三次远征日本的计划就这样胎死腹中。

此后，忽必烈感到自己身体不适，没有精力再来准备第三次征日，至元二十三年病逝。忽必烈一死，远征日本的计划也束之高阁，根本无法实现。

元军多次出击安南国

　　元宪宗四年，蒙古军占领大理国，并计划占领位于东南的安南国，从而对南宋形成包围之势。

　　安南为越南古名，安南得名于唐代的安南都护府，该地自秦朝开始成为中国领土，至五代十国时吴权割据安南脱离南汉，北宋无力统一，故正式独立，此后越南长期作为中国的藩属国存在。

　　蒙古帝国消灭大理国后，而蒙古朝廷却无意撤军，并调兀良合台率军渡嘉陵江返滇镇守云南，继续征讨诸蛮夷未附者。蒙哥汗七年七月六日，兀良合台受封为蒙古大元帅。九月，蒙古军按传统政治策略，遣使者入交趾诣降未果。

　　十一月，兀良合台大元帅调动蒙古军和契丹军将领石抹海柱和忙古带领军的精锐契丹军进攻安南。安南国王陈煚虽然亲自迎击，但最后仍不敌，退守天幕江，国都升龙失陷。

　　在这危急关头，陈煚乘船与太尉陈日皎商讨对策，陈日皎却态度沮丧，在船边用手指点水，然后在船舷写"入宋"二字，表示不如投靠宋人。

陈㷖再问太师陈守度，陈守度表示仍愿意抵抗，使陈㷖重拾战意。陈㷖及太子陈晃乘坐楼船，在东步头击败蒙古军队。蒙古军撤退时，又遭到居民袭击，最终撤出大越。

陈㷖虽然成功击退蒙古军队，但自知是小国，只有对大国表示服从，便改名光昺，遣使上表纳贡。其后，蒙古帝国也册封陈氏朝廷为安南国王，并定下"安南三岁一贡，回赐礼物"的外交规例。

忽必烈即位后，即遣孟甲、李文俊等出使安南，表示允许安南衣寇典礼风俗，依本国旧制，并戒边将不得擅兴兵甲，侵尔疆场，乱尔人民。

当时忽必烈正忙于击败其弟阿里不哥叛乱，巩固其统治地位，故对邻国一般采取保持和平政策。安南国王陈光昺也遣使报聘，乞三年一贡。忽必烈封他为安南国王。

至元四年，忽必烈因对南宋和南方诸部不断用兵，无法对安南征服，于是派讷剌丁为安南国达鲁花赤，前往其国进行督察，命安南贡献儒士和通医药、阴阳、卜筮之人及诸色工匠等各种人物。

至元十四年，安南王陈光昺病死，长子陈晃继位，是为陈圣宗。陈晃即位后议定对蒙古三年一贡。元世祖忽必烈封陈太宗为安南国王，圣宗为王世子。

当时，陈朝为了保存自己而采取两面政策：一面因蒙古军的威胁，向蒙古遣使入贡；另一面又与宋朝保持宗藩关系。

至元十三年，忽必烈平定江南，遣使散儿海牙到安南宣布六事：越王亲自入朝，王子为质，上呈民册，资助军役，缴纳贡赋，置达鲁花赤。企图迫使陈朝屈服，达到不劳兵戈而控制安南的目的。

蒙元的要求被圣宗所拒绝，陈朝与蒙元的关系开始出现裂痕。宝符六年冬十月，陈晃禅让帝位于太子陈昑，是为陈仁宗。

这时，蒙元再次遣使册封仁宗为王，趁机要求在安南设置达鲁花

东征西讨

赤，并威逼圣宗接受上次遣使所言六事，但又再次被圣宗所拒绝，不欢而散。

事情发展到此，两国的冲突已经无可避免。至元十八年，陈仁宗派宗室陈遗爱出使元朝，忽必烈立安南宣慰司，封卜颜贴木儿为宣慰使都元帅，指责安南在光昺殁后，其子陈晃违命擅立，立陈遗爱为安南国王，派柴椿以兵千人护送归国。

柴椿、陈遗爱一行刚出永平寨界，陈圣宗就密令陈氏宗族发兵袭击旅，元兵溃散，柴椿被击伤，陈遗爱逃跑未遂，被陈军活捉押回升龙，后被陈圣宗秘密下令处死。

至元十九年八月，元朝右丞相唆都领兵五十万，以征占城为借口，预备进攻安南，安南举国备战。至元二十一年十二月二十六日，元朝军队攻入永州内旁、铁略、支棱等关卡，越南陈军退至万劫津。

至元二十二年正月六日，元朝将领乌马儿带兵进攻万劫、普赖山等地，越军败退。十二日，元朝军队进犯嘉林、武宁、东岸，抓获一批大越士兵，因见臂膀上皆墨刺"杀鞑"二字，于是大肆杀戮越兵，并追击到东步头。

此时，部分越方贵族产生消极情绪。二月一日，安南靖国大王陈国康的儿子上位彰宪侯陈键，带僚属黎崱等投降元朝，唆都将他们送往元朝国都燕京，但行至麻六寨时，元朝军遭到谅江土豪阮世禄、阮领等的袭击，陈键被陈兴道家奴阮地炉射杀。

陈晃为争取御敌的时间，便将安姿公主送予元皇子脱欢。但战事仍持续不断。唆都率军五十万至占城，在乌里州与其他元朝军队会师，并占据了骦州、爱州，进驻于西结。

至元二十三年二、三月间，元世祖敕令尚书省奥鲁赤、平章事乌马儿、大将张文虎调兵五十万，下令湖广制造战船三百艘，打算八月会师于钦州、廉州，并命令江浙、湖广、江西三行省的军队南侵越南，打算送陈益稷回越南并立他为安南国王。

至元二十四年二月，元朝发江淮、江西、湖广三行省的元朝、江南

元世祖忽必烈传

军以及云南兵、海外四州黎兵，分道入侵越南。张文虎等跟随大军从海路运粮七十万石。设置征交趾行尚书省，奥鲁赤为平章事，乌马儿、樊楫总领政事，受镇南王节制。

二十四日，命令禁军守卫泠泾关，兴德侯瓘将兵逆战，用毒箭射击元朝军，元朝军死伤甚重，退到武高关。二十八日，判首上位仁德侯璇在多某湾与元朝军对战，元朝军再次失败，越南军俘获敌军四十人及舟船武器等。

至元二十四年，忽必烈调动江淮、江西、湖汉军七万，船百艘和契丹将领副都元帅忙古带云南兵、黎兵从太子阿台共征交趾。脱欢总领大军分别从东、西两面和海道三路猛攻，蒙军渡富良江，进逼都城。

二月十六日，陈仁宗诏命明字阮识统率圣翊勇义军支援陈国峻，守卫大滩口。二十六日，越南军击败元军。三十日，元太子阿台与乌马儿会兵三十万侵犯万劫，继而顺流东下。

元朝水军侵犯云屯，陈兴道委任仁惠王陈庆馀出战，庆馀失利。太上皇陈晃得知后，派遣中使锁陈庆馀回京。庆馀对中使说："以军宪论，甘受罪谴。愿假二三日以图后效，归伏斧锧未晚。"

陈庆馀料到敌军部队过后，往往跟随运船，于是带领残余部队待敌军到来。元朝军张文虎所率的运船果然随后而来，陈庆馀率军攻击，获胜，并俘获大量俘虏、军粮和武器。

陈圣宗得知后，释陈庆馀前罪。陈王让俘虏回元军营地报信并告知运船被截获的消息。之后，元军撤退。

至元二十五年正月，元朝军乌马儿率军进犯龙兴府。八日，越南军与其会战于大旁海外，越军缴狱元军哨船二百艘，首级十颗，元士兵多数被淹死。

阴历二月十九日，乌马儿进犯安兴寨。三月八日，元军会师白藤江，等待张文虎的运粮船。然而，陈国峻已率军击败张文虎。先前，陈国峻让部下在白藤江植下木桩，并在上面覆盖丛草。

当天涨潮时，越军主动出击并佯装失败而撤退，元军追击，潮水落时，元军的战船不能行进，阮蒯率领圣翊勇义军击败元军，俘获敌将平章奥鲁赤。

陈圣宗和陈仁宗也率军而来，大败元军，元士兵多溺死。张文虎率元军到来的时候，被两岸的越南军伏兵击败，而且潮退急速，张文虎的运粮船碰到越军事先埋的木桩而破沉，士兵也多数溺水而亡，越军缴获哨船四百多艘。

蒙军全军覆没，生还者退回到思明州。陈晃感到事态扩大，恐蒙军再度入侵，即遣使入朝，归还蒙军俘虏，自代赎罪。

至元三十一年正月，元世祖忽必烈驾崩。成宗铁穆耳即位，随即正式下诏罢征安南，派使臣去安南慰谕，安南亦遣使通好。从此，元与安南、占城使节往来不绝。

元世祖忽必烈传

西讨缅甸蒲甘王朝

元朝建立后，元世祖忽必烈继续以武力威胁，试图使周边国家臣服。至元八年，元世祖忽必烈通过元大理、鄯阐等路宣慰司都元帅府派遣奇得脱因等出使缅甸，诏抚缅王。

缅国蒲甘王朝那罗梯诃波帝派使者价博到达大都，忽必烈派使回访缅国。两国间建立了初步联系。

至元十年，忽必烈派勘马拉史里、奇得脱因等出使缅国，要求缅王派遣王室子弟或显贵大臣来京朝贡。未料，元使一去不归。据缅甸史籍记载，元使是因为晋见缅王不肯脱马靴而被处死的。

云南行省见使臣久久不归，缅王毫无表示，便向朝廷建议出兵征讨缅国。忽必烈没有批准，示意先观其动向。

至元十四年，元廷派兵进驻当时还不属于蒲甘王朝的今缅甸北部掸邦一带，设置了路、府。接着，千额总管阿禾归顺元朝。

缅国出动士卒四五万、战象八百头大举向元朝镇西路新附千额及原附金齿侵袭，千额总管阿禾向元廷告急。

大理路蒙古千户忽都、总管信苴日奉命出兵增援，仅率兵七百余人，骑兵二百多人，支援阿禾。

缅军共出兵四五万，前队乘马，次队驱象，再次为步兵。象披甲，背负占楼，楼内各有战士一二十人，两旁夹大竹筒及短枪。

元军与缅军在行进中遭遇，激战两日。元军善射，象队死伤过半，负伤者奔逃，散入森林，楼甲等一切战具尽毁。元军乘胜进攻，向北追出三十余里，连破十七寨。

同年十月，元朝云南诸路宣慰使都元帅纳速剌丁统兵四千人出征缅国。元军进占江头城，招降了附近的掸族部落。后因天气炎热，未深入缅境。

元世祖忽必烈传

纳速剌丁回国后，向朝廷上奏曰：缅国地形虚实，全在我掌握中，大可伐之。至元十七年二月，纳速剌丁等再次请求征伐缅国，忽必烈予以批准，下诏调兵遣将，积极筹备，正式任命诸王相吾答尔为征缅大军统帅。五月，纳速剌丁从云南行省发兵万人，由药剌海率领。

十九年二月，忽必烈又诏思、播、叙诸郡和亦奚不薛等发兵征缅，大军从中庆出发，分兵三路。攻破江头城，杀万余人，过后，缅王的臣属建都王乌蒙、金齿西南夷等十二个部落归顺元朝。

至元二十一年，蒙古军命万户、云南都元帅契丹著名将领忙古带，随行省也速带儿从征罗必甸，时遇云南王也先贴木儿征缅之师败绩于蒲甘。

于是命忙古带率兵前往救援，迎云南王回归，但被金齿白衣、答奔诸部落处处设险道为遮，忙古带率军沿着崇山峻岭奋勇血战，凡大小十余战，始到达缅境，打通金齿道，将云南王接回，但元世祖忽必烈认为忙古带士卒伤亡过多，降授副都元帅。

缅王一直坚持到至元二十二年十一月才向元朝求降。忽必烈允许他悔过自新，重申要缅甸权贵亲自来京朝贡，并为此派兵护送怯烈出使缅甸。然而，怯烈还未到达缅甸首都蒲甘，缅甸就发生了内乱。

至元二十三年，元朝再次委招讨使张万为征缅副元帅，封云南王也先贴木儿为缅甸达鲁花赤，带兵六千，云南行省右承爱鲁征伐金齿，调察罕迭吉连的军队千人，从中庆进发，至永昌阿细甸，又派五百人护送招缅使怯烈到太公城。

至元二十四年，缅甸蒲甘王为其庶子不速速古里被囚于封地昔里怯答剌，与木浪周四人叛逃，忽必烈任命契丹将领秃满答儿为都元帅，再次攻入缅甸捕拿叛逆者。

也先贴木儿率军即将进入蒲甘时，缅甸王诱蒙军深入，然后进行包围，蒙军死伤七千余人。但是缅甸国王在蒙古军强大兵力面前，不得不投降，派使者谢罪纳款，请免军马入境。

元即遣招缅使怯烈出使其国。蒲甘王表示三年一贡，各地贵族和掸族诸部落统治者纷纷自立，大多数臣服元朝，贡纳方物，元各置宣慰司治之，蒲甘王朝自此灭亡，缅甸分成若干邦。

元军数度征讨缅甸，攻下蒲甘国，打通了东南亚交通，使中缅两国经济、文化交流更加密切。从至元二十六年到后至元四年间，缅王曾十五次派使臣至大都，元朝也四次遣使入缅。同时南下至登笼国，而登笼国亦派人随元使入贡，并得到元朝封号。

至元三十年一月，忽必烈派出三万人的远征军从泉州出发到爪哇。爪哇的主要统治者是爪哇岛东部的谏义里王。由元朝将领史弼、高兴率领的蒙古军由于另一位爪哇首领土罕必阇耶的援助，在满者伯夷附近打败了谏义里王。

蒙古军攻占了敌人的都城谏义里（或者称达哈），但是，土罕必阇耶在此之后转而反对蒙古人，迫使蒙古军返回船上。于是，土罕必阇耶在解放了爪哇岛之后，建满者伯夷国。

蒙古人在今东南亚的影响一直到达今柬埔寨。忽必烈的继承者铁穆耳帝曾派使团到柬埔寨，使团成员中有周达观，他留下了关于这次旅行的一部游记。从至元三十一年起，清迈和速古泰两个泰族王国都成了元朝的属国。

讨伐蒙古宗室的叛乱

　　至元五年，蒙古帝国窝阔台汗之孙，孛儿只斤·合失之子孛儿只斤·海都发动叛乱，并建窝阔台汗国。忽必烈与海都展开了长期的争斗。

　　孛儿只斤·海都曾支持阿里不哥与忽必烈争汗位。这支蒙古人仍忠实于蒙古的传统，过着他们民族的生活方式，与已经半中原化的忽必烈形成了鲜明的对照。

　　当初，拖雷后裔蒙哥的即位在黄金氏族内部划下一道深深的裂纹。窝阔台即大汗位时，全体宗王曾立下"只要是从窝阔台合罕子孙中出来的，哪怕是一块肉，我们仍要接受他为汗"的誓言，贵由汗即位的忽里勒台大会上，诸王也有类似的宣誓。因此，海都认定拖雷后人占据大汗之位是非法的，故而很早就萌生了反叛的想法。

　　蒙哥当选蒙古大汗始，窝阔台后裔渐失势。海都为人聪明能干而狡诈，逐渐纠集部众。恰在此时，海都被分封至蒙古以西的海押力，势力日盛，成为窝阔台系诸王的首领。

宪宗六年，蒙哥大汗遣断事官石天麟出使海都，被海都长期拘留。拘禁大汗使者，其实已露叛意。

海都能在短短几年中迅速崛起，是与钦察汗国术赤系后王的支持分不开的。海都的封地海押立位于钦察汗国的东南边界线上，西临术赤第五子昔班在七河的封地，北近术赤长子斡儿答在额尔齐斯河西岸的兀鲁思（国家）。

海都极力与他们结交，与钦察汗别儿哥"咸与亲厚"。而别儿哥为了对付势力急剧膨胀的察合台汗国，也积极扶持海都的力量。

中统元年，阿力不哥派自己的心腹察合台之孙阿鲁忽回中亚继承察合台汗位，阿鲁忽借阿里不哥之令并吞了大汗廷派驻在中亚的军队，取得了实际控制权。

随后阿鲁忽转而投归忽必烈，从忽必烈处得到了"从阿勒台的彼方直到质浑河，可让阿鲁忽防守并掌管兀鲁思和各部落"的诏命，使察合台汗国第一次正式从大汗廷取得了控制中亚农业区的权力，汗国实力由此膨胀。

此前，术赤系在河中农业区势力最大，阿鲁忽上台后"杀死了所有的别儿哥的那哥儿和臣属于他的人"，双方几度交战，原属术赤封地的楚河西部草原和大部分花剌子模绿洲都被察合台汗国夺走。

别儿哥因忙于高加索地区的战事，无法全力东顾，因此积极支持海都对抗阿鲁忽。海都借钦察汗国支援，不但增强了军力，也抬升了在本系宗王中的地位。他与阿鲁忽数次交战，互有胜负。

中统三年，阿里不哥前往中亚，打败阿鲁忽，阿鲁忽只得避居喀什、和田一线。这为海都扩充实力提供了时机，此后，他逐渐在从海押立向西北延伸到乌伦古湖四周的一块条形草原地带建立了自己的势力。

当至元初期世祖忽必烈稳定了关内局势，再预备控制中亚时，伺机反叛的窝阔台汗国已经初具规模。

反叛大汗廷，必须以军事实力为后盾，海都从被封海押立开始，就开始聚集实力。由于窝阔台系后王的军队被蒙哥汗夺走，"他设法从各处征集了二三千军队"。

海都的策略主要是在两方面进行努力：一是拉拢窝阔台系各自为政的诸王，建立以自己为首的统一的窝阔台系政治势力；二是结交术赤系后王，引钦察汗国为后援。

然而，当时蒙古国政令统一，客观环境限制着海都的行动。但是，中统元年爆发的忽必烈、阿里不哥兄弟之间争夺大汗之位的战争，却从某种程度上帮助海都实现了反叛图谋。

蒙哥汗死后，海都支持新汗阿里不哥与忽必烈争夺汗位，终告失败。但海都希冀大汗之位属于窝阔台后代，于是积蓄实力，联合钦察汗国，图谋与忽必烈争夺蒙古帝国大汗宝座。

海都统辖叶密立一带原窝阔台和贵由的封地，于至元五年发动叛乱，并建窝阔台汗国。他是窝阔台汗国的实际创立者。成吉思汗曾经说过，只要窝阔台有一个吃奶的后代，就比其他人优先继承。因此他不断反忽必烈。

元世祖忽必烈传

有鉴于此，忽必烈派察合台后嗣八剌返察合台汗国争夺汗位，企求引起西部诸王内乱，以便自己集中精力于灭南宋的战争。令忽必烈意外的是，海都与八剌交战不久，就和好了。

至元五年，海都一部游弋东趋，进入岭北，驰突蒙哥之子玉龙答失所统巴林部众。这很可能只是偶然事件，但马上被驻扎在蒙古高原的忽必烈军队视为海都称叛的信号。

于是漠北元军出兵，在北庭大败海都，又追至阿力麻里。蒙古帝国窝阔台汗之孙，孛儿只斤·合失之子远遁二千余里，忽必烈下令停止追击。

直到这时，海都似乎还力图避免与忽必烈军正面开战，因此才会从阿力麻里西撤。

海都的西奔，引起了当时的察合台汗国兀鲁思汗八剌的疑惧。八剌深恐海都就此西渡锡尔河，夺取河中，因此急忙出兵拦截，两军在锡尔河畔相遇，发生大战。

八剌先胜，海都在获得术赤后王的援兵后再度出战，大败八剌。八剌军退至河中，预备整军再战。为了避免河中地区的城郭遭到更大破坏，海都遣窝阔台的孙子钦察去与八剌约和。

至元六年春，术赤兀鲁思、察合台兀鲁思和窝阔台兀鲁思三方会盟于塔剌思河，公开反对忽必烈和伊尔汗国，并商议以海都为盟主。三方议定：

> 互结为"安答"；河中地区三分之二划归八剌，剩下三分之一属于海都和蒙哥帖木儿；诸王各自退回山地和草原，不得进入城郭地区，不在农耕地上放牧牲畜，也不向城郭居民滥行征发；农耕定居区域的管理仍由麻速忽负责；为了增加八剌的牧场、土地和军队，将由海都派兵，援助八剌西越阿姆河去侵夺伊尔汗阿八哈的疆域。

会盟各王指称忽必烈汗已经被汉族同化，言明要对忽必烈用兵以恢复蒙古人的游牧本性。

第二年开春，八剌便从河中西攻呼罗珊。伊尔汗阿八哈在也里附近设计大败八剌军。八剌败退河中，不久死去。察合台孙聂古伯被海都立为察合台兀鲁思的新汗，察合台兀鲁思沦为海都的附庸。

海都取得对突厥斯坦和河中的支配权后，对元朝的态度逐渐强硬起来，开始了与元朝在天山南北两路直接对峙和争夺的阶段。

至元八年，忽必烈命北平王那木罕开府于阿力麻里。至元十年，那木罕趁察合台汗聂古伯与海都不睦，发兵前往征讨，在别失八里击败海都。

聂古伯死后，察合台的孙子不花帖木儿继位为察合台汗，不久也死去。八剌之子笃哇继位。此两汗均由海都援立。

至元十一年，元廷置畏兀儿断事官；增设斡端、鸦儿看水驿，并

"诏安慰斡端、鸦儿看、合失合儿等城"。

至元十二年正月，忽必烈下诏追拘海都、笃哇金、银符凡三十四道。拘收牌符更加激化了双方的冲突。

同年夏，窝阔台系诸王禾忽沿塔里木沙碛南缘进至蒲昌海一带，切断元朝通向巴达黑伤山地的驿路。笃哇和他弟弟不思麻率兵沿今天山南麓、塔里木沙漠北缘东进，然后越过天山直至别失八里城，并一度攻占此城。此后不久，畏兀儿亦都护从残破的别失八里南徙，移治于哈剌火州。

忽必烈命他的四子那木罕与察合台汗国直接交战，于至元十二年派他率军前往阿力麻里。由一些宗王组成的一个杰出的参谋组陪同那木罕出征，他们中有脱脱木儿和那木罕的堂兄弟、蒙哥之子昔里吉。

针对海都、笃哇东进的形势，忽必烈还派昔班出使海都，命令他罢兵；同时，又诏木华黎四世孙安童以行中书省、枢密院事，增援阿力麻里，助那木罕镇边。

元世祖忽必烈传

但这时，脱脱木儿因不满忽必烈，劝昔里吉与他合伙进行反叛。他们两人背信弃义地拘捕了那木罕和安童，并宣布拥护海都，把那木罕和安童交给海都的盟友——钦察汗忙哥帖木儿。他们还劝说察合台次子撒里蛮和另一些成吉思汗宗王们参加反叛。

至元十四年春，叛军从他们的吉利吉思、谦州大本营南进，集结在和林北面鄂尔浑河、土拉河一带。夏，漠南元军击溃驻牧应昌的翁吉刺贵族只儿瓦台响应昔里吉的叛乱后，增援和林地区。

形势对忽必烈来说十分严峻，他把他最杰出的将领伯颜从前线召回，统领岭北诸军平叛。

至元十五年，元军在唐麓岭以南巡弋，逐渐形成对吉利吉思的军事包围。至元十六、十七两年，双方不断交战，元军一度进至位于叛王巢穴的谦河、兀速水一带。

伯颜在鄂尔浑河畔打败了昔里吉，把他赶回到也儿的石河畔；而脱脱木儿逃到达唐努乌村的黠戛斯人境内，后来又在帝国先头部队的攻击下被赶出此地。

受到这次挫败之后，昔里吉、脱脱水儿和撒里蛮之间发生争吵，昔里吉处死了脱脱木儿，昔里吉与撒里蛮之间也互相采取敌对行动。

在采取了一些无目的的行动之后，撒里蛮捉住了昔里吉，向忽必烈投降并把他的俘虏交给了忽必烈。忽必烈原谅了撒里蛮，但把昔里吉流放到一个岛上，长达七年的昔里吉之乱遂告结束。

至元十七年，术赤后王忙哥帖木儿病死。第二年，脱脱蒙哥继位为金帐汗，将被拘质的那木罕遣回。至元十九年，昔里吉乱平。元廷改封北平王那木罕为北安王。

岭北局势渐趋平静，岭西地区却又在酝酿一场新的战争。至元十五年以后，元政府不断向别失八里增兵，力图收复天山南路诸城。海都也逐步改变已恪守多年的拥兵观望立场。

至元十七年，禾忽子秃古灭袭攻哈剌火州，劫掠附近地区。至元十八年，刘恩率元军击败海都部将，进据斡端。第二年又击退前来攻城的海都系诸王。

至元二十年，海都遣八把率众三万攻斡端，刘恩寡不敌众，破围退师。就是在收复斡端之后，海都再次向元廷表示愿意和解，遣回了拘禁于窝阔台兀鲁思的安童和石天麟。

至元二十一年三月，那木罕、安童相继回到漠南。但元朝不甘心轻易放弃天山南路。海都方面未获得预期反应。

至元二十二年，笃哇、不思麻领兵十二万，击败诸王阿只吉，进围畏兀儿火赤哈尔亦都护所驻之哈剌火州。围城之战持续六个月。城中食尽。火赤哈儿亦都护献女求和。笃哇解去。元廷派伯颜西巡，取代阿只吉，负责别失八里的军事。

至元二十三年，海都以偏师袭阿勒台山地区，自率主力由阿力麻里东进，在玛纳斯河与元军交战，击溃元军，掩杀至哈密之地。畏兀儿亦都护火赤哈儿这时屯驻于哈密，战死。

此后亦都护移治甘肃行省的永昌。海都不久退回，元军重戍于畏兀

东征西讨

儿之地，斡端也再度回到元朝控制下。

海都组成了新的反忽必烈同盟，其中势力最大的是蒙古东道诸王之一的乃颜。乃颜为塔察儿之孙，斡赤斤家族的第五代继承人。当初，成吉思汗建立大蒙古国以后，一面对外扩张，一面大行分封黄金家族成员，他的儿子多被封于中央兀鲁思的西面，称为"西道诸王"；弟弟则多被封于东面，称为"东道诸王"。

铁木哥斡赤斤以成吉思汗幼弟的身份，颇受宠信。斡赤斤封地的中心在今呼伦贝尔一带，其所获封地占了东道诸王近半数，影响力逐渐遍及整个辽东地区。乃颜在位时其家族已臻于全盛。

窝阔台死后，斡赤斤企图用武力夺取汗位，被贵由处死，但是他家在辽东的势力，似乎并没有因此而受到很大挫伤。蒙哥死后，塔察儿率先推戴忽必烈为汗，获得忽必烈的信任，因此成为东道诸王之长。塔察儿甚至派人到高丽收拾民户，擅自管理。

从斡赤斤到塔察儿再到乃颜，其家族势力的扩张不能不与蒙古大汗产生矛盾，特别是忽必烈继承蒙古帝国汗位以后，遵用汉法，立国中原，建大元国号，引进中央集权制度，极大触犯了包括乃颜在内的蒙古贵族的既得利益。

至元五年，西道诸王海都等掀起大规模叛乱，忽必烈一直不能将其平定。乃颜与海都密谋造反。北京宣慰使亦力撒合察其有异志，秘密奏请防备。

鉴于治理辽东政事的宣慰司"望轻"，至元二十三年二月，元廷罢山北辽东道、开元等路宣慰司，将辽东的地方行政机构升格为东京等处行中书省。东京行省虽然不到半年就撤销了，但却导致"东路诸王多不自安"，成为诱发乃颜之乱的契机。

至元二十四年四月，乃颜联合成吉思汗弟哈萨尔后王势都儿和合赤温系诸王哈丹秃鲁干等举兵反元。势都儿是成吉思汗大弟哈萨尔的孙子，哈丹是成吉思汗二弟哈赤温的后裔。他们在东蒙古和满洲地区都占有封地。

元朝中央政府与东道诸王之间的战幕就这样挑开了。如果海都从中亚和西蒙古带来的部队与乃颜、势都儿和哈丹在满洲集合的部队会合的话，那么，对忽必烈来说，只有死路一条。

针对乃颜之乱，忽必烈早就有所准备和行动。他曾派伯颜等人察看动静，掌握了叛军活动的可靠情报；同时力图缓和东北土著的不满情绪，拆散其与叛军的联合。

当乃颜发难的消息传来后，忽必烈从容部署，立即筹办征讨事宜。他一方面调兵遣将，以不鲁合罕总探马赤军三千人出征，作为平叛的先遣队伍；另一方面，由于蒙古军与乃颜有千丝万缕的联系，忽必烈听取叶李、伯颜等人动用汉军的建议，驿召左丞李庭至上都，统诸卫汉军一起出征。

同时，积极整顿内部，遣也先传旨谕北京等处宣慰司，凡录乃颜所部者禁其往来，以防止潜在的叛军进行活动。又派人打入敌方，派阿沙不花等游说诸王，有效地瓦解了叛方的同盟。忽必烈又命伯颜代替他驻守哈拉和林，阻止海都。

在这一切就绪后，忽必烈于至元二十四年五月自上都出发，其统率之军队为博罗欢麾下之五部军前锋和李庭所部汉军，另有玉昔帖木儿所率军队分道并进，六月三日抵达撒儿都鲁。

帝国舰队从长江下游的港口出发，带着这次战争所需的大批物资在辽河口登陆，这一仗将决定蒙古帝国的命运。乃颜的军队在辽河附近扎营，以蒙古的方式，用一排马车保护着。

元朝官军在这里先后与叛王将领黄海、塔不台遭遇。叛军号称十万，实则六万，元军在数量上居于劣势。忽必烈当时已七十二岁，坐在由四只象驼着或拉着前进的一座木塔上指挥作战。

忽必烈乘象舆贸然临阵，企图以大汗之气场威临叛军，使其自动投降。但叛军强弓劲射，全力攻击象舆。忽必烈被迫下舆乘马，并以汉军前列步战，迷惑叛军。

塔不台惧中伏引退，忽必烈采纳李庭之建议，组织敢死队于夜晚炮轰叛军阵地，结果叛军大乱，仓皇败退。元朝诗人王恽对这次战役描述道：

横空云作阵，裹抱如长城。
嚣纷任使前，万矢飞挽枪。
我师静而俟，衔枚听鼙声。
夜半机石发，万火随雷轰。
少须短兵接，天地为震惊。
前徒即倒戈，溃败如山崩。

随后，另一支平叛军队即玉昔帖木儿所领的蒙古军与忽必烈的大部队会师。李庭准备率领汉军追击乃颜，被忽必烈阻止。这时候，乃颜已东撤到大兴安岭西侧的不里古都伯塔哈。

元军在玉昔帖木儿指挥下追踪乃颜，以求与之决战。玉昔帖木儿以钦察将领玉哇失为前锋，突骑先登，陷阵力战，以后军继之。叛军溃散，乃颜出逃，至失列门林之地为元军生擒。

忽必烈立即处死了乃颜。据马可波罗说，乃颜是按照蒙古人处死贵族时不见血的传统来受刑的，即经捆绑后裹进毡毯，然后被反复拖曳抛甩，受簸震至死。

乃颜虽被擒杀，但其余党势都儿、哈丹等仍在活动。玉昔帖木儿领军又折回哈拉哈河，扫荡呼伦贝尔草原。元军溯亦迷河而上，北至海剌儿河，又东逾大兴安岭北端蒙可山，追剿乃颜残众至嫩江。

至元二十四年九月，玉昔帖木儿师还。忽必烈本人在元军擒杀乃颜时，已从哈拉哈河逾大兴安岭缓缓东行，此后即经由辽东班师。

元军在至元二十四年的军事行动虽然取得很大的成功，但未能完全镇压东道叛王。逃窜到嫩江、黑龙江地区的合赤温系诸王哈丹秃鲁干，索性以该地为其新地盘，率余部继续与元廷对抗。

至元二十五年，忽必烈命皇孙铁穆耳、大将玉昔帖木儿再度出征。

元世祖忽必烈传

战火从大兴安岭山麓一直延烧到高丽境内。直到至元二十九年哈丹在鸭绿江源兵败自杀，元朝才最终扑灭乃颜之乱的余烬。

乃颜死后，参加叛乱而为元军俘虏的斡赤斤后王部众多被籍没，有些还被强行徙置江南，东道诸王势力大衰。元廷还在"乃颜故地"立肇州城，迁西北吉里吉思等部东居，又组织当地各族部众在该地区开垦。但是，未直接参与叛乱的斡赤斤系诸王所部，并没有被元廷全部褫夺。

塔察儿长子乃蛮带还率部参加了乃颜死后元军讨伐哈丹秃鲁干的战争，故他被允许继承斡赤斤后王之位，并在元武宗至大元年受封为"一字王"寿王，两都之战中的辽王脱脱即是其孙。

另一方面，元廷利用乃颜之乱的机会，强化了东北与中原的交通联系，并设立辽阳等处行中书省，正式将东北地区置于中央政府的有效控制之下，强化了对当地的统治。

海都失败了，但是，他仍是杭爱山以西的西蒙古和突厥斯坦的君主。忽必烈的一个孙子甘麻剌王子守卫在杭爱山边境地区，承担防止海都进攻的任务，结果他被海都军打败，并被围困在色楞格河附近，在费尽了努力后才逃脱。

至元二十五年，西线海都军东进打败岭北的元军。忽必烈不顾自己年事已高，感到有必要亲自前去扭转形势。至元二十六年，元世祖以七十四岁高龄亲征。但是，海都按游牧方式已经远遁。

至元三十年，留在蒙古统率帝国军队的伯颜，以哈拉和林为基地，成功地发动了一次对叛军的远征。同年，忽必烈之孙、铁穆耳王子取代伯颜统率军队。伯颜成了忽必烈的宰相，他在忽必烈去世后不久离世。

忽必烈生前未能看到反海都之战的结束。忽必烈的孙了、继承者铁穆耳则继续了这场战争。大德五年，海都几次战败，死于退军途中。大德十年，其子察八儿率部归顺元朝。

元朝在西北的军事行动，并没有获得很大的成果，反而屡屡引发海都为维护西北宗王的势力范围而起兵称乱。为削弱元廷对西北的军事压力，海都一再进攻岭北。

而当战火烧到岭北的时候，要同时维持远离中原根据地的西域和岭北这两个地区的战事，对忽必烈来说确实有些力不从心。岭北是"祖宗根本之地"。

保住岭北对保持号令诸藩兀鲁思的大汗地位至关紧要。为了集中力量确保岭北，元廷被迫收缩它在西北方向的战线。至元二十六年，元朝撤出斡端。自此别失八里从元朝在西北地区的统治中心变为西北前沿的边城。

忽必烈死后，元朝虽曾再度在曲先设置都元帅府，但不久就连同别失八里、哈剌火州一起被察合台兀鲁思占有。至是，元朝势力基本上退出中亚。从此元与西北诸藩也大体相安无事。

元世祖的平叛斗争，表面上是对皇位的争夺，实质上是统一与分裂的斗争。这些军事上的胜利，进一步加强了中央集权，对巩固多民族国家的统一，有一定的积极作用。

元世祖忽必烈传

天下一统

　　大都新城的平面呈长方形，周长近30公里，面积约五十平方公里，相当于唐长安城面积的五分之三。

　　元大都道路规划整齐，大都中轴线上的大街宽度为二十八米，其他主要街道宽度为二十五米，小街宽度为大街的一半，火巷宽度大致是小街的一半。

　　城墙用土夯筑而成，外表覆以苇帘。由于城市轮廓方整，街道规则，使城市格局显得格外壮观。

　　元大都新城规划最有特色之处是以水面为中心来确定城市的格局，这可能和蒙古游牧民族"逐水草而居"的传统习惯与深层意识有关。

修建政治中心元大都

　　至元十年，大都宫殿建成。次年正月元旦，忽必烈在正殿接受朝贺。元朝从此即定都在大都。大都代替上都，成为元朝多民族国家的政治中心。

　　蒙古人最初的首都并非大都，而是和林。哈拉和林，突厥语"黑圆石"。"哈拉和林"一说原是山名，指鄂尔浑河发源地杭爱山；一说本为河名，指鄂尔浑河上游。其故址位于今蒙古国中部后杭爱省杭爱山南麓，额尔浑河上游右岸的额尔德尼召近旁，距乌兰巴托市西南三百六十五公里。

　　哈拉和林所在地区也是蒙古高原的中心地带，这里森林繁密，盛夏时遍野开花。鄂尔浑河是蒙古中部偏北的河流。这条河流整体都在蒙古国境内，发源于杭爱山脉森林茂盛的山坡。它向东流出山区，然后转向北，经过古代蒙古帝国的首都喀喇昆仑。

　　一个断层将鄂尔浑河与色楞格河分开。两条河都流向东北，在俄罗斯边界南侧的贸易中心苏赫巴托尔会合。然后，色楞格河继续向北流入俄罗斯。

鄂尔浑河全长一千多公里，只有在七八月间可以通航吃水浅的拖船。流域面积约十三万平方公里。主要支流有土拉河、哈拉河和友鲁河，它们都发源于肯特山脉，而且都从右侧注入鄂尔浑河。

图尔河在去鄂尔浑河的途中流经蒙古国首都乌兰巴托。由于雨量不稳定可靠，冬季酷寒，所以沿鄂尔浑河的农业只能维持基本粮食作物。

鄂尔浑河流域，自古以来是北方各游牧民族驻牧的地方，许多游牧民族曾在这里建立政权并修建都城。成吉思汗在古代克烈部或回鹘都城的基础上创建了蒙古帝国首都哈拉和林。它是一座具有中原汉族建筑风格和北方游牧民族草原生活特色的城市。

南宋端平二年，窝阔台汗命汉族工匠于鄂尔浑河岸建筑都城，即以哈拉和林为城名。城南北约四里，东西约二里，大汗所居的万安宫在其西南隅，有宫墙环绕，周约二里。

城内有两个居民区，一为回回区，内有市场；一为汉人区，居民尽是工匠。此外，尚有许多官员邸宅以及十二座佛寺、道观，两所清真寺，一所基督教堂。由于蒙古国的强盛，哈拉和林成为当时世界著名城市之一，各国国王、使臣、教士、商人来访者甚多。

蒙古帝国前四汗，即成吉思汗、窝阔台、贵由、蒙哥均坐镇哈拉和林管理皇朝。由于蒙古帝国的强盛，哈拉和林城畜牧业、农业、商业、手工业、宗教、教育、科技和政治外交等诸方面都得到很高的发展，成为蒙古帝国政治、经济、文化中心。

中统元年，元世祖忽必烈在开平城即位，其幼弟阿里不哥则据哈拉和林地区自立为大汗。二年冬，忽必烈军打败阿里不哥，进占哈拉和林。

四年，忽必烈升正蓝旗为上都，次年又升燕京为中都，蒙古国政治中心移至漠南汉地。忽必烈建立元朝并迁都大都后，哈拉和林失去都城地位，仅置宣慰司都元帅府。

开平城是元代建立的第二座草原都城，位于今内蒙古自治区锡林郭勒盟正蓝旗境内多伦县西北闪电河畔。因为忽必烈在此登基做了皇帝，被誉为"圣龙起飞之地"。

宋宝祐三年到宝祐五年，忽必烈命近臣僧子聪于桓州城东、滦水北岸的龙冈相地建城，命名为开平。

开平城的兴建，是当时的一件大事，民间留下忽必烈向龙借地建城的传说。据传，元上都所在地原来是海，海中有龙。元朝重臣刘秉忠建城时，因地有龙池，不能排干积水，于是奏请忽必烈向龙借地。当夜三更，雷声大作，龙王飞上了天，第二天便能以土筑城。

龙的神话当然不足为信，但从传说中可以看出一个事实，开平城修建时，排干积水是一项比较艰苦的工程。以后建大安阁时，也是先要排干湖水，堵塞水源。

据拉施特记载，当时人们把草地中间的湖水排干，并用石头、石灰、碎砖等材料填平，再用锡加固。在垫起达一人高之后，再在上面铺上石板，在那石板上面，建造了中国式的宫殿。

元世祖忽必烈传

蒙哥汗八年，根据蒙哥的旨意，忽必烈在开平东北行祭旗礼，正式出兵，启程南下攻宋。蒙哥死后，反对汉化的阿里不哥在和林称汗，而忽必烈在儒臣的协助下在开平继位称汗，建元中统，在内战中击败阿里不哥。

中统四年，开平府改为上都，不断得到增修扩建，逐渐取代和林成为首都。但是上都位置偏北，对控制中原不利，因此忽必烈在解决了与其弟阿里不哥的汗位之争后，决定迁都至燕京地区。元朝政治中心移往大都，此后开平长期作为陪都存在。

燕京地区当时尚有金中都故城，然而此城历经金朝末年的战争，被成吉思汗的蒙古军队攻陷之后，其城内宫殿多被拆毁或失火焚毁，而且其城市供水来源莲花河水系已经出现水量不足的情况，无法满足都城日常生活所需用水。

蒙古攻占金中都后改名为燕京。至元元年八月，忽必烈下诏改燕京为中都，定为陪都。至元四年决定迁都位于中原的中都，至元九年，将中都改名为大都，蒙古语称为"汗八里"，意为"大汗之居处"。同时将上都作为陪都。

忽必烈迁都燕京后，乃居住于城外的金代离宫大宁宫内。至元四年，开始了新宫殿和都城的兴建工作。中书省官员刘秉忠为营建都城的总负责人，阿拉伯人也黑迭儿负责设计新宫殿。郭守敬担任都水监，修治元大都至通州的运河，并以京郊西北各泉作为通惠河上游水源。

到至元二十二年，大都的大内宫殿、宫城城墙，太液池西岸的太子府、中书省、枢密院、御史台等官署，以及都城城墙、金水河、钟鼓楼、大护国仁王寺、大圣寿万安寺等重要建筑陆续竣工。

至元二十二年，发布了令旧城居民迁入新都的诏书：

> 诏旧城居民之迁京城者，以资高及居职者为先，仍定制以地八亩为一份，其地过八亩或力不能作室者，皆不得冒据，听民作室。

从至元二十二年到三十一年，有四十至五十万居民自金中都故城迁入大都。此时期还陆续完成了宫内各处便殿、社稷坛、通惠河河道、漕粮仓库等建筑工程。元大都的营建工作至此基本完毕。

此后元朝各帝陆续又有添建，如孔庙、国子监、郊祭坛庙和佛寺等，但对元大都总体布局没有变动。

元大都的修建至元四年开始动工，历时二十余年，完成宫城、宫殿、皇城、都城、王府等工程的建造，形成新一代帝都。

但是，由于至元二十二年诏令规定，迁入大都新城必须以富有者和任官职者为先，结果大量平民百姓只得依旧留在中都旧城。

在当时人的心目中旧城仍是重要的，通常把新、旧城并称为"南北二城"，二城分别设有居民坊七十五处及六十二处。

大都新城的平面呈长方形，周长近三十公里，面积约五十平方公里，相当于唐长安城面积的五分之三。

元大都道路规划整齐，大都中轴线上的大街宽度为二十八米，其他主要街道宽度为二十五米，小街宽度为大街的一半，火巷宽度大致是小街的一半。

城墙用土夯筑而成，外表覆以苇帘。由于城市轮廓方整，街道规则，使城市格局显得格外壮观。

元大都新城规划最有特色之处是以水面为中心来确定城市的格局，这可能和蒙古游牧民族"逐水草而居"的传统习惯与深层意识有关。

由于宫室采取了环水布置的办法，而新城的南侧又受到旧城的限制，城区大部分面积不得不向北推移。元大都新城中的商市分散在皇城四周的城区和城门口居民结集地带。

元世祖忽必烈传

其中东城区是衙署、贵族住宅集中地，商市较多，有东市、角市、文籍市、纸札市、靴市等，商市性质明显反映官员的需求。北城区因郭守敬开通通惠河使海子成了南北大运河的终点码头，沿海子一带形成繁荣的商业区。

海子北岸的斜街更是热闹，各种歌台酒馆和生活必需品的商市汇集于此，如米市、面市、帽市、缎子市、皮帽市、金银珠宝市、铁器市、鹅鸭市等一应俱全。

稍北的钟楼大街也很热闹，尤其引人注目的是在鼓楼附近还有一处全城最大的"穷汉市"，应是城市贫民出卖劳力的市场。

西城区则有骆驼市、羊市、牛市、马市、驴骡市，牲口买卖集中于此，居民层次低于东城区。

南城区即金中都旧城区，有南城市、蒸饼市、穷汉市，以及新城前三门外关厢地带的车市、果市、菜市、草市、穷汉市等。由于前三门外是水陆交通的总汇，所以商市、居民麇集，形成城乡结合部和新旧二城交接处的繁华地区。

元大都的商市与居民区的分布，既有城市规划制约因素，也有城市生活及对外交通促成的自发因素。

元大都城市建设上的另一个创举是在市中心设置高大的钟楼、鼓楼作为全城的报时机构。我国古代历来利用里门、市楼、谯楼或城楼击鼓报时，但在市中心单独建造钟楼、鼓楼，上设铜壶滴漏和鼓角报时则尚无先例。

水资源短缺一直是北京地区特别是城市生活面临的一个难题，金中都时期如此，元大都时期也是如此。大都城市用水有四种：一是居民饮用水，主要依靠井水；二是宫苑用水，由西郊引山泉经水渠导入太液池，因水从西方来，故称金水；三是城濠用水，也由西郊引泉水供给；四是漕渠用水，此渠即大都至通州的运粮河——通惠河。由于地形落差较大，沿河设闸通船，所需水量很大。

四者之中以漕渠用水最难解决，金朝曾引京西的卢沟水入注漕渠，未成，元朝水利专家郭守敬改用京北和京西众多泉水汇集于高梁河，再经海子而注入漕渠，曾一度使江南的粮食与物资直达大都城中，因而受到元世祖忽必烈的嘉奖。

但由于上游各支流被权势和寺观私决堤堰浇灌水田、园圃，使水源日见减少，漕运不畅，朝廷虽然严申禁令，也未见效。纵观金元两朝百余年的治漕史实，从京城至通州的漕渠用水始终没有找到满意的解决办法。

元初多元化的政治体制

　　元朝政治制度与金朝一样，承袭宋朝制度，采取文武分权的制度，以中书省总理政务，枢密院掌管兵权。

　　然而元朝的中书省已成为中央最高行政机关，元朝不设置门下省，尚书省时设时不设，仅元世祖时期与元武宗时期有设置，所以门下省与尚书省的权力都交给中书省。

　　中书省统领六部，主持全国政务，形成明清内阁制的先驱。其组织架构继承南宋体制，宰相的称呼有中书令、司统率百官与总理政务等，常以皇太子兼任。

　　下分左右丞相，中书令总领中书事务。平章政事又居次，凡军国大事，无不参决。副相方面有左右丞、参政等。六部共有吏部、户部、礼部、兵部、刑部与工部，内有尚书、侍郎。尚书省主要负责财政事务，不过时置时废。

　　枢密院执掌军事，御史台负责督察，与宋朝制度大致相同，然而在地方设有行中书省、行枢密院与行御史台。

此外又有掌管学校的集贤院、掌管御膳的宣徽院、掌管驿传的通政院，其他还有太常礼仪院、太史院、太医院与将作院，略前代的九寺诸监。还专门成立宣政院，负责佛教及吐蕃地区军政事务，这是前代所没有的。

在人才选用方面，元朝前期极少举办科举，因此高级官僚的录用端看与元廷关系远近而决定，主要采取世袭、恩荫与推举制的方式。此外尚有循胥吏升进为官僚的方式，这与宋朝制度大异。

宋朝官与吏的界限分明，胥吏大多以胥吏为终，然而元朝因为缺乏科举取才，就以推举或考试胥吏的方式晋升为官，这打破官吏屏障，使官吏成为上下关系。

科举选材方面，窝阔台汗听从耶律楚材建议，召集名儒讲经于东宫，率大臣子弟听讲。又置"编修所"于燕京，"经籍所"于平阳，倡导学习汉族古代文化，又设"经书国子学"，以冯志常为总教习，命侍臣子弟十八人入学，学习汉文化。并且以术忽德和刘中举办戊戌选试，建立儒户以保护士大夫。但最后仍废除科举，改采推举制度。

元世祖忽必烈即位后，正式设立了国子学，以河南许衡为集贤大学士兼国子祭酒，亲择蒙古子弟使教之，遍学儒家经典文史，培养统治人才。至元二十六年元世祖下诏登记江南人口户籍，次年正式施行推举制度，此次登记成为后来户计的依据。

忽必烈建立元朝，成为中国历史上第一个由少数民族建立的全国性的统一政权。面对游牧文明与农耕文明的差异与冲突、蒙古统治集团与汉人士大夫为代表的精英集团的摩擦，忽必烈实行了积极的任用汉人儒士的政策。

张德辉原是金儒，供职金国御史台衙门。金亡，在蒙古大将史天泽帐下做经历官，蒙古定宗二年受忽必烈召见。张德辉在《岭北纪行》中记载了觐见忽必烈的经过。

忽必烈问张德辉的第一个问题就不简单。"既见，王从容问曰：孔子殁已久，今其性安在？对曰：圣人与天地终始，无所往而不在。殿下能行圣人之道，即为圣人，性固在此帐殿中矣。"

问得深刻，答得到位，君臣都不愧人中之龙也。忽必烈又向张德辉访问中原人才，张举荐了二十余人。忽必烈屈指数之，间有能道其姓名者，可见留意中土人才久矣。

张德辉的《岭北纪行》中特别提及魏璠、元裕、李治三人。魏璠元史无传，张首先举荐他，理由不明；元裕即元好问，与李治都是张德辉好友，为元史张氏传中所说"封龙山三老"之二老。

"王又问：农家亦劳，何衣食之不赡？德辉对曰：农桑，天下之本，衣食之所从出；男耕女织终岁勤苦，择其精美者输之官，余粗恶者将以仰事俯畜。而亲民之吏复横敛以尽之，则民鲜有不冻馁者矣！"

可见忽必烈对汉地农家的了解和农业问题的重视，张的回答体现了对民生疾苦的关心。

张德辉与忽必烈的第二次谈话在戊申春释奠之后。"戊申春，德辉释奠，致胙于王。王曰：孔子庙食之礼何居？对曰：孔子为万代王者师，有国者尊之，则严其庙貌，修其时祀。其崇与否，于圣人无所损益，但以此见时君尊崇儒道之心何如耳。王曰：自今而后，此礼不废。"忽必烈表示祀孔大典要持之永久。

"王又问曰：今之典兵与宰民者，为害孰甚？对曰：典兵者，军无纪律，纵使残暴，所得不偿所失，罪固为重。若司民者，头会箕敛，以毒天下；使祖宗之民如蹈水火，为害尤其。王默然良久，曰：然则奈何？德辉曰：莫若更选族人之贤如口温不花者使掌兵，勋旧则如忽都虎者使主民政，则天下皆受其赐矣！"

张德辉提到的口温不花是蒙古亲王，治军严明；忽都虎是蒙古贵族和元老，被元太宗任命为中州断事官，上任后，认真治理汉地乱象，致力重建地方秩序，并与耶律楚材一起，商定汉地赋税制度和勋臣贵戚分地的管理制度，保全中原传统的地方州县行政制度，民蒙其惠。

特别值得一提的是，忽必烈曾以时人"辽以释废，金以儒亡"的观

元世祖忽必烈传

点询问张德辉。张氏对曰："辽事臣未周知，金季乃所亲见。宰执中虽用一二儒臣，余则皆武弁世爵；及论军国大事，又皆不使预闻。其内外杂职，以儒进者三十之一，不过阅簿书听讼理财而已！国之存亡自有任其责者，儒何咎焉！"

张德辉久仕金朝，与元好问、李治为友，所以很了解金朝朝廷内幕，说得中肯。可见金朝也尊儒，不过儒化程度很低，并不真正亲信士人。

忽必烈当时已有意于以儒治天下，所以听了很高兴。不过，对于早就"思大有为于天下"的忽必烈，金朝是否因儒而亡这个问题至关重要。如果"金以儒亡"结论成立，忽必烈即使最喜欢儒家，也不可能以之为治国之道。

忽必烈在潜邸时"延藩府旧臣及四方学之士问以治道"，这是核心问题。他后来力推儒化，当然是对这个问题有了答案，充分认识到儒家对他的国家"大有利"。

元宪宗时代，忽必烈总领中原军政时即推崇儒家。汉地以农耕为生产方式，与游牧的生产方式截然不同，因此忽必烈采取以汉人治汉地的方法，积极任用汉人儒士，效仿唐太宗任贤用士。

唐太宗是古代贤明君主的代表，忽必烈在潜邸时期即仰慕并效仿唐太宗，表明忽必烈较早就对中原历史文化熟知，并对汉人君主和汉人王朝的统治方式有了初步了解。

汉人儒士以丰富的治理经验使邢州、陕西等地的生产得到不同程度的恢复。

邢州地区因战争的影响，人口锐减，生产遭到破坏，受封之初，民万余户，经过战争，才剩下五百七十户。忽必烈命张耕为安抚使，刘肃为商榷使，休养生息，减轻赋税，刑乃大治。

陕西屡遭兵祸，京兆八州十三县户不满万。于是忽必烈命杨惟中、高挺治之，整顿吏治，奖励农桑，减轻赋税，初见成效。廉希宪继任后，进一步计求民田，兴办学校，抑制高利贷剥削，情况很快大有改观。

　　其中，忽必烈任用的张耕、刘肃、杨惟中、高挺等人都是汉族儒士。廉希宪虽不是汉族人，但也受到了中原文明的深刻影响。这些人对邢州、陕西的治理起到了重要作用，可见忽必烈在潜邸时期就十分注重对汉人儒士的任用。

　　姚枢对忽必烈积极启用汉人儒士的政策作出了积极评价。他说：

　　　　陛下天资仁圣，自昔在潜，听圣典，访老成，日讲治理，如邢州、河南、陕西皆不治之甚者，为置安抚、经略、宣抚三司。其法：选人以居职，颁俸以养廉，去污滥以清政，劝农桑以富民。不及三年，号称大治。诸路之民，望陛下之治，已如赤字求母。

元世祖忽必烈传

　　任用汉人儒士治理汉地，可以说是用汉法治汉地，既减少了汉地人民对少数民族征服者的排斥感，又能利用汉人儒士对汉地的熟识和对民情的了解，使汉地的治理速见成效，同时也使汉人儒士对忽必烈代表的蒙古统治集团增强了信任感，对蒙古人入主中原、建立政权起到了重要作用。

　　蒙哥汗病逝后，忽必烈和阿里不哥为争夺汗位，在陕西、四川、燕京等地激战。忽必烈任命总帅汪良臣、宣抚使廉希宪等人率军，最终击溃阿里不哥，夺得汗位。

　　在此次汗位争夺中，忽必烈积极任用汉人儒士，采用"汉法"锐意革新。儒士许衡、刘秉忠等积极建言献策，对忽必烈改变游牧文明的统治方法充满期盼。

　　忽必烈听取了许衡、刘秉忠等人的建议，积极任用儒士，组成智囊团，锐意革新，实行"汉法"，恢复生产，为战争提供了充足的物质供给，与阿里不哥为代表的蒙古勋贵相抗衡，最终取得了战争的胜利。

　　忽必烈对阿里不哥征战的胜利，使其认识到中原文明的先进性。忽必烈从阿里不哥手中夺取和林后，从来没有到过那儿。后来，他在北京建都。

忽必烈建都北京虽有多种原因，但与其仰慕并学习中原文明、实行汉法、拉拢汉人儒士是分不开的。

同时忽必烈与阿里不哥征战的胜利，也使其认识到儒士对于定国安邦的重要作用，"汉法"是统治辽阔的中原大地的有效措施，因此忽必烈便开始了规模更为宏大、政策更为具体的积极任用汉人儒士的措施。

在其即位之初，正值与阿里不哥征战之时，忽必烈即位诏写得很诚恳很典雅：

> 朕惟祖宗肇造区宇，奄有四方，武功迭兴，文治多缺，五十余年于此矣。盖时有先后，事有缓急，天下大业，非一圣一朝所能兼备也。先皇帝即位之初，风飞雷厉，将大有为。忧国爱民之心虽切于己，尊贤使能之道未得其人。方董夔门之师，遽遗鼎湖之泣。岂期遗恨，竟勿克终……爰当临御之始，宜新弘远之规，祖述变通，正在今日，务施实德，不尚虚文，虽承平未易遽臻，而饥渴所当先务。

可见，忽必烈在即位之初就认识到成吉思汗、窝阔台、贵由、蒙哥四位蒙古大汗统治时期的缺陷，因此提出变革的思想。这里的"祖述变通"即是实行汉法，采用中原王朝的治国方略，起用以汉人儒士为代表的精英团体。

许衡在《事务五事》中向忽必烈建议：

> 考之前代，北方之有中夏者，必行汉法乃可长久。故后魏、辽、金历年最多，他不能者，皆乱亡相继，史册具载，昭然可考……以是论之，国家之当行汉法无疑也。

许衡作为理学宗师，身先仕元并力劝忽必烈"行汉法"，在儒士中均具有导向作用，这种华夷观念的提出顺应了当时时代发展的必然趋势，也消除了汉人儒士仕元的思想障碍。

忽必烈即位后先后用过中统、至元两个年号。儒家是中道，为中华道统。忽必烈建"中统"年号，又有自居"中原正统"之意。至元取《易经》"至哉坤元"之义。忽必烈将国号由"大蒙古国"改为"大元"，成为元朝首任皇帝。这个"大元"，取《易经》"大哉乾元"之义。从年号和国号，都可见忽必烈对儒家的尊崇。

忽必烈即位伊始，采取故老诸儒之言，考求前代之典，立朝廷而建官府。忽必烈采纳了许衡的建议，并立翰林国史院，修撰辽、金史。右丞相史天泽监修国史，左丞相耶律铸、平章政事王文统监修辽、金史，探访遗事。

立翰林国史院修撰辽、金史即表明忽必烈对中原历史的重视，同时也是继承中原王朝的统治方式，标明元朝的正统地位。

至元四年，忽必烈下令在上都重建孔子庙。孔子作为汉人儒士的至圣先师，具有崇高的地位，孔子庙的修复即是对中原文化的认可，也起到了拉拢汉人儒士的作用。

忽必烈还下令，"诏军中儒士听赎为民""举文学才识可以从政及茂才异等，列名上闻，以听擢用"。这种任用汉人儒士的政策，是战争时期的非常之举，虽不具有制度性，但正是这种临时性的措施使忽必烈认识到汉人儒士的关键性作用。

忽必烈时期，建立了行省等行政机构。在朝廷草创之初，正纲纪，任贤能，无疑是当务之急，这为元初的稳定以及与阿里不哥之战提供了良好的政治环境，可以说汉人儒士丰富的治国经验对争夺汗位的胜利和元朝的建立起到了重要作用。

蒙古皇族内部的争斗结束之后，忽必烈恢复了征讨南宋的计划。在征服南宋、统一全国的过程中，忽必烈仍然采取了积极任用汉人儒士的政策，这一政策也加速了伐宋战争的胜利和中国的统一。

元世祖忽必烈传

忽必烈在伐宋之战中多采用了汉人谋士的战略战策，例如刘整、董文炳等人的策略。董文炳作为汉人，对南宋的作战方略比较熟知，又对汉地的地理、人文非常了解，因此他提出的作战方略，忽必烈欣然采用。

同时，忽必烈听取张文谦和刘秉忠的建议，改变蒙古人嗜杀、屠城的恶习，对最终打败南宋、统一全国起到了不可估量的作用。

汉将史权献策，蒙军攻占襄阳渡过长江，宋即灭亡。忽必烈采用其建议，命刘整协同阿术进攻襄阳。宋将吕文德病逝，樊城失陷，宋将吕文焕降元，历时五年的襄樊保卫战结束。

攻占襄樊的胜利为蒙军渡江、灭南宋起到了关键性的作用。随后元军大举攻宋，进入临安，南宋灭亡，最终统一全国。

在此次伐宋之战中，汉族士人、将领不仅在军事上发挥了关键性的作用，并且对江南地区的治理提出了具有远见卓识的建议。

南宋灭亡后，元朝对南人儒士采取了优待政策。下令南儒为人掠卖者，官赎为民，并在至元十年、十二年、十三年、十九年，屡次下诏搜寻儒士，并减免徭役。

忽必烈还任用汉人儒士从政，并且遣使在全国范围内招汉人儒士。于是大儒窦默、刘秉忠、元好问等人，纷至沓来，被分配到中央和地方的不同岗位。

除了元好问等大儒被任用外，很多以读书为业的普通儒士被任命为学官，学官群体的形成促进了以书院为代表的学校教育的发展。当时规定诸路岁贡儒、吏各一人，这使儒士的任用不再是偶然的行为，而是成为一种制度规范下来，这对成宗时期科举制的推行起到了积极作用。

忽必烈以刘秉忠参领中书省事务，采纳其建议改国号为元，以大都为首都。以王鹗为翰林学士，制诰典章。廉希宪为中书省平章政事，振举纲维，综劾名实，汰逐冗滥，裁抑侥幸，兴利除害，事无不便。

这些均对元朝政治的稳定、经济文化的发展，起到了重要的作用。明人叶子奇对忽必烈建立元朝、统一中国、积极任用汉人儒士给予了正面的评价：

> 大抵北人性简直，类能倾心以听于人，故世祖既得天下，卒赖姚枢牧庵先生许衡鲁斋先生诸贤启沃之力，及施治于天下，深仁累泽。

在此，叶子奇将世祖时期轻刑薄赋、天下治平的盛况归功于忽必烈倾心听取汉族儒士的谏言，有一定道理。元世祖忽必烈作为元朝的开创者，积极利用汉儒，对于元朝的巩固发展作出了贡献。

当然，元朝在推行汉人的典章制度与维护蒙古旧法之间，也时常发生冲突，并且逐渐分裂成守旧派与崇汉派。

早在元太祖成吉思汗攻占汉地后，有赖耶律楚材与木华黎推行汉法以维护其典章制度，后来管理汉地的元世祖忽必烈也积极推动汉法。然而，元世祖在李璮叛乱后逐渐不再重用汉人。

由于四大汗国以及守旧派蒙古王室都不满元世祖行汉法的举动而叛变或疏远之，元世祖在晚年也渐与儒臣疏远，任用阿合马、卢世荣与桑哥等色目人与汉人为首的理财派，汉法最后未成为一套完整的体系。

在民族关系方面，随着民族关系日益密切，各民族往来与杂居也相当普遍。由于蒙古人与汉人人数的比例极不平衡、汉人的文化与典章制度也比蒙古人优越，元廷为了保护蒙古人的地位，主张蒙古至上主义，推行蒙古人、穆斯林、汉人、南人等四个阶级的制度。

元廷给蒙古人与色目人极大的权力，并让汉人与南人负担较大的赋税与劳役，民族压迫和阶级压迫十分沉重。为了防止汉人聚集叛变，元廷规定汉人不许结社、集会、集体拜神，禁止汉人私藏兵器。这些政策对于元朝政治发展十分不利，最终使忽必烈开创的大元朝走向末落。

元世祖忽必烈传

恢复发展各地经济

　　元世祖忽必烈建立元朝后，开始着手整顿经济。元初因战争破坏，北方耕地荒芜严重，南方破坏较少，故屯田多集中在今河北、山东、陕西、江淮、四川一带，如枢密院所辖河北军屯，垦田达一万四千余顷，洪泽万户府所辖屯田达三万五千余顷。

　　边区也广泛开展屯田，据《元史·兵志》不完全统计，全国屯田面积达十七万七千八百顷之多。南方农垦发达地区，则多与水、与山争田，前者如围田、柜田、架田、涂田、沙田，见于滨江海湖泊之地；后者如梯田，行于多山丘陵之地。元代耕地面积恢复在战争期间大量荒芜的耕地面积的基础上逐步得到扩大。

　　宋真宗时推行的占城稻在元朝时已经推广到全国各地。这一阶段，经济作物也有较大发展，茶叶、棉花与甘蔗是重要的经济作物。

　　江南地区早在南宋时已盛产棉花，北方陕甘一带又从西域传来了新的棉种。至元二十六年，元廷设置了浙东、江东、江西、湖广、福建等省木棉提举司，年征木棉布十万匹，反映出棉花种植的普遍及棉纺织业的发达。

元朝水利设施以华中、华南地区比较发达。元初曾设立了都水监和河渠司，专掌水利，逐步修复了前代的水利工程。陕西三白渠工程到元朝后期仍可溉田七万余顷。

所修复的浙江海塘，对保护农业生产也起了较大作用。元朝农业技术继承宋朝，南方人民曾采用了圩田、柜田、架田、涂田、沙田、梯田等扩大耕地的种植方法，对于生产工具又有改进。关于元朝的农具，在王祯的《农书》中有不少详细的叙述。

元代农业生产的技术也有所提高。从天时地利与农业的关系，到选种、肥料、灌溉、收获等各方面的知识，都已达到新的水平。

农具的改进尤其显著。耕锄、镋锄、耘荡等中耕工具比宋代有所发展。镰刀种类增多，还创造了收荞麦用的推镰。水力机械和灌溉器具大有改进，水轮、水砻、水转连磨等更趋完备，牛转翻车、高转筒车已有使用。

元世祖为了清查土地征收赋税曾实行过土地所有者自报田地的经理法，在忽必烈时期并未确实实施。后续继承人推行，但弊端极多，人民纷起反抗，最后不了了之。

同时，元廷建立管理农业的政府机构，由劝农司指导、督促全国各地的农业生产，并以"户口增，田野辟"作为考核、选用官吏的标准。政府还编辑出版《农桑辑要》，推广农业生产先进技术，保护农业劳力和农民耕地，禁止占民田为牧地，招集逃亡，鼓励垦荒，储备种子，兴修水利，使全国农业生产得到了恢复和发展。

到了元世祖时，关中小麦已盛于天下，产量年年增加。至元二十六年，在浙东、江东、江西、湖广、福建等地，大种经济作物棉花，岁输木棉布十万匹。

元朝土地仍可分为官田和私田两种。官田主要来自宋、金的官田，两朝皇亲国戚、权贵、豪右的土地，掠夺的民田，以及经过长期战乱所形成的无主荒地。

蒙古王公贵族圈占民田为牧场的情况，在蒙古帝国和元王朝初期是相当严重的。忽必烈时，东平人赵天麟上疏说："今王公大人之家，或占民田，近于千顷，不耕不稼，谓之草场，专放孳畜。"在陕西地方，甚至有恃势冒占民田达十余万顷者。

元廷把所掌握的官田一部分作为屯田，一部分赏赐王公贵族和寺院僧侣，余下的则由政府直接招民耕种，收取地租。其屯田的数量极大，遍及全国，其中以河北、河南两省最多。

其中民屯是役使汉人屯垦收租，军屯则分给各军户，强迫相当于奴隶的"驱丁"耕种。私田是蒙古贵族和汉族地主的占地以及少量自耕农所有的田地。

元朝政府除直接管理一部分官田外，还把大部分官田赐给皇亲、贵族、功臣、寺观，忽必烈赐给撒吉思益都田一千顷。寺院道观也拥有大量田地财产，大护国仁王寺、大承天护圣寺拥有田地数以十万顷计。

金、宋末年的汉族大地主，许多人因投降蒙古保持了自己的田地财产。江南大地主受到的损失很小，他们继续兼并土地，一些富户占有两三千户佃户，每年收二三十万石租子。如松江曹梦炎占有湖田数万亩，瞿霆发占有私田并转佃官田达百万亩。

在统治阶级的残酷压迫和剥削下，广大劳动人民的处境十分悲惨。其中受压迫和剥削最深的是驱口。驱口是元朝特殊历史条件下的产物，他们大部分是战争中被掳掠来的人口，后来也有因债务抵押、饥寒灾荒卖身，或因犯罪沦为驱口的。

驱口有官奴、私奴之分：官奴主要从事官府手工业劳动；私奴是主人的私有财物，子孙永远为奴，可以由主人自由买卖。

佃户有官佃和私佃两种。私佃的地租率很高，一般都在五六成，甚至八成；官佃的地租率，在元代初期一般低于私佃，以后越来越高，中叶以后往往超过私佃的地租率。

佃户对地主的人身依附关系十分严重，有的地方佃户可以被地主典卖，或者随土地一起出卖；个别地方，佃户生男便供地主役使，生女便为女婢，或充当妻妾。

元朝也有一定数量的自耕农，占有极少量土地，然而地位很低下，生活十分困苦。他们常常因经受不了地主转嫁的沉重赋役而倾家荡产。

贵族官僚掠夺土地，地主富豪兼并土地，使贫富分化进一步加剧。元朝政府承认，各地的地主一般多从"佃户身上要的租子重，纳的官粮轻"。徭役不均的现象也日益严重。

元朝的畜牧政策以开辟牧场、扩大牲畜的牧养繁殖为主，尤其是孳息马群。元朝完善了养马的机构，设立太仆寺、尚乘寺、群牧都转运司和买马制度等制度。

元朝在全国设立了十四个官马道，所有水草丰美的地方都用来牧放马群，自上都、大都以及玉你伯牙、折连怯呆儿，周回万里，无非牧地。元朝牧场广阔，西抵流沙，北际沙漠，东及辽海，凡属地气高寒，水甘草美，无非牧养之地。

当时，大漠南北和西南地区的优良牧场，庐帐而居，随水草畜牧。江南和辽东诸处亦布满了牧场，早已打破了"国马牧于北方，往年无饲于南者"的界线。内地各郡县亦有牧场。除作为官田者以外，这些牧场的部分地段往往由夺取民田而得。

牧场分为官牧场与私人牧场。官牧场是12世纪形成的大畜群所有制的高度发展形态，也是大汗和各级蒙古贵族的财产。大汗和贵族们通过战争掠夺，对所属牧民征收贡赋，收买和没收所谓无主牲畜等方式进行大规模的畜牧业生产。

元朝诸王分地都有王府的私有牧场，安西王忙哥剌，占领大量田地进行牧马，又扩占旁近世业民田三十万顷为牧场。云南王忽哥赤的王府畜马繁多，悉纵之于郊，败民禾稼，而牧人又在农家宿食，室无宁居。

岭北行省作为元朝皇室的祖宗根本之地，为了维护诸王、贵族的利益和保持国族的强盛，元帝对这个地区给予了特别的关注。畜牧业是岭北行省的主要经济生产部门，遇有自然灾害发生，元朝就从中原调拨大量粮食、布帛进行赈济，或赐银、钞，或购买羊马分给灾民；其灾民，也常由元廷发给资粮，遣送回居本部。

元帝对诸王、公主、后妃、勋臣给予巨额赏赐，其目的在于巩固贵族、官僚集团之间的团结，以维持自己的皇权统治。皇帝对蒙古本土的巨额赏赐，无形中是对这一地区畜牧业生产的投资。

元朝时期有官办手工业，官办手工业分属工部、武备寺、大都留守司、地方政府等部门；私营手工业经营纺织、陶瓷、酿酒等。官私手工业主要有丝织业、棉织业和毡纺业等。

蒙古等北方少数民族入居中原后，将他们织造毡罽的技术传布到内地。宫廷、贵族对毡罽的需要量很大。诸凡铺设、屏障、庐帐、毡车、装饰品等均有需求，因而官府、贵族控制的诸司、寺、监都生产毡罽，产量很高。

元朝丝织业的发展以南方为主。长江下游的绢，在产量上居于首位，超过了黄河流域。元朝的加金丝织物称为"纳石矢"金锦，当时的织金锦包括两大类：一类是用片金法织成的，用这种方法织成的金锦，金光夺目；另一类是用圆金法织成的，牢固耐用，但其金光色彩比较淡。

元朝的瓷器在宋代的基础上又有进步，著名的青花瓷就是元代的新产品。青花瓷器，造型优美，色彩清新，有很高的艺术价值。造船业十分发达，还有起碇用的轮车，并已经使用罗盘针导航。元朝的印刷技术，又比宋朝更有进步。活字印刷术不断改进，陆续发明了锡活字和木活字，并用来排印蒙古文和汉文书籍。

至元世祖至元十三年，已使用小块铜版铸印小型的蒙古文和汉文印刷品，如纸币"至元通行宝钞"。套色版印刷术应用于刻书，如中兴路刊印的无闻和尚注《金刚经》。

棉织业，随着植棉的推广，棉纺业开始成为一项新兴手工业。元贞年间，黄道婆自海南岛返回家乡松江乌泥泾后，推广和改进黎族纺织技术。

麻织业，主要集中在北方。织麻工具较前代有很大提高。如中原地区用水转大纺车纺织，一昼夜可纺织百斤；山西使用的布机有立机子、罗机子、小布卧机子等；织布方法有毛绷布法、铁勒布法、麻铁黎布法。河南陈州、蔡州一带的麻布柔韧洁白。山西的品种有大布、卷布、板布等。

兵器业，元初中央由统军司，以后由武备寺制兵器；地方由杂造局制造兵器。除常用的刀枪弓箭外，火器发展尤为显著。金末火炮以纸为筒，可能为燃烧性火器。元代所制铜火铳，利用火药在金属管内爆炸产生气体压力以发射弹丸，为管状发射火器，使中国火炮技术有了重大进步。

元代设盐运司管理盐业，全国有两淮、两浙、山东、福建、河间、河东、四川、广东、广海九盐运司。两淮、两浙、山东等处盐运司下设若干分司。

各盐运司下共辖一百三十七所盐场，场下有团，团下有灶，每灶由若干盐户组成。产盐之地遍于全国，有海盐、池盐、井盐之分。天历年间，总产量达二百六十六万四千余引，每引重四百斤，约合十亿多斤。

元朝行会组织还有应付官府需索、维护同业利益的作用，组织的内部更日趋周密。在元朝，"和雇"及"和买"，名义上是给价的，实际上却给价很少，常成为非法需索。

虽然各行会多由豪商把持，对中小户进行剥削，但是由于官府科索繁重，同业需要共同行动来应付官府的需求，同时官府也要利用行会来控制手工业的各个行业。

元朝的商业主要控制在政府和贵族、官僚、色目商人手里。政府对许多商品进行垄断，垄断形式不同，部分金、银、铜、铁、盐由政府直接经营；茶、铅、锡由政府卖给商人经营；酒、醋、农具、竹木等，由商人、手工业主经营，政府抽成。贵族、官吏和寺院依靠手中的特权，也从事经商活动。色目商人资金雄厚，善于经营，出现了许多大商贾。

政府直接控制对外贸易，至元十四年，忽必烈在泉州、上海、温州、杭州、广州设立市舶司，外国商船返航，由市舶司发给公验、公凭。

出口的物资有生丝、花绢、缎绢、金锦、麻布、棉布、花瓶、漆盘、陶瓷器、金、银、铁器、漆器、药材，进口的商品有珍宝、象牙、犀角、钻石、木材等等。总的看，整个城市商业活动比较繁荣。

大都是全国最大的城市，马可·波罗当时有这样一段精彩记述：

> 汗八里（即大都）城内外人口繁多，有若干城门，还有不少附郭。居住在这些附郭中的有不少来自世界各地的外国人，他们或是来进贡方物的，或是来售货给宫中的，所以城内外都有华屋巨室，有的是贵族居住的，有的是供商人居住的，每个国家都有自己的专门住宅。
>
> 国外运来的价钱昂贵的珍品和各种商品之多，世界上没有一个地方可以与之相比。来自各地的货物，川流不息。仅丝一项，每天进城的有成千车。还有不少丝织品。

除了大都外，全国各地还有杭州、苏州、广州、泉州、扬州、镇江、开封等地。元朝的商业操纵在政府、贵族、官僚、大商人手中，政府规定，金、银、铜、铁、盐、茶、水银、矾、铅、锡、酒、醋、农具，实行专卖，政府抽利。

寺院、道观也经营商业，从中取利。诸王、后妃、公主、驸马、大臣，通过其奴仆进行商业活动。民间大商人非常富有，有人说："人生不愿万户侯，但愿盐利淮西头。"讲的就是当时盐业商人的情况。

当时国内南北物资交流畅通，从南运北的商品有米、麦、绸缎、棉布、陶瓷，从北运南的商品有北方土产和来自西域的商品。

由于蒙古人当时统治的地域幅员辽阔，也就造成元朝经济的发展尤其是对外贸易的交往，是继唐朝之后又一个比较频繁的时期，对当时整个当时亚洲的经济交流起到了非常重要的作用。

元朝通过专卖政策控制盐、酒、茶、农具、竹木等一切日用必需品的贸易，影响国内商业的发展。可是元朝幅员广阔，交通发达，所以往往鼓励对外贸易政策，因而终元之世对外贸易颇为繁盛。

元朝的对外贸易主要采取官营政策，并禁止汉人去往海外经商。但实际上私商入海贸易的仍然很多，政府始终无法禁绝。元代海外贸易所输出输入商品，大体上与宋代相同。奴隶贸易有相当规模，贩运进口的有"黑厮"和"高丽奴"。

在生产发展的基础上，物资交流频繁，从而促进了商业城市的发展。元朝时临安仍改名杭州，其繁荣并不因南宋覆灭而衰退多少。由于北方人纷纷南迁，城厢内外人口更加稠密，商业繁荣。杭州是江浙行省的省会，地位重要，水陆交通便利，驿站最多，不但是南方国内商业中心，也是对外贸易的重要港口之一。

江浙行中书省居各行中书省征收的商税和酒醋课的第一位，城内中外商民荟萃，住有不少埃及人和突厥人，还有古印度等国富商所建的大厦。泉州在宋元时期是东方第一大港，货物的运输量十分巨大，泉州的税收仅次于前朝首都杭州。

大都是元朝的首都，在原来中都城的东北方建立新城，规模宏大，是全国政治、军事中心，也是陆路对外贸易和国内商业中心。达官贵人、富商大贾多在此聚居，人口稠密，城厢内外街道纵横，商肆鳞次栉比，工商业很繁荣，是世界闻名的大城市。

州县以上的城市，商业比较发达的还有：长江下游和苏浙闽等地区的建康、平江、扬州、镇江、吴江、吴兴、绍兴、衢州、福州等城市；长江中游地区的荆南、沙市、汉阳、襄阳、黄池、太平州、江州、隆兴等城市；长江上游川蜀地区的成都、叙州、遂宁等城市；沿海对外贸易城市的广州、泉州、明州、秀州、温州和江阴等等。

沟通南北的大运河的开凿、海运航线的开辟、遍布全国驿站的设置，使元代交通运输业有了新的发展。元灭南宋后，全国实现统一，南北经济交流进一步扩大。北方所需之粮食及其他物资，多由江南供应。

江南物资主要依靠运河北运。

由于旧运河曲折绕道，水陆并用，劳民伤财，极其不便，故忽必烈时有重开运河、另辟海运之议。

由于在南方的努力没有全部成功，忽必烈着手实现满足北方核心疆域的需要。因为他把首都建在大都，忽必烈需要保证这个新城市有稳定的粮食供应，这迫使他从中国南方更富庶的地区运入粮食，因为大都附近的区域不能生长足够供给大都的粮食。

最初忽必烈依靠两个在征宋战争中协助蒙古将军伯颜的海盗朱清和张瑄沿着中国的东海岸通过海路向北方运送粮食。但是，后来台风和恶劣的气候条件造成大量沉船意外，使朝廷认识到需要另辟一条运送粮食的途径。

朝廷决定把大运河延伸到大都，以使船运的粮食可以方便地到达大都。为此先后开凿了三段河道，把原来以洛阳为中心的隋代横向运河，修筑成以大都为中心，南下直达杭州的纵向大运河。

其中镇江至杭州的江南运河，淮安经扬州至长江的扬州运河，大抵为隋代旧道；徐州至淮安段系借用黄河下游；自山东东平境内的汶水南下与黄河相连接的济州河，至元十八年开凿；自山东临清经东昌到东平路须城县西南安山的会通河，至元二十年开凿；通州至临清段为御河，大都至通州为通惠河，至元二十八年由郭守敬主持开凿。

元朝花了十年时间，先后开挖了"洛州河"和"会通河"，把天津至江苏清江之间的天然河道和湖泊连接起来，清江以南接邗沟和江南运河，直达杭州。而北京与天津之间，原有运河已废，又新修"通惠河"。这样，新的京杭大运河比绕道洛阳的隋唐大运河缩短了九百多公里。

元代开凿的重点段一是山东境内泗水至卫河段，一是大都至通州段。至元十八年开济州河，从任城至须城安山，长七十五公里；至元二十六年开会通河，从安山西南开渠。由寿张西北至临清，长一百二十五公里；至元二十九年开通惠河，引京西昌平诸水入大都城，东出至通州入白河，长二十五公里。至元三十年元代大运河全线通航，漕船可由杭州直达大都，成为今京杭运河的前身。

元代海运是指国内近海航运。始于至元十三年，时伯颜下临安，取南宋库藏图籍，招海盗朱清、张瑄由崇明入海道运至直沽，转至大都。十九年始命罗璧、朱清、张瑄造平底船运粮。其路线几经开辟，至三十年形成，由刘家港入海，至崇明三沙放洋东行，入黑水洋，至成山转西，经刘家岛、登州沙门岛，于莱州大洋入界河口，至直沽。

运河的开凿和海运的开辟，对商业的发展、大都的供给和繁荣、南北交通的畅通、官民造船业的扩大、航海技术的提高，都起了重大作用。

运河通航后，岁运米至大都五百万石以上，来自江淮、湖广、四川及海外的各种物资、旅客源源不断地运至大都。据估计，河漕比陆运的费用省十之三四，海运比陆运的费用省十之七八。

陆路交通也很发达。全国各地设有驿站一千五百多处，其中包括少数水站。在驿站服役的叫站户。与驿站相辅而行的有急递铺，每十里、十五里或二十里设一急递铺，其任务主要是传送朝廷、郡县的文书。

驿道北至吉利吉思，东北至奴儿干，西南至乌思藏、大理，西通钦察、伊利二汗国，可谓"星罗棋布，脉络相通"。

站、铺的设立，有利于国内交通的发展和加强国内各民族、各地区之间的经济、文化联系。

忽必烈为了加强对经济的控制，以使用纸币为主，铸造钱币比其他朝代为少。元代钞法是世界上最早的纯纸币流通制度，在世界币制史上具有特殊的地位。

中统元年元世祖发行了以丝为本位的交钞与以白银或金为本位的中统钞，中统钞没有设定流通期限，钞币持有者可以按照法定比价兑换银或金，虽然其后曾一度废除，但持续使用到元朝末期，成为元朝货币的核心。

至元元年，阿合马在各路设平准库，钞一万二千锭，作为钞本。并

元
世
祖
忽
必
烈
传

且买卖金银，以维持物价平衡和保证纸币的信用。全国各路都设有兑换的机关"平准库"，兑换基金充足，准许兑现，兑换的时候征收两到三分的工墨钞，即手续费。

初期钞法施行十分严密，并且盐、茶等税收都用纸钞，保证了纸钞雄厚的物质基础。然而，由于连年用兵、费用浩繁，纸钞不断增发。至元十三年，由于元廷大肆搜刮、增发纸币，并将各路储备金银运往大都，引起物价上涨、纸钞贬值。

至元十七年，纸币贬值成为原来的十分之一。至元二十四年，物价已经"相去几十余倍"了。忽必烈不得不召开中书省臣、集贤大学士会议，讨论钞法问题。

为了稳定物价，元廷发行"至元宝钞"和中统钞并行。但是，朝廷财政用度巨大，不能量入为出，因而这一根本性问题没有解决。

后来，元惠宗又发行"至正交钞"，发行不久，贬值严重，物价暴涨。事实上，民间的日常交易、借贷、商品标价等大多使用银。这时使用的白银，主要是银锭和元宝。

元朝的货币主要借助于经济和文化的联系往东流出到高丽和日本。在经济上，元朝与高丽可通过互市进行物资交流和钱币交换。韩国曾发现沉没在海底的装有大批元代货物的中国船只，这艘沉船有十二个船舱，装有上万件瓷器，七万枚钱币。

元朝时期，日本商人经常到闽浙海口来做生意，中国的海船也常常去日本，带去中国货物和钱币。

货币往南主要流出到东南亚各国。《岛夷志略》记载，元朝商人从海路到安南、占城经商，带出中国货物和钱币。

元代旅行家周达观写的《真腊风土记》写到，元朝的钱币、金银、铜器、锡器、漆盘、青瓷、麻布、雨伞、铁锅等等，在真腊到处可见。真腊即现在的柬埔寨。

至元三十一年暹国王来元朝访问。从此，元朝的商品、钱币，不断流出到现今的泰国。

摩洛哥旅行家伊本·白图泰和意大利人马可·波罗，都看到元朝商人带着商品和钱币，到印度南部的俱兰、狮子国、马尔代夫去做生意，货币流出到西北的钦察、伊尔汗国。这两个汗国都是成吉思汗的后裔在统治，与我国元朝在经济上、文化上联系十分密切，元朝钱币流出到这两个汗国的比较多。

元世祖至元三十年，元朝派到伊尔汗国的丞相孛罗，帮助汗国采用元朝的钞法，发行了纸币，通行全国。在汗国各地还设有钞库，负责发行及缗钞倒换事务。整个纸币的发行制度和钞票的形状，都是从中国元朝照搬过去的。

此外货币还流出到中非和中欧的一些国家，元朝宪宗年间，曾派亲王旭烈兀带兵到达叙利亚、埃及等地。

元世祖忽必烈传

后来元世祖忽必烈又派大臣到达马达加斯加、层摇罗国，中国的财物、钱币，从此流入非洲。摩洛哥的《伊本·白图泰游记》里写到，中国元朝通用钞币，纸币大如手掌，一面印着皇帝的玉玺。

元世祖至元十二年，元朝派景教徒带着书信、礼品、钱币，去耶路撒冷朝拜圣地，途中又受伊尔汗国国王之托，首先到达君士坦丁堡、那不勒斯、罗马，后又见到法王腓力四世和英王爱德华一世。

元世祖至元二十七年，意大利人马可·波罗和他的父亲、叔父来到元朝，回国后由他口述、作家鲁思蒂谦写的《东方见闻录》中，还专门讲述了中国元朝印刷、发行、市场流通使用纸币的情况，使欧洲人为之大开眼界。

关于元朝的田赋，《元史·食货志·税粮》说：

> 元之取民，大率以唐为法。其取于内郡者曰丁税，曰地税，此仿唐之租庸调也；取于江南者曰秋税，曰夏税，此仿唐之两税也。

这段话虽然并不确切，但至少说明了南北田赋制度的差异。中原田赋的征收大概始于耶律楚材辅政以后。在这之前，蒙古帝国根本没有赋税之制。

元朝行于江南的田赋制度基本上沿用了宋代的两税制。元朝人民还有一项很沉重的财政负担，即科差，是徭役向赋税转化的一种形式。

元朝的赋税制度南北相异，北方主要是税粮、科差，南方征夏、秋两税。窝阔台八年丙申，更定赋税制度，史称丙申税制，基本上确立了元代在华北地区的赋税体系。

忽必烈即位后，对赋役数额有所调整，并在申明旧制的基础上，明确规定输纳之期、收受之式、封完之禁、会计之法，使之更趋完善。正税主要是税粮和科差。

税粮分丁税和地税两项。地税白地每亩三升、水地每亩五升，以后又一律改为亩输三升；丁税每丁二石。各色人户分别按照不同的规定输纳丁税、地税之中的一种。官吏、商贾纳丁税。工匠、僧、道、也里可温、答失蛮、儒户等验地交地税，军户、站户占地四顷以内者免税，逾此数者纳地税。一般民户大多数交纳丁税，中叶以后，在两淮、河南等地区，也有改征地税的。

由于土地买卖、富户漏税等各种原因，在征收税粮时往往出现混乱和纠纷，经常有一户并纳两种税的情况发生。

科差内容包括丝料、包银和俸钞三项。丝料户一斤六两四钱，系官民户所纳的丝料全归政府；分拨给诸王、贵戚、勋臣的民户所纳丝料中，有一部分经过政府转交给封主，其数额以每五户二斤为率，所以这一部分民户称为"系官五户丝户"。

包银每十户数额当钞四十两，此外还要按缴纳包银的数额，每四两增纳一两，以给诸路官吏俸禄，即俸钞。各色户笔籍，按编入户籍的先后、丁力多少、家业贫富等具体情况，缴纳税粮、科差的标准都有所不同。

灭宋以后，元政府没有把在北方实行的税粮、科差制度向南方推行，基本上承袭南宋旧例，继续征收夏、秋两税。

两税之中，以秋税为主，所征为粮食，也有一部分折钞征收，江南秋税的税额没有统一的标准，各地差别较大。夏税一般以秋税征粮额为基数，按一定的比率折输实物或钞币。

　　江东、浙西自元世祖年间就开始起征夏税，浙东、福建、湖广等地区自元贞二年起征。江南也有科差，即户钞和包银，江南征收包银的范围很小，时间也很短。

　　盐税收入，占全国钞币岁入的一半以上。盐的生产由国家垄断。政府将工本钱发给灶户，所生产的盐全部由国家支配。盐场附近一般划为"食盐区"，由政府置局，按户籍口发卖食盐。其余大部分地区为"行盐区"，由盐商向政府纳课换取盐引，到盐场支盐，再运到规定的行盐地区贩卖。

　　岁课的对象是山林川泽的特产，如金、银、珠、铜、玉、铁、硝、碱、竹木之类。或设总管府、提举司等机构经理，分拨一部分民户从事采伐加工，或由民间自行开采生产，政府以抽成等形式收取税金。两种来源的收入都属于岁课收入。

　　杂课中还包括茶课、酒醋课、"额外课"等。商税也是国库收入的重要来源之一。杂泛差役，主要包括政府为兴役造作、治河、运输等需要而征发的车牛人夫以及里正、主首、隅正、坊正，仓官、库子等职役。

　　元代前期，民户以外的其他户籍一般都不承担杂泛差役，按元政府规定，分配差役时，应根据当役户的丁产，先尽富实，次及下户。成宗大德年间改革役法，此后关于诸色户籍的当役规定，不时变更，当役面有所扩大。元代的杂泛差役，使劳动人民的负担十分沉重。

忽必烈时期的财政困境

忽必烈时期，面对的最紧迫问题是财政问题。他的建筑工程、他对公共事务的支持以及他的军事远征需要巨额消耗。为了得到必要的资金，忽必烈求助于回回理财大臣阿合马。

阿合马是察必皇后的父亲按陈那颜的陪嫁奴隶。中统三年，忽必烈任命他兼管中书左右部，兼任诸路都转运使，专门委任他处理财政赋税方面的事。阿合马上奏忽必烈下令分条规划，向各路运司宣布晓谕。

中统三年，因为河南钧州、徐州等州都有炼铁设备，请朝廷授予宣牌，以振兴冶炼的利益。忽必烈把开平府升格为上都，又任命阿合马为同知开平府事，兼管中书左右部照旧不变。

阿合马上奏请求任命礼部尚书马月合乃兼管已经清查到的三千户没有户籍的百姓，加强炼铁行业，每年上缴铁一百万斤，用这些铁铸锻农具二十万件，换成粮食上缴给公家的一共有四万石。

税收是国家财政的重要支柱，盐税又是财政的重要税源，因此，禁私盐和增加盐税是阿合马理财的一个主要方面。

中统四年，阿合马推行食盐国家专卖，禁止食盐走私，并增设巡逻队。实际上，私盐可能比官盐价格便宜，但真正获得暴利的是走私商，禁止食盐走私，就是惩治与国争利之徒。

为了扩大税源，阿合马还把过去豁免赋税的僧、道、军、匠等作为征税对象，从而增加了国家的财政收入。

至元元年正月，阿合马上奏说："太原的百姓熬煮私盐，越境到处贩卖。各地百姓贪图他们的盐价钱便宜，争相购买食用，解州的官盐因此卖不出去，每年上缴的盐税银子只有七千五百两。请朝廷从今年开始增加太原的盐税银子五千两，不论和尚、道士、军士、匠人等户都要分摊缴纳盐税。"

打击"权势之家"偷税漏税行为是阿合马理财的另一个有力措施。元代很多蒙古贵族与大商巨富一起从事商贸，但他们依仗权势，经商拒不交税，这是公然的违法行为。阿合马要理财，必然要和他们作斗争，也就触犯了他们的利益，自然引起了他们的反对。

至元元年秋天十一月，裁撤领中书左右部，合并到中书省，越级任命阿合马为中书平章政事，进官阶为荣禄大夫。

忽必烈初期，朝廷的各级官吏没有俸禄，这等于公开地让他们去勒索百姓，贪污中饱。这严重影响了元代正常的统治秩序，是一个亟待解决的重大问题。

至元元年，阿合马曾订立条例，要减并州县和规定官吏员数，分别品级官职给以俸禄和颁发公田，并且要计算月日以考核优劣。但并没有施行起来。

至元三年正月，设立制国用使司，阿合马又以平章政事的身份兼管制国用使司的事务。阿合马正式规定了京、府、州、县、司官吏的俸禄和职田。

不久，制国用使司上奏："把东京每年收税所得的质地稀疏恶劣不能使用的布，就在当地用来买羊。真定、顺天的金银不合规格的，应当

元世祖忽必烈传

重新冶铸。别怯赤山生产石绒，把它织成布，用火不能烧着，请求派遣官员加以开采。"又上奏说："国家的费用支出名目多数量大，今年从皇上回京以后，已经支出了纸币四十万锭，恐怕明年会不够开支，应当酌量节约使用。"

十一月，制国用使司又上奏说："桓州峪所开采的银矿，已经有十六万斤，每一百斤可以得到银三两、锡二十五斤。采矿所需要的支出，可以出售锡来支付。"

忽必烈完全同意制国用使司的请求。这一年，阿合马建议采冶石绒，扩大采冶范围，并成立专门管理机构，负责各地矿产采冶事宜。他的这些举措，客观上对促进农业及矿业生产的发展是有利的。

至元七年正月，忽必烈设立尚书省，裁撤制国用使司，又任命阿合马为平章尚书省事。尚书省的一项任务，就是调查全国户口，颁布条例，目的是为了杜绝欺隐，增加赋税。

由于国家财政赤字巨大，入不敷出。为了增加财政收入，满足忽必烈穷兵黩武的需要，钩考钱谷被作为一种弥补财政亏空、搜刮财富的手段频繁进行。"钩考"是一种财政审计手段，由朝廷派员到各地清算钱谷等项，以防止豪强隐瞒和官吏贪侵。如地方上有把熟田冒充为荒地以逃避赋税的，有因避免差徭而隐报户口的，也有富民买贫民田而仍旧由贫民交税的，以致造成"岁入不增，小民告病"。

这一年，阿合马为规范纳税制度，制定了三十分取一的税制，使纳税有章可循，一定程度上防止了贪官污吏的随心所欲，保障了元代商业的正常发展。

至元七年，又规定了军官的俸禄。之后，虽然曾有暂时停俸禄和减官俸的事，但是官俸制度作为一项重要制度从此确定了下来。勒索百姓、贪污钱财不再是合法的行为了。如至元四年，大名路达鲁花赤爱鲁、总管张弘范等盗用官钱，就受到罢官的处分。

阿合马智谋多而善于言辞，以功利和取得的效益自负，人们都称赞他有能力。忽必烈急于使国家富起来，就试着让阿合马办事，很有成绩。又看到阿合马和丞相线真、史天泽等争辩，阿合马屡次有理由使他人屈服，由此而对阿合马的才能表示惊奇，授予他政治大权，对他言听计从，却不知道他的专权任性越来越厉害了。

丞相安童容忍了很久，上奏忽必烈说："臣下最近上奏说凡是尚书省、枢密院、御史台应当各自按照通常的制度向皇上奏事，其中的大事要经过臣下等人议定再上奏，这已经得到圣上允准。现在尚书省所有的事情都直接上奏，似乎违背了臣下我以前向皇上的奏报。"

忽必烈说："你所说的话的确很对。难道阿合马由于朕对他很信任，敢这样办吗？他不和你商议是不对的，应当像你所说的那么办。"

安童又上奏说："阿合马所任用的部下各官，左丞许衡认为大多任用不当，但已经得到圣旨让他咨请中书省宣布，如果不给，恐怕将来会有别的说法。应当试验他的任用的人是否有能力，时间一长就会自然明白。"忽必烈认为安童的话有道理。

元世祖忽必烈传

五月，尚书省上奏要求清查全国的户口，后来御史台认为现在到处在捕捉蝗虫，百姓劳苦，清查户口的事情应当稍稍缓办。于是就停止不办。

元朝开始设立尚书省的时候，有圣旨说："凡是加以考核选举的大小官员，由吏部拟定他的资历，呈报尚书省，由尚书省咨送中书省上奏。"

然而，阿合马提拔他自己的人，不经过吏部拟定，也不咨送中书省。丞相安童因此上奏，忽必烈命令去问阿合马。阿合马说："事情不论大小，统统委任给臣下，所任用的人员，臣下应当自己挑选。"

安童因此请求："从今以后只有严重刑事案件以及调任上路总管，才归臣下管理，其余的事情一并交给阿合马，以便事情职责分明。"忽必烈都同意了。

至元八年三月，尚书省再次把清查核实户口的事情上奏请求分条规划下诏通告全国。这一年，尚书省上奏请求增加太原的盐税，以纸币一千锭为界限，以下者仍然让本路兼管。

至元九年，忽必烈把尚书省合并于中书省，又任命阿合马为中书平章政事。至元十年，又任命他的儿子忽辛为大都路总管，兼大兴府尹。

右丞相安童看到阿合马专权一天比一天厉害，想补救这个弊病，就上奏说大都路总管以下的官员大多不称职，请求派人代替他们。不久又上奏说阿合马、张惠，仗着宰相的权势经商，以此一网收尽了天下的最大利益，严重毒害百姓，使他们走投无路而没有地方可以申诉。

阿合马说："是谁编出了这些话，臣下等要和他在朝廷上辩论。"

安童进奏说："尚书省的左司都事周祥、中木牟取暴利，罪状十分清楚。"

忽必烈说："像这样的人，征收完毕以后应当公开罢免他。"

后来枢密院上奏请求让忽辛同企枢密院事，忽必烈不答应，说："他是个胡商，一般的事情还不懂得，又哪能让他承担机要事务的责任呢？"

至元十二年，伯颜领兵攻打宋朝，渡江以后，捷报一天天传来。忽必烈命令阿合马和姚枢、徒单公履、张文谦、陈汉归、杨诚等人商讨在江南推行盐法、钞法和贸易药材的事情。

姚枢说："江南地区的交会如果不能通行，一定会使普通百姓失去安身之地。"

徒单公履说："伯颜已经张贴告示明白说明不兑换交会，现在急急忙忙推行，就是在百姓中失去信用。"

张文谦认为应当询问伯颜。陈汉归和杨诚都说："把中统钞交换江南的交会，有什么困难的？"

阿合马认为可行，并上奏忽必烈。忽必烈说："姚枢和徒单公履，不懂得掌握时机。朕曾经把这件事问过陈岩，陈岩也以为宋朝的交会应当尽快更换。现在商讨已经决定，就按你的话办。"

阿合马又上奏说："北方的盐和药材，姚枢和徒单公履都说可以让百姓自由贩卖。臣等认为，这件事如果让普通百姓去干，恐怕会造成混乱不统一。准备在南京、卫辉等路统一征购药材，从蔡州运盐二十万斤，禁止各种人员私下互相贸易。"

忽必烈说："好！就这么办。"

阿合马又说："近来由于征集财物以代价军用，减免在编百姓的征税，又裁撤转运司官，让各路总管兼管按额征税，以至于国家的用度不足。臣下以为不如查验户口数字的多少，远处的归到近处，设立都转运使，估计过去的情况增加税额，选择清廉有能力的官员分别办理这件事。应该由公家和私人冶炼、铸造铁器，而由官方设局专卖；依旧禁止各种人员私造铜器。如果这样，就能使百姓的财力不会穷尽，而国家的用度也能充足了。"

于是就上奏设立各路转运使，任命亦必烈金、札马剌丁、张暠、富珪、蔡德润、纥石烈亨、阿里和者、完颜迪、姜毅、阿老瓦丁、倒剌沙等人为转运使。

有一个叫亦都马丁的人，由于亏欠公家的银钱得罪罢官，死了以后，亏欠的还有很多没有还清。

中书省上奏商讨处理办法，忽必烈说："这是有关钱财粮食的事，去和阿合马商讨。"

正元十五年正月，忽必烈因为西京发生饥荒，发出粮食一万石加以赈济，又告诉阿合马应当广为贮藏积蓄，以准备应对缺乏。

阿合马上奏说："从今以后，御史台如果没有禀告尚书省，不能随便召见管理仓库的官吏，也不能随便查究银钱谷物的数字。集议中书不到的，就要判罪。"

同年四月，中书左丞崔斌上奏说："起先由于江南官员人数过多，担任的人也多不能称职，就命令阿里等人甄别淘汰他们。现在已经明显地有了证据，却蒙蔽不向朝廷上奏，这是欺君罔上。杭州地方广大，所负的责任不轻，阿合马出于私心，竟让他没有出息的儿子抹速忽充当达鲁花赤，掌握虎符，这难道是衡量才干而授以责任之道？"

崔斌又说："阿合马起先自己表示请求免去他子弟的官职，可现在身为平章政事，而他的儿子乃至侄子有的担任行省参政，有的担任礼部尚书，将作院达鲁花赤，领会同馆，一门之中都处在重要地位上，自己违背过去说的话，于公道有亏。"

忽必烈下旨全都加以罢免，但始终不把这当成阿合马的罪过。忽必烈曾经对淮西节度使昂吉儿说：

> 做宰相的人，要明白天道，察知地理，竭尽人事，兼有这三方面的人，才是称职。阿里海牙、麦术丁等人都不能担任宰相。回回人中间，阿合马的才能足以胜任宰相。

可见忽必烈对于阿合马才能的认可。但是，阿合马的政策激起宫廷中一些最重要的汉人的反对。

忽必烈的儒家幕僚对阿合马的权力愤恨不满，并且指责他牟取暴利，还指责他是谄媚小人、办事奸诈。皇太子真金显然加入了反对他的行列。真金反对阿合马的儿子和亲戚得到显赫之位。

至元十六年四月，中书省上奏请求设立江西榷茶运司以及各路的转运盐运使、宣课提举司。没有多久，任命忽辛为中书右丞。

至元十七年，中书省上奏说："阿塔海、阿里说，现在设立宣课提举司，官吏数字达到五百人，左丞陈岩、范文虎等说他们搅扰百姓而且侵吞偷盗官府钱财。请求加以罢免。"

阿合马上奏说："过去有圣旨把江南粮食数字登记造册，屡屡发文索取，但不把实情报告上来，臣下于是就同枢密院、御史台和朝廷大臣各位元老一起商讨，认为设立运司，官员多而俸禄重，应当在各路设立提举司，都省、行省各委派一个人管理这一事务。现在行省还没有委派人，就请求裁撤，又把过错归于臣下等人。然而臣下所委派的人，有的到任才两个月，如果计算他们侵吞了共有一千一百锭，以他们管理的四年时间比较起来，又应该是多少呢？现在设立提举司，不到三个月又加以裁撤，难道不是害怕他们非法的弊病败露，所以抢先自己奏请以消灭痕迹吗？应当下令让御史台派遣能干的人一起去，凡是有违法的行为，

天下一统

249

一条条据实奏报。”

忽必烈说："阿合马所说是对的，命令御史台选择人员前去查办。如果自己能够证明自己是清白的，这样才能责备别人。"

阿合马曾经上奏应当设立大宗正府。忽必烈说："这件事难道是你们这些人所应当说的，这是朕的事情。然而宗正这个名称，朕还是没有听说过，你的话很对，要想一想。"

阿合马要清理、计算江淮行省平章阿里伯、右丞帖木儿设立行省以来所有的钱粮数字，上奏派遣不鲁合答儿、刘思愈等前去清查，查到了他们擅自调换朝廷任命的官员八百人，擅自分设左右司官以及铸造铜印等等事情，均上奏。

忽必烈说："阿里伯等人用什么理由来解释？"

元世祖忽必烈传

阿合马说："他说行省过去就曾要铸造官印了。臣以为过去因为江南没有平定，所以能根据情况自己处置，现在和过去情况已经不同。他们又擅自支付粮食四十七万石，上奏裁撤宣课提举司。等到中书省派遣官员清理计算，征得纸币一万二千锭挂零。"阿里伯、燕帖木儿两个人最后竟因此被杀。

当时阿合马在位时间很久，更加肆意贪婪骄横，拉扯提拔奸党郝祯、耿仁，和自己一同在中书省任职，阴谋勾结，专门蒙蔽皇帝；积欠的赋税不加免除，百姓们逃亡迁移，京兆等路每年收入赋税达到五万四千锭，还认为不是实际情况。

百姓有近郊的良田，就抢夺据为己有。阿合马暗地里接受贿赂，表面上做得执法严明，朝中百官互相用眼神表示不满，但没有人敢于明白议论。有一个值宿禁卫的秦长卿，激昂慷慨地上书揭发他的种种罪恶，竟然被阿合马所谋害，在监狱里把他害死。

阿合马的专权，在朝堂上下早就引起了公愤。本来元朝在平定南宋期间，汉臣汉将与蒙古族勋贵之间的关系就一度紧张。阿合马仗着忽必烈的宠信，把两边都得罪了，这么一来，他离末日也就不远了。

至元十九年三月，益都千户王著与一僧人合谋，谎称为真金太子做佛事潜入大都，又假以真金太子之名，诏令枢密副使出兵相助。

接着，王著以真金太子随从的身份觐见阿合马，谎称真金太子要见他，阿合马果然上当，被骗出宫来，王著手持大锤，当场杀死阿合马，并高喊"为天下除此贼"。事后，王著主动投案自首。

御史中丞也先帖木儿飞马上奏忽必烈。忽必烈当时正驻在察罕脑儿，听到以后大为震怒，当天就起驾到上都，命令枢密副使孛罗、司徒和礼霍孙、参政阿里等按驿站飞驰到大都，讨伐作乱的人。

和礼霍孙等人办事效率很高，几天就定了案，说是汉人恼恨阿合马加税，因此杀他泄愤。忽必烈一开始非常痛惜，不忍心查办阿合马，但蒙古勋贵纷纷附议，历数阿合马之罪状，众议汹汹之下，忽必烈只好下令彻查阿合马。

结果让人瞠目结舌，阿合马除拥有大笔金银外，仅小妾就有五百人。更让忽必烈恼火的是，在阿合马家里还搜出一张人皮，其小妾招供说是阿合马每天做诅咒用的。

又用两幅绢，画上穿戴盔甲的骑兵好几层，包围守在一座有帷幕的殿前，兵士都拉开了弓弦挺着刃向里边，好像在向里进攻那样。画图画的人姓陈。

又有一个叫曹震圭的，曾经推算过阿合马的生辰八字。有一个叫王台判的，胡乱引用图谶，所说的都涉及谋反的事。事情上奏，忽必烈下令剥这四个人的皮当众展示。

接下来，阿合马全家被抄，阿合马的坟墓被掘，尸体被狼狗吃得只剩白骨。事情到此还没结束，在真金太子的要求下，忽必烈彻查了阿合马的同党，一共七百多人，或免或贬。

然而，除掉阿合马并没有解决忽必烈的财政问题。由于忽必烈多次发动对日本和东南亚的远征，在阿合马死后，税收需求变得更加紧迫。

阿合马死时，朝廷大臣怕谈财利之事，怕不能符合元世祖裕国足民的意愿。大臣桑哥推荐卢世荣，说他有才术，能拯救正在破坏的钞法，能增赋税，上可富国，下不损民。

卢世荣，名懋，字世荣。大名人。阿合马专政时，世荣向他行贿，得任江西榷茶运使，后因罪撤职。忽必烈便召见了卢世荣，其对答也甚合世祖之意。

至元二十一年十一月二十八日，忽必烈召中书省官员与卢世荣在朝中展开辩论，陈述朝廷所当做的事情。右丞相和礼霍孙等坚持正道，却为强词夺理的卢世荣所胜。

于是，忽必烈将和礼霍孙、右丞麦术丁、参政张雄飞、温迪罕等撤职，任命世荣为右丞，左丞史枢、参政不鲁迷失海牙及撒的迷失、参议中书省事拜降等，也都是卢世荣所推荐的人。

卢世荣骤然被越级提拔，当天便奉旨到中书省去整顿钞法，行文内外，官吏不诚心执行钞法的，都要问罪。

次日，卢世荣同右丞相安童奏称："现在有不少老幼疾病的人，缺衣少食，在市上行乞，这不是盛世所应看到的现象，应该由政府给这些人以衣粮，委托各路正官提举其事。"

卢世荣又上奏有关怀孟竹园、江湖鱼税及襄淮屯田事宜。三日后，安童又敦促世祖，对世荣所说的几件事，望诏告天下。

元世祖说："除给乞丐以衣食这一条外，其他都按世荣请求的办。"于是下诏说：

> 金银乃民间通用之物，自立平准库后，禁百姓私相买卖，今后听凭民间便宜交易。怀孟诸路竹货，系百姓栽植，官府曾禁止贩卖，使百姓贫困，并招致南北竹货不通。今撤销各地竹监，听从民间买卖，官府收税。江湖鱼税，已有定例。贫民捕捞以谋生，今到处禁止捕捞是不对的，今后听任人民采用。军国事务往来，全靠驿站运送，近来驿马增长，又要求各驿户供给使臣饮食，以致疲敝。今后除驿马外，其余由官府开支。

其后，中书省又上奏元世祖："盐每引收税十五两，国家未曾多收，目的是想让百姓便于食用。现在官府豪强欺名骗利，囤货待价，以至一引卖八十贯。京师盐价一引竟高达一百二十贯，贫者多不得食。建议以盐二百引给商人，一百引散存诸路。成立常平盐局。如盐商抬价，官府便以平价出售。这样庶民能吃到盐，国家财政也有收入。"元世祖采纳了这条建议。

卢世荣到中书省还不到十天，一位御史中丞便说卢世荣不能担任相职，这就完全有违忽必烈的旨意。因此，忽必烈将那位御史中丞下狱审问，撤销其职务。

卢世荣说："京师富豪酿酒沽卖，价高味薄，且不按时纳税，宜全部取缔，由政府沽卖。"

第二年正月九日，世祖到香殿，世荣奏称："臣过去说过，在全国，在每年税收九十三万二千六百锭之外，还另行筹划，不取于民，只要收回权势之辈侵占的部分，官府便可年增收入三百万锭。这个建议还未下达时，朝廷内外已有非议，臣请求与台、院在皇上面前辩论后实行。"

元世祖说："不必如此，你只管说来听听。"

卢世荣说："古有酒的专卖之法，今宜成立四品提举司，以负责天下的税收，每年可得钞一千四百四十锭。自诛王文统后，钞法被破坏，为今之计，不如按汉唐故事，收铜铸至元钱，还用丝布制绫券，与钞混合流通。"说罢把所织绫券呈交世祖。

元世祖说："这是有益的事，应当快办。"

卢世荣奏称："在泉、杭二州成立市舶都转运司，给本造船，令人从事商贩，政府得利之七成，商人得利之三成。禁止私人下海。若遇下海私商，扣留其以前所积蓄之钱货，由政府拍卖。如隐瞒不报的，允许检举揭发。被检举揭发的财物没官，政府将其一半给予检举揭发者。今国家虽有常平仓，实际无积蓄。我将不费一钱，但需完全禁止权势之家所独占的产铁地方的冶铁制造，由政府设立炉鼓，铸铁器卖与平民，其所得之利，与常平盐税相当，将此款籴粟积于仓，待粟价贵时粜出，必能使物价常贱而政府获厚利。今国家虽成立平准以管理物价，但无人知道规划运作，以致纸币贬值，百物腾贵。宜令各路成立平准周急库，以很少的月息，贷款给贫民。这样一来，则很多人可以得到贷款，而且政府又不会丧失本钱。还有州郡的官吏，并没有随着朝廷的官吏一起增加薪俸，可于各都立市易司，使它管理诸牙行商人，要牙商计算商人货物的价钱，四十分取一，再将牙商所得的全部，分为十份，四份留给牙商做佣金，六份由政府收取作为州郡官吏俸给。国家是以军力得天下的，不借重粮食，唯靠羊马。宜于上都、隆兴等路，以官家的钱买币帛到北方去换羊马，再选蒙古人牧放这些羊马，收其毛、皮、筋、角、酥、酪等物，分为十份，政府取其八，牧放者得二份。这些马，可用以准备军需；羊则可以补充赐予。"

元世祖说："你先头说的几件事都很好，应当快些实行。你说的养羊放马的事也好，祖宗时也曾想实行，但没有实现，我要好好想一想。"

卢世荣因而又奏称："臣办的事，多为人所怨，将来必有人暗中说我坏话，臣实在有点害怕，所以请您先说说对我建议的想法。"

元世祖说："你说的都是对的，但要没有人说三道四，那是不成的。你不要防范我，只是在饮食起居中自己要注意。拐了脚的狗，狐狸是不喜欢的，但主人难道不喜欢它？你的言行，朕是很喜欢的，但坏蛋是不会喜欢的。你的职分已定，没有一二人在左右护卫，也应谨卫门户。"

于是，元世祖便通知丞相安童，增加卢世荣的随从，可见卢世荣是多么受到元世祖的倚重和爱护。

又过了十多天，中书省请皇上撤销御史台，将御史台所管的按察司转隶内台，又请皇上在行省所在地成立行枢密院。

元世祖说："行院的事，前日已议。由于阿合马自私，欲使其子忽辛掌行省兼兵权，才未实行。现在你想实行，是恰当的。"

次日，奏升六部为二品。又奏令按察司总各路钱谷，选择能干的有济世之才的人担任此职。其赏罚之事，上报御史台，钱谷由各部申报中书省。

元世祖说："你和老臣共同商议，然后行之，可也。"

二月十八日，御史台奏请皇上说："中书省请撤销行台，改按察为提刑转运司，以便兼管钱谷。臣等认为，初置行台时，朝廷老臣集议，以为有益。现在也无甚害处，不可随便撤销。而且，按察司兼转运，就废弃了它的纠偏、弹劾的职能，请右丞相再与朝廷老臣集议。"元世祖同意御史台的请求。

十九日，御史台奏称："前奉旨，令臣等议撤销行台及兼转运事，世荣认为任职于按察司的人，都是有才能的、称职的人，可兼钱谷。但朝廷诸老臣都认为不可兼职。世荣怎样用人，我们不敢干预，大家只是同意保留行台，认为不能撤销。"

元世祖问："世荣以为如何？"

御史台的人说："他想撤销行台。"

元世祖说："那就依世荣说的好了。"

中书省奏请设立规措所，官阶五品。这个机构的官吏，以懂商业的人担任。元世祖问："这机构是何职能？"

卢世荣答道："规划钱谷。"元世祖便采纳中书省的这条建议。

卢世荣又上奏道："天下能规划钱谷的人，过去都在阿合马的门下，现在，在档案中把他们当成贪赃渎职的人。然而，这些人岂可完全弃置不顾。我现在想选择其中通才可用之人，但又怕有人说我任用有罪之人！"

元世祖说："何必说这话，可以用的人，你就使用吧！"于是，卢世荣便使以前的河间转运使张弘纲、撒都丁、不鲁合散、孙桓等同为河间、山东等路都转运盐使。另外，还提拔任用了其他一些人。

卢世荣既以兴国家之利为己任，当然怕他和恨他的人都不少。于是卢世荣便提出9件事要求元世祖向天下发出告示：

其一，民户的包银免征三年；其二，官吏俸禄，免民间代纳；其三，免大都地税；其四，江淮民众失业贫困，有卖妻儿的，当地政府应代为收赎，使为良民；其五，逃亡、迁移后又复其业者，免其差税；其六，乡民制醋者免税；其七，江南田主收佃客租课时，要减免一分；其八，内外官吏增俸五分；其九，定百官升迁考试的方法。

这些意见，大都是卢世荣为了减少别人对他的怨恨、想让自己的名誉好一点而提出来的，元世祖都听从了他。

接着，卢世荣又奏请皇上："建议设立真定、济南、江淮等处宣慰司兼都转运使司，以便管理各种赋税。另外，还要订立条例：诸司不得兼任税收官吏，不得遣人随便到办税收的地方干扰，按察司不得检察文卷等。"

又上奏说："大都酒税，每日征米一百石，以地方的人口与京师的人口相比，地方上的人口当居三分之二，因此，能收酒税的数额，每日应为米二千石。今各路总计，酒课米不过三百六十万石，可见，内中是有奸、欺、盗、隐等弊端存在的，怎能不禁止这些弊端呢？臣等已责成各官增加旧日有的税额二十倍，将来如有不按额纳税的，就重治其罪。"元世祖都采纳了。

三月二十八日，卢世荣奏请皇上任命宣德、王好礼为浙西道宣慰使。元世祖说："宣德，有许多人说他坏。"

卢世荣说："宣德增补入中书省，能每年办钞七十五万锭，所以，我才让他去浙西。"元世祖听说后便采纳了。

四月，卢世荣对元世祖说："承蒙您的厚爱，事情都要我来办。但我认为，今日的情况，就好像数万顷田，过去没人耕种，草生其间。今天我来开垦，有的已经耕种，有的还未耕种。在已耕种的田里，或刚下种，或已生苗。即使如此，如不使人守卫之，便会为野物所蹂躏，实在可惜。现在，丞相安童监督我的所为，他就是一个守卫田地的人。如不借给守卫田地的人以力量，则种田人耕种了田也徒劳。但如只守卫田地的人获得力量，而天不下雨，那么，最后也不能成功。所谓下雨，就是

元世祖忽必烈传

陛下给我增添力量。这一点，望陛下可怜我的处境。"

元世祖说："我知道了。"便下令，凡是卢世荣奏请行事的条目，都批准实行。

和阿合马一样，他试图加大政府的税收来应付朝廷不断增长的费用。他试图以专卖、增加市舶税、发行更多的纸币以及擢用商人为课税官员等措施来增加政府的收入。卢世荣的经济计划与他的前任阿合马一样引来敌意。

汉人指责他牟取暴利、任人唯亲以及剥削他的汉人同胞，还指责他迫害、追捕甚至处死竞争者和对手。这些指责的准确性是令人怀疑的，因为史料中并没有说明卢世荣本人对这些事件的看法。

和阿合马一样，卢世荣只是试图提高极度需要的税收，但是他的努力引起他的许多汉人同事的敌视。皇太子又一次成为反对卢世荣的领袖。

监察御史陈天祥上表弹劾卢世荣，元世祖当时在上都，御史大夫玉速帖木儿便把陈天祥的揭发书转给元世祖。

元世祖派遣唆都八都儿、秃剌帖木儿等回大都，命安童召集诸司的官吏、老臣、儒士以及了解内情的人等，和卢世荣一道，倾听陈天祥的揭发，并令卢世荣和陈天祥同赴上都见皇帝。

御史中丞阿剌帖木儿、郭佑、侍御史白秃剌帖木儿、参政撒的迷失等，将卢世荣服罪的报告转奏元世祖。阿剌帖木儿、陈天祥等与卢世荣在元世祖面前对质，卢世荣认罪不讳。

于是，卢世荣便被捕入狱。元世祖问忽剌出："你对卢世荣的处理有什么话要说？"答道："最近新到中书省任职的汉人说，卢世荣完全服罪，其罪状已彻底查清了，案也判定了，还每日把他养起来，岂不是糟蹋仓库的粮食。"

元世祖便下令杀死卢世荣，并割其肉以喂禽兽。卢世荣在这年年底被处死。卢世荣的死可能除去了一个被汉人视为横征暴敛的人，但是不能缓和朝廷面临的财政问题。

除了财政问题之外，忽必烈还面临着南宋与其他疆域的经济统一的困难。如果忽必烈希望实现其他任何经济和政治目的，中国必须是真正统一的和中央集权的。

忽必烈首先释放被他的军队俘虏的大批士兵和平民，以争取江南的汉人。接着他发布以恢复南方经济为目的的命令，其中包括禁止蒙古人掠夺农田，并建立贮存剩余谷物的常平仓来保证遇到灾害时有足够的供应。

朝廷一般不没收南方大地主的土地，也不削弱他们的权力基础，征收的农田税并不繁重，而且在灾年会被免除。盐、茶、酒和一些商品实行专卖，但是由专卖导致的价格不足是难以负担的。

忽必烈推动南方繁荣的另一个基础是海上贸易。自身利益肯定是这些政策中的动机因素，因为南方的经济恢复最终将意味着更大的利润。

尽管他做出努力，南方一些汉人的敌意却没有平息下来，损害着忽必烈的经济计划。在忽必烈统治结束之前，南方起义持续不断。另外，大部分抵制蒙古人的汉人采取拒绝与蒙古人合作的态度。

元世祖忽必烈传

这种反抗使忽必烈和元朝丧失他们急需的专门人才，而连续不断的骚乱迫使他们在南方驻扎军队并造成很大的开销。总而言之，到忽必烈统治的后期，南方并没有完全统一，而且经济问题加上政治分裂在这个地区不断干扰着忽必烈。

在阿合马被谋杀和卢世荣被处死之后，桑哥成为政府中最显赫的人物。桑哥，又译作桑葛，是源于梵文的藏语名，意为狮子。桑哥通蒙古、汉、畏兀儿、藏等多种语言，在脱思麻地区汉藏交界之地拜见了帝师八思巴，他愿为上师效力，八思巴将他收为译史。

至元六年，桑哥随八思巴来京，并被世祖召用。此后桑哥更加受到世祖的宠信，权势显赫，以至侥幸之徒竞趋其门入贿求官。至元二十一年，卢世荣以桑哥之荐白身进用，被任命为中书右丞，主持政务。卢世荣被诛，而桑哥的地位并未受到影响。

中书省曾令李留判购油，桑哥自己要求得到李的购油钱自己去购买。司徒和礼霍孙说桑哥不宜做此事，桑哥不服，以致互相殴打。桑哥还对和礼霍孙说："与其使汉人得机会搞钱，不如让僧寺及官府营利。"便将万余斤油给予中书省。

后来，桑哥还把自己在经营中赚的钱献给中书省，和礼霍孙便说："我开始没有想到会有这种情况。"

一天，桑哥在世祖面前讨论官府雇佣工匠和购买民间器物的事，谈及桑哥买卖油赚钱给中书省，世祖便更欣赏他，开始有意让他担负重任。

元世祖曾指令桑哥上报省臣的姓名，可见朝廷有什么机构要设立、有什么人员要任免，桑哥都是知道的。二十四年闰二月，再设尚书省，并任桑哥及帖木儿为平章政事。

元世祖诏告天下，改行中书省为尚书省，六部为尚书六部。三月，更定钞法，在全国发行至元宝钞，中统宝钞流通如故。

桑哥曾奉旨检核中书省事，查出亏损钞四千七百七十锭，破旧钞票一千三百四十五锭。平章麦丁自己服罪，参政杨居宽稍作辩解，说自己实际上只掌管人事方面的事，钱谷之事不是自己专任。

桑哥便令手下人以拳头打他的脸，并质问他说："既然掌管人选方面的事，难道没有罢黜失当的人吗？"很快杨居宽也服罪。

凡考核出有违法、怠惰和失职等情及参议王巨济曾认为新钞通行不便而违背圣意之事，各人都已承认。

桑哥乃派参政忻都上奏皇上，元世祖令丞相安童与桑哥共议，并指示说："不要令麦丁等他日有机会说这一次服罪是胁问诬服而成的，因为此等人本来是很狡猾的人。"

过几天，桑哥又上奏说："审问中书参政郭佑，许多地方逃避责任，托言生病，居其位而不尽其职。我质问他，中书省的事务，怠惰如此，如是你能力不行，为何不告知蒙古籍的大臣？故殴打侮辱了他。现在，他已老老实实服罪了。"

元世祖听后，要求对郭佑进一步追查，郭佑与居宽均被斩首示众，人们都认为这是一桩冤案。台吏王良弼曾与人议论尚书省政事。又说："尚书查核中书，不遗余力。他日我辈揭发尚书省的为奸好利之事，要杀戮籍没其家，也非难事。"

桑哥听到这些话，便逮捕王良弼。自己与中书台院札鲁忽赤审问王良弼，迫其服罪。桑哥说："此辈诽谤我，不杀之无以惩后，乃斩良弼，没收其家产。"

有吴德者，曾为江宁县达鲁花赤，求官不如愿，便私下与人非议朝政。他说："今日尚书检查中书的毛病，他日还要受中书审查，独你桑哥不死吗？"

后来，有人向桑哥告密，桑哥便急忙逮捕吴德，审问后判处死刑，并且强迫他的妻子入官为奴。

桑哥曾奏请授沙不丁江淮行省左丞，乌马儿为参政，依前领泉府、市舶两司，授拜降为福建行省平章。

得到元世祖批示后，乃向元世祖说："臣以前说过，凡任命省臣与行省官的人，要与丞相共同商议。今奏请任用沙不丁、乌马儿等，是因为丞相正好返回大都，来不及和他商量，我担心有人以我从前说过的话来责备我。"

元世祖说："安童不在，朕是你的主子，朕已应允，有人说你，要他到朕的面前来说。"

时江南行御史台与行省并无公文来往，事无巨细，必咨询内台呈省上奏。桑哥认为公文如此往返，积压误事，如行台有事上报，宜按内台的例子，分呈各省。

桑哥又说："按察司文书，宜随各路民官检查考核，互相纠举。且自太祖时有旨，凡遇有讼事者，应相互提醒和考察，这是我们的传统。"元世祖从之。

十月二十八日，元世祖询问翰林诸臣："以丞相领尚书省，汉唐有此制吗？"都答道："有的。"

次日，左丞叶李把翰林、集贤诸臣所说的告诉元世祖，且说：

元世祖忽必烈传

"从前省官不能实行的，平章桑哥能办到，桑哥宜为右丞相。"于是，便任桑哥为尚书右丞相兼总制院使，领功德使司事，官阶进为金紫光禄大夫。

于是桑哥奏请以平章帖木儿代替自己的位置，右丞阿剌浑撒里升平章政事。叶李升为右丞，参政马绍升为左丞。

十一月，桑哥对元世祖说："我以前因诸道宣慰司及路府州县官吏拖沓误事，曾奉旨派人到处责以笞刑。今有真定宣慰使速哥、南京宣慰使答失蛮等，都是旧日功臣之子，应该由你皇上自己作决定如何处置。"元世祖便下令罢了他们的官。

二十五年正月，桑哥又弹劾甘肃行尚书省参政铁木哥无心于政府事务，又不与他合作，因此，要求元世祖准予由乞牙带取代他。不久，又弹劾江西行尚书省平章政事忽都帖木儿不称职，请元世祖撤销他的职务。还有兵部尚书忽都答儿对其本职工作不勤奋，桑哥打了他一顿，先罢了他的官，尔后才上奏元世祖。

元世祖说："如果这样的人不撤职，你要办的事怎能完成？"万亿库有旧牌缫七千余条，桑哥说牌缫时间久了会腐，宜分开来做他用。元世祖赐诸王出伯银二万五千两，财帛万匹，以官家之驴运送，运到后则将银帛、官驴一并赐予。

桑哥却说："不如将驴子载玉回来。"元世祖很同意桑哥的建议。他就是这样想以小利来讨好君王的。

漕运司达鲁花赤怯来，没有巡视沿河诸仓库，以致不少粮食被盗窃或腐烂。桑哥建议以兵部侍郎塔察儿取代他。自从成立尚书省以来，凡管理仓库的官员，无不细致考察，先选委六部之官，又以为不专，乃设征理司，以催纳钱谷。

时桑哥以清算为己任，十分细致，使在仓库任职的人无不破产。所以，每当仓库要更换人员的时候，人们都弃家避走。

十月，桑哥对皇上说："湖广行省的钱谷，已责令平章要束木承认赔偿了。外省欺骗偷盗之事必多，请求以参政忻都、户部尚书王巨济、

天下一统

参议尚书省事阿散、山东西道提刑按察使何荣祖、札鲁忽赤秃忽鲁、泉府司卿李佑、奉御吉丁、监察御史戎益、金枢密院事崔彧、尚书省断事官燕真、刑部尚书安祐、监察御史伯颜等十二人，评估和计算江淮、江西、福建、四川、甘肃、安西六省，每省各二人，特给予他们印章。省部官既下到六省去，省部的事也不可废，拟推人代理，代理人领原俸禄。在估算好之后，可以让他们带一支军队以备差使，并可起护卫作用。"这些意见，元世祖皆采纳了。

当时天下骚动不安，江淮尤为厉害。而阿谀奸佞之徒，正在劝说都民史吉等为桑哥立碑颂德，元世祖听到后说："民众想立碑就立碑吧！还要将都民的想法告诉桑哥，使他也高兴高兴。"于是翰林撰文，题为《王公辅政之碑》。

桑哥认为，总制院所辖的西蕃诸宣慰司，管理军民财谷，事关重大，应该把这个机构的级别再提高点，以示其尊崇而与其他机构不同，因此，建议改为宣政院，官秩一品，用三台银印。

元世祖问可用何人来主持此机构，桑哥说："我和脱因。"

于是元世祖便命桑哥以开府仪同三司、尚书右丞相，兼宣政院使，并领功德使司事，又命脱因同为宣政院使。

元世祖曾召见桑哥说："我因叶李说的话，更改至元钞。这里所用的是法，所贵的是信。你不要把它视同片纸，其本金不可有损失，你应记住这一点。"

二十六年，桑哥奏请审查甘肃行尚书省及益都淄莱淘金总管府，金省赵仁荣、总管明里等，都以有罪的名义罢了官。

元世祖到上都，桑哥说："去年陛下去上都，臣每日视察内宫诸库，今年想坐顶小轿子去，但又怕人暗地议论。"元世祖说："随别人去议论吧！你坐轿子去是可以的。"

桑哥又说："近来委托省臣检查责问左右司的文簿，凡经监察御史查看的，多有遗漏。自今以后，当令监察御史到省部查看。查看后把自己姓名签署在卷末，如有遗漏，易于归罪。仍令侍御史坚童检查文簿，

元世祖忽必烈传

如有失逸，罪当连坐。"

元世祖接受了桑哥建议，有四个监察御史遭到鞭打。此后，监察御史到省部去的，省部属官与之抗礼，但遣小吏持文簿置案而去，监察御史便普遍阅读，御史台纲纪从而遭到破坏。参政忻都罢职归家后不久，又召回朝廷。以户部尚书王巨济专管清理的事，由江淮行省左丞相忙兀带总理其事。

闰十月，《桑哥辅政碑》刻成，树立在尚书省衙门前，碑上盖有牌楼，把碑用红颜色刷好。

桑哥奏称："国家开支很大，岁入常不敷出，以去年计算之，不足的金额超百万锭。自尚书省查核天下钱谷以来，赖皇上的洪福，用所收补充进去，没有再向百姓搜刮。但我怕今后再难用此法来弥补不足了。为什么呢？因为仓库可征收的少，而偷盗的也少了，所以，我很忧虑。我认为，盐税每引现在值中统钞三十贯，应增加为一锭；茶每引今值五贯，应增为十贯；酒醋税，江南应增额为十万锭，内地为五万锭。还有协济户十八万，自入籍之日起，至今已有十三年，只纳半赋。听说他们现在的财力已趋完善，应增为全赋。如果这样，则国家费用大体可以维持，臣等也可免于罪了。"

元世祖听后说："就按你所说的实行。"

桑哥专政后，凡调任内外各官，都由他自己决定，但委任令还是由中书省宣布。对此，桑哥向元世祖谈了自己的想法，元世祖下令，自今以后，宣敕都交由尚书省办理。

由是，尚书省就得以把刑罚和爵位都作为商品来买卖了。那些触犯刑法和追求爵位的人，都到桑哥的门下进出，出高价以买得自己想得到的东西。人们一出高价，当判刑的能得以脱身、想当官的能得以升迁，于是，纲纪大坏，人心惊愕。

另外，桑哥的财政政策也招致敌视。他提高商税并且提高盐、茶和酒的价格。更引起非议的是他对纸币的改革，因为这受到潜在的破坏性通货膨胀的威胁。

桑哥用称为"至元钞"的新钞取代旧钞，这种新钞是用忽必烈的年号命名的。要按五比一的比率把旧钞换成至元钞，那些被迫把自己的不太值钱的旧钞按不甚满意的兑换率进行兑换的汉人因为他们的实际财富价值下降而愤慨。

由于他明显地支持一个名为杨琏真加的僧人，桑哥在汉人中的声望受到特别严重的损害。杨琏真加来自中国的西部并且可能是吐蕃人或者是唐兀人。几乎在南宋被推翻的同时，他被任命为中国南部佛教的总管。这个职位实际是在桑哥的管辖之下，因为桑哥负责全中国的佛教事务。杨琏真加建造、恢复和整修了中国南方许多庙宇，但是他还把一些儒教和道教的庙宇改造成佛教的寺庙，这种改变在汉人中造成很大的仇恨。

更使汉人感到厌恶的是杨琏真加为了筹集建造和修缮寺庙所需费用而采取的方法。至元二十二年，他掘开南宋皇陵并洗劫了已故皇帝和皇后的陪葬财宝。

杨琏真加用这些宝物支付佛教寺庙的建造和修复费用，并且还把一些宫殿建筑改成佛教寺庙。使事态变得更糟的是他强征民力重建或改造寺庙并且将大地主的田地没收变为寺产。

南方土地所有者对他们的土地受到专横掠夺而寺庙却免除赋税万分愤怒。这些土地所有者也开始指责杨琏真加牟取暴利、腐化及追求女色。

使杨琏真加受到指责的更为严重的违法行为是对南宋皇族遗骨的亵渎。据说一位皇帝的尸体从坟墓中被掘出，吊在一棵树上，然后加以焚烧，最后的侮辱是将尸骨与马骨、牛骨混在一起重新埋葬。

杨琏真加滥用职权引起南方汉人的怨恨，并终于导致对他的保护者桑哥的指责。

至元二十八年春，元世祖打猎，也里审班及也先帖木儿、彻里等向元世祖弹劾桑哥专权贪财。

元世祖召见翰林学士承旨、知制诰兼修国史不忽木，询问他有关桑哥的情况，不忽木说："桑哥蒙蔽皇上，紊乱政事。有人揭发他，他便以其他罪名置人于死地。今百姓失业，盗贼蜂起，旦夕之间可能出大乱子，如果不立即杀死桑哥，恐为陛下之忧也。"

留守贺伯颜也曾向元世祖陈述桑哥的奸佞欺诈行为。时间一长，说桑哥坏话的人越来越多，元世祖才决心杀桑哥。

二月二十四日，元世祖对大夫月儿鲁说："屡闻桑哥压制御史台，以堵塞进谏者之口；又曾捶挞御史，桑哥责怪他们的是些什么事，应当辨别清楚。"

桑哥等拿御史李渠等已经查看的文件来了，元世祖令侍御史杜思敬等勘验文卷，进行辩论。经过几次交锋，桑哥等理屈词穷。

第二天，元世祖驻跸于大口，再召御史台及中书、尚书两省官员辩论，尚书省执文卷告元世祖说："前浙西御史只必，因监督烧钞受赃至千锭，曾通知他来台询问，两年没有回复。"

思敬说："公文先后次序，尽在卷中。今尚书省折卷持对，其弊可见。"

速古儿赤里抱卷至元世祖面前说："用朱印以封纸缝，是为了防止欺弊。他们做宰相，乃折卷、破印，与人争辩，这是教吏为奸，当治其罪。"

元世祖同意速古儿赤里的说法，便批评御史台说："桑哥为恶，前后四年，其奸赃的暴露，不止一事，你们做台臣的很难说不知道吧？"

中丞赵国辅说："我们知道。"

元世祖说："知情不揭发，该当何罪？"

思敬等答道："罢官免职，追还薪俸，听从皇上的裁决。"数日不决。

大夫月儿鲁对元世祖说："台臣任职太久了，当罢免；刚上任的，应保留。"于是元世祖下令，毁《桑哥辅政碑》，将桑哥逮捕入狱审问。至七月，桑哥被处决。

平章要束木，是桑哥的同党。在湖广时，正月初一，百官集会行省，穿朝服等待。要束木召百官到自己家中，受百官的祝贺。贺毕，才到省望着皇帝住所祝贺。又暗地召人占卜，出言不轨。至此，中书便向皇帝开列他的罪状，元世祖命押解湖广处死。

　　阿合马、卢世荣、桑哥等财政大臣虽然相继死去，但是这三个人的行为影响着忽必烈，因为是他作为统治者任用了他们，这无疑严重打击着忽必烈的信心，使他开始执行有时和他以前力倡的政策截然相反的政策。

元世祖忽必烈传

推动多元文化的发展

忽必烈称帝后，希望把自己扮演成元朝文化的保护人。元政府需要有适当的文字来记录他的新政府的国库、军事和福利事务。然而蒙古人在收集和保留这些记录方面经验不足。

有实用性的文字是必不可少的，在成吉思汗统治期间蒙古人创造了一种用畏兀儿字母拼写自己语言的文字，大部分宫廷文件最初是用蒙古文书写的。

然而，畏兀儿体蒙古文不能准确地记录蒙古语的语音。另外，它难以准确地记录汉语，因而不能实现忽必烈推广官方文字的计划。

忽必烈时期，开始依靠汉人书记官，他们通常用文言文书写。但是，忽必烈强迫他们用白话书写，因为采纳文言文意味着文化上对汉人的屈从，而且对蒙古人来说白话更容易理解。不过，忽必烈也不想用汉字。作为一个居住着不同民族并且使用着多种语言的帝国的统治者，忽必烈希望有一种能记录所有这些不同语言的文字。他渴望在短期内研制出一种通用的文字。

但是，忽必烈没有意识到的是，实施一种不为人知的文字是不会马上被接受的。一种无论多么精确或者多么有效的人工设计的文字，将会遇到过分依恋传统文字的人们的坚决排斥。

然而忽必烈仍决定创制一种更好更通用的文字。他把创制一种新文字的任务交派给吐蕃人八思巴。至元六年，八思巴创制了用藏文四十一个字母拼写的蒙古新字。

由于文字的方形形状，八思巴文有时称为"方形文字"，在对蒙古语语音的表达上它比畏兀儿语更准确。它还更准确地反映忽必烈的帝国中包括汉语在内的其他语言的语音。

八思巴文属于拼音文字，有音无义，类似音标。按忽必烈的规定，八思巴文是用来拼写一切语言的。元代主要用来拼写蒙古语、回鹘语、汉语。

国家培养专门人才学习该文字，使得八思巴文成为贵族文字。皇帝派遣只懂得八思巴文而不懂蒙古语的汉族官吏，到军营传达情报。这就类似密码，汉族官吏不懂得蒙古语，不了解自己带来的指令的真正含义为何，而蒙古族将帅却能安全准确地收到情报。

八思巴文字看来理想地适用于记录忽必烈帝国中的所有语言，适用于作为通用文字，并且有助于统一蒙古统治下经常对抗的各民族。忽必烈自豪地把它叫做蒙古文字，最终称它为国家文字。他命令用它书写宫廷文件并且建立加速传播新文字的学校。

然而忽必烈的期待未能实现，因为这种文字很难被接纳。甚至他自己的官员都违反必须在宫廷文件中采用这种文字的规定。当时建立的各个学校同样也不是像所希望那样有效。

至元九年，一位官员的报告表明汉人官僚的孩子和亲戚都不学习这种文字。尽管忽必烈不断努力和反复劝告，八思巴文从未取代畏兀儿体蒙古文或汉字，所以八思巴文最终还是主要应用于官方文件。

保存下来的八思巴文实物是很少的，只在一些印章、铜钱、纸币、

元世祖忽必烈传

瓷器上和一些敕令及佛经中发现这种文字，而汉字和畏兀儿体蒙古文还保持着优势。元朝灭亡后，这种文字也随之消失了。

八思巴文的失败不应该归咎于它在技术上功能不全。语言学家认为它在发音的准确性和灵活性上是一个奇迹。它显示朝廷对一种通用文字以及对一种反映那个时代的白话文的书面文字的关心，但它是官方设计而且是从上而下强制推行的。

忽必烈希望使用八思巴文鼓励白话文在写作中的普及。通过强调白话文，他表示他无需遵守士大夫管理政府的原则和方法，这些原则和方法需要使用文言文，并且注重历史知识对当代政治决策的作用，因此不应对在宫廷文件之外还使用白话文感到奇怪。白话文渗透到元朝文学中，而且白话文和通俗艺术比中国历史上的任何时期都要繁荣。

在忽必烈时代和以后几位继承者统治时期，中国戏剧尤其繁荣昌盛。宋末元初，城市的发展为戏剧的兴起提供了适宜的环境，因为它既提供了观众，又提供了演出所需的资金。如果没有城市文化以及政府和平民的资助，戏剧就不会繁荣。元代城市的确有不少成为伟大戏剧作品的温床。尽管精彩的表演和不少于五百部的创作剧目已不复存在，但从那个时代至少保留下来一百六十部戏剧。许多城市中很快发展到具有几十座剧场。

在以前总是被视为社会贱民的男女演员发现自己处于更值得羡慕的地位，至少在蒙古人统治的早期是如此。因为穿插着唱歌、舞蹈和杂技的小品是元代戏剧的流派特性，所以被称为"杂剧"，并使它更易理解，更吸引普通观众。

大部分戏剧是由专业剧作家以及由于废除科举制度而排除在官职之外的汉人文士写的。忽必烈和蒙古朝廷都促进了戏剧。他们很少进行干预，剧作者可以设计各种主题，不用担心政府的审查。

一种更积极的趋势是忽必烈和其他官员曾命令在宫廷进行一些剧目的演出。他们看来还充当了一些剧作家的庇护人，他们对白话文的支持方便了剧作家的写作，因此对元剧的发展作出了贡献。

汉人剧作家对自己的艺术创作是负责的。然而，这种鼓励元代戏剧的环境，都应归功于忽必烈和他的蒙古下属。忽必烈知道在汉人眼中一位好皇帝应该是国家文化的支持者，而戏剧作为一种正在中国发展的艺术形式应该得到支持。

在小说的发展以及使大批读物在中国流传方面，忽必烈没起什么作用，但他的文化和文学政策提供了有利的发展环境。忽必烈强调白话文对于经常描写低层人物的小说家很有益处。采用白话文可以允许小说家再现普通百姓的语言模式并表现更大范围的人物。

朝廷还促进书籍的更广泛传播，因此元朝的印刷术保持了宋朝所达到的高水准。

至元六年，忽必烈建立专门机构，印刷得到了官方资助，又在至元二十三年向学校分配土地，以让学校利用土地的收入印刷书本。印刷业的发展使得书籍更容易得到并且开始形成明清的文学特点。

绘画是另一种受到宫廷影响的文化形式。忽必烈和他的蒙古同伴发现绘画是可以接受的，因为欣赏绘画时他们不必去克服难以应付的语言障碍。这位大汗个人的虚荣也使得他的蒙古同伴要对视觉表现有所反应。

忽必烈有一张自己的正式肖像，他又委托画家刘贯道画出他在狩猎中的形象。他下令把南宋的皇家绘画收藏运送到大都，在大都，几位汉人鉴定家对这些画进行分类。

宋朝的绘画是他自己的收藏的基础，随着他庇护一些画家并且得到这些画家的一些作品，他的收藏不断增加。一些艺术史学家曾经强调忽必烈和蒙古统治者在中国绘画史上的负面影响或者缺少影响，但是最近的研究已对元朝作出某些肯定。

确实有一些伟大的汉人画家拒绝受聘或者拒绝与蒙古人合作，但是更多的画家在元朝初期得到支持和保护。

有些拒绝为外族征服者供职的人变成隐士，而其他对被征服的宋朝保持忠诚的人则专注于个人事业以掩饰他们对蒙古人的厌恶。

元世祖忽必烈传

绘画是这样一种值得注意的职业，从而形成一个和宋朝皇家画院的官方画家相区别的称为业余画家的群体。他们逐渐形成的文人画派颇具画家的感情色彩，这自然能使画家谨慎地表达他们对蒙古人的敌意。

画家郑思肖是以他的中国兰花画著称的，当问他"为什么在花根周围不画泥土"时，他的回答是"泥土被北人偷去了"。龚开、钱选以及其他画家也把他们的艺术当成反抗社会的微妙手段。

宫廷也任用一些知名的汉人画家做官。画家高克恭在刑部得到一个职务，而书法家鲜于枢任职于御史台和太常寺。通过在政府中担任挂名职务，忽必烈还资助了许多其他画家。

忽必烈在画家中最有名的支持者是赵孟頫。因为赵孟頫是宋朝宗室后裔，他对蒙古人态度的转变提高了忽必烈在汉人中的威望和合法性。对于那些批评他背弃宋朝而为"北人"服务的人，赵孟頫回答说，每个人根据他所处的时代在世上生活。

尽管许多蒙古人怀疑赵孟頫的忠诚，忽必烈任命这位画家为兵部郎中，赵孟頫以诚心诚意地完成工作对此作出回报。他建议改革驿站服务并且减少汉人的赋税。

在艺术上，赵孟頫发现在蒙古人的统治下比以前的宋朝有更大的自由。他论证说，宋朝宫廷画院的建立使画家变得毫无价值，而元朝统治者不干扰画家的艺术创造并且让他们接触新的主题和新的旋律，例如，画马。

忽必烈和蒙古人对手工业的影响甚至更大。当忽必烈取得中国政权时，他遵循他的蒙古先辈的政策，确保对手工业者提供良好的支持，使之能够生产他和他的人民珍视并需要的商品。

忽必烈在工部下建立了监视和控制中国手工业者的机构，并且向手工业者提供包括豁免大部分赋税在内的许多特权，但是对他们的时间或者他们的产品要有相应的征用。

毫不奇怪，在忽必烈统治时期技术和美学都取得了进步。因为认识到陶瓷的潜在利润，朝廷特别促进陶瓷生产。这样，朝廷既可以得到它所需的瓷器，又能将剩余产品与东南亚及中亚进行贸易以得到可观的利润。

德兴、安福、德化、龙泉和景德镇的窑场位于中国东南并且很容易从这个地区的大港口把瓷器运送到外国。元朝的工匠从蒙古人那里得到很大的灵活性并且不受宋朝审美准则的约束，可以进行创新，并且试验生产美丽的陶瓷产品。青花瓷源于蒙古人时代，白瓷和一些青瓷也源于这个时代。

对中国建筑，忽必烈也有间接的影响。他的吐蕃帝师八思巴对吐蕃一座新建的黄金塔有着极深的印象并且得知该建筑是由尼波罗国工匠阿尼哥设计的。

至元二年，八思巴带着这位尼波罗国工匠回到内地并且把他介绍给忽必烈，忽必烈对这位年轻的外国人也颇有良好印象，他分配给阿尼哥几项工程。

阿尼哥设计了一座佛庙、大都一个公园里的一座亭子、涿州的一座庙宇和上都的寺庙，作为对他的庇护人的回报。显然，忽必烈对阿尼哥感到满意，至元十年提升他为管理手工业者的诸色人匠总管，使他成为中国所有手工业匠人的主管。

忽必烈的妻子察必同样为这位外国建筑家所陶醉，她为阿尼哥安排了与一位出身显贵的宋朝皇族后代女性的婚姻。这样，忽必烈和他的家庭认可了一位伟大的匠人并对他的努力表示了欢迎和奖掖。

忽必烈本人以及作为整体的蒙古人虽然没有直接为中国的艺术和手工业作出贡献，然而他们对艺术的保护是不容置疑的，并且这样的支持促进了艺术的发展。

同样，通过使艺人和手工业者得到较大自由和灵活性，从而激励了他们的创新和试验。他们本身是外族人，愿意为汉人艺术引入非汉人的风格和思想。例如，忽必烈对阿尼哥的支持导致在汉地建筑中出现西藏和尼泊尔风格。当然，忽必烈对汉人和非汉人的一视同仁有助于他的一统天下的主张。

忽必烈需要被承认为中国的君主，但他同时还必须表明自己是蒙古人的大汗以及蒙古统治下的非汉人疆域的统治者，过分强调汉人的特点会减损他作为辽阔蒙古疆域的统治者的形象。

忽必烈不能让人觉得他认为汉族文明比他自己民族的文明更有吸引力，并且必须避免被中国文化所吞没，最终他制定了用来保护蒙古特性和内部统一的政策。总的来讲，他不鼓励蒙古人和汉人之间的亲善关系。

忽必烈没有将自己的政治倾向和汉人的政治倾向混为一谈。元廷直到他去世二十年后才重新恢复科举考试，一度使受过教育的汉人失去一种过去最普遍、最传统进入官僚阶层的途径。

忽必烈采取了一些积极措施保留蒙古人的仪式和习惯。他继续举行一些传统的蒙古庆典，并且按照蒙古风俗祭山、祭水和祭树，用萨满巫师表演传统的仪式。

每年八月，在离开上都到大都度过秋天和冬天之前，忽必烈都要举行洒马乳的祭祀仪式，据说这样会保证一年的好运气。这项祭礼包括奉献一匹马和一些羊，向上天祈祷，呼唤成吉思汗的名字，然后挥洒专门喂养的牝马的乳汁。

以这种方式，忽必烈向祖先表示敬意，祈求他们保佑即将来临的冬天。如果皇族中的一位成员得病，忽必烈命令把他（或她）移到帐幕里并且每天祭供两头羊，直到病人康复。在忽必烈参加战斗之前，他泼洒马奶酿成的奠酒，祈求上天帮助他打败敌人。

忽必烈同样赞成世俗的蒙古习俗。不像汉人妇女，蒙古妇女没有缠足的习惯，忽必烈没有把这条强迫汉人妇女遵守的陋俗强加给蒙古妇女。

大部分蒙古人继续穿着他们的民族服装，并且在忽必烈的生日和新年那一天举行精心安排的奢侈盛宴，无节制地豪吃狂饮，这使人想起游牧部落的庆典。

在这些盛宴上，宾客大量饮酒。酗酒就是早期蒙古历史的一部分，并且的确是所有古代北方民族的生活方式之一，被明显地在忽必烈的统治中继承下来。

忽必烈对打猎的迷恋可能是保留蒙古人生活方式的最有力证明。根据马可·波罗的记载，忽必烈带着驯化的狮子、豹和山猫打猎，它们追逐并且经常捕获野猪、野牛、熊和野驴。他还带着大约五百只大雕捕捉天上的其他鸟类。打猎中，由驯鹰人、猎人和士兵组成的大批随从陪伴着忽必烈。

忽必烈在制订一项坚持蒙古传统、接受汉人习惯和力求广泛性的文化政策上令人钦佩地获得成功。他希望以不同的姿态出现在他所面对的不同人面前。

对于蒙古人，忽必烈仿佛是民族传统的一位坚定捍卫者。他参加打猎，和蒙古妇女结婚，并且自觉保护她们的权力。

对于汉人，忽必烈承担起艺术的保护人的角色，他资助汉人画家、制瓷工匠和其他手工业者，并且允许汉人剧作家和小说家自由创作。在其他领域里，忽必烈对通用文字的支持和对在中国的外国工匠的鼓励和支持，产生了元代文化中的世界主义；作为一名疆域超出传统"中国"的统治者，这一点毫无疑问地为他增添了光辉。

安抚各地少数民族

在元代除蒙古族和汉族以外，国内还有许多其他少数民族。元世祖忽必烈从封建王朝的利益出发，针对当时多民族的具体情况，对边远的民族地区和当时的一些封建割据势力，采取了比较切合实际和比较明智的民族政策，解决了许多民族和地区间的矛盾，基本上把全国各地统一起来，实现了全国统一的大业。

我国少数民族长期以来主要聚居于边疆地区。忽必烈针对这一特殊性，在这些地区设置了一套与内地郡县既有共同性、又有差别的政权体制，陆续在边陲地区设置了行省、宣慰司以及巡检司等行政机构，这是一个从实际出发且符合各民族特殊情况的比较进步的措施。

云南，当时是彝、苗、瑶、哈尼族等少数民族和汉族聚居的地区。蒙哥汗七年，忽必烈进军云南，罗罗、白衣、和尼等族，先后接受元王朝的招抚。

忽必烈除设置行省和路、府、州、县之外，还在一些地区设有监管军民的宣慰司都元帅府，或兼管军万户府。忽必烈很关注作为边远地区的云南的政局稳定。

为了安抚这些地区，忽必烈选派了以"谨厚"著称的赛典赤丁为云南行省平章政事。他按照忽必烈的意志执行招徕、安抚的民族政策，对云南境内尚未顺服的少数民族，尽量避免武力镇压，采取"以理谕之"的怀柔政策，因而出现西南各少数民族的安定局面，避免了民族间的流血战争。

另外，元政府很注意发展这里的生产力，在云南设立屯田多处，还大力兴修水利，以备水旱，还开凿了金汁渠，引来松华水灌溉了滇池东西的大片农田；配合农业的复苏，广设驿站，改进了云南境内和川滇之间的交通条件。

元世祖忽必烈统治中国之后，在云南设置行省和郡县等一系列的行政措施，和内地一样取得了社会的暂时安定，发展了经济，使各族百姓，特别是少数民族比以往富庶起来，这在先前中国朝代上是少见的。

元代的新疆，主要是畏吾儿人聚居的地方，当时也是祖国西北边疆的一个重要行省。至元十二年，忽必烈派遣了他的儿子那木海出镇阿力麻里，在高昌等地设置达鲁花赤，并设立中枢和行枢密院，使新疆地区成为国家的重要政治中心之一。

至元二十年，忽必烈设立别失八里和州等处宣慰司，以统辖北疆军政事务，设立斡端宣慰司以统辖南疆军政事务。为了落实忽必烈的民族政策，元廷还设置了专管司法的官吏，畏吾儿人中间的纠纷和诉讼由畏吾儿族的头人掌管，畏吾儿人与其他民族人民的争讼，由畏吾儿头人与元政府委派的官吏共同处理。

忽必烈在新疆采取了相应的经济措施：如定赋税，采用计亩征收法；也设置了驿站，加强内地和新疆的交通联系；在别失八里、哈密力、亦里等地的驻军都实行了屯田制，并由政府借贷耕牛、种子，鼓励当地百姓垦荒种田；在别失八里设有冶场，专门铸造铁制农具，促进了农业生产力的提高。

元世祖忽必烈传

在财政金融方面，设立了交钞提举司与交钞库，统一使用元朝政府印制的中统钞和至元钞。统一币制，加强货币流通，从而促进了工商业的发展。

还兴办了不少官营手工业。设染织提举司与染织局，经营管理丝布染织业务，从而推动了手工业的进一步发展。忽必烈对新疆地区各民族也注意采用"怀柔政策"，经过海都之乱以后，随即"赐钞给之，仍免其民差役三年"。

忽必烈对少数民族地区的表示关怀、发展生产、赈济灾荒等措施深得民心，极大地加强了元王朝在新疆的统治地位。直到以后的明代中叶，在新疆的地方官吏还流行着"非得元裔不足以慑服诸番"的说法，可见元代在新疆的统治是相当牢固和影响深远的。

西藏，在元代也是我国的行政区域，居住的主要是藏族人民。蒙哥汗三年，忽必烈召见了西藏萨迦派首领八思巴，尊他为"尚师"，然后把西藏作为一个行省委付给八思巴，派他兼管西藏的政教事务。这就是我国历史上西藏政教合一的开端，从而也开始了整个藏族地区置于全国统一政权领导下的新局面。

忽必烈针对西藏民众信奉佛教，社会上寺庙封建势力与世俗封建势力相结合的特点，设立了宣政院。

封八思巴为国师，兼领西藏政务、教务和全国的佛教事务，这是元王朝为了适应少数民族需要，在西藏采取的新措施。

西藏地区在元政权设立的宣政院领导下，划分为三大军政区域，分别设立宣慰使司都元帅府一级的机构。一个是吐蕃等处宣慰使司都元帅府，设立在河州，治理西藏西北部地方的政教事务。一个是吐蕃等路宣慰使司都元帅府，设立在参卜郎，治理西藏西南部地方的政教事务。一个是乌思藏、纳里、速古鲁孙等三路宣慰使司都元帅府，设立在萨斯逊，治理包括卫、藏、阿里在内的西藏地方。

元代中央政府在西藏建立了行政机构和官僚体制，委派了官吏，并且清查户口、规定赋税差役、建立驿站等等，为西藏地区生产力的发展，开辟了道路。

正是元王朝采取的措施，结束了西藏少数民族地区上层统治阶级的封建割据，才给西藏带来了以后相当长一段时间内比较稳定的政治局面，在元朝统治西藏将近一百年这段时间内，忽必烈的少数民族政策，起到了使西藏相对稳定的积极效果。

元王朝的武功文治，使我国广大的少数民族地区，归入了统一的中国版图。中国的疆域超过了历史上的任何盛世所具有的规模。

元世祖忽必烈在少数民族地区的行政机构设施，能够适应统一全国和兼顾少数民族利益及其特殊情况的需要，使各级行政单位成为本民族的管理机构，从而发挥了少数民族管理本民族事务的积极性，增进了各民族之间的联系，促进了经济的发展和文化的交流。

在当时的历史条件下，忽必烈采取的这些措施具有较高的行政效率，有利于全国的统一和边远民族地区的发展。

元世祖忽必烈传

在对各民族进行安抚的同时，忽必烈还能任用各民族的人员，在蒙古贵族的领导下共同管理国家事务。这是忽必烈民族政策的重要内容，是解决当时复杂的民族问题的关键。

在从中央到地方的各级政权机构中，均广泛任用了各民族的官员，在少数民族聚居的地区，更加注意任用该民族的官吏、治理该民族的行政事务。

以中央政权为例，朝廷中除了蒙古王公贵族以外，任用了著名的汉人刘秉忠、郭守敬等。八思巴是西藏人，廉希宪是畏兀儿人，商智耀、昂吉儿是西夏人，他们都曾经担任过显要的职务，参与了国事治理。

元代各省土官，世代相承，承袭的秩序、辖区范围、管民的多寡以及纳贡的税额钱粮，都是由朝廷制定的。但是土官辖区内的行政权力，却是相对独立自主的。

各族土司平时要纳税纳粮，承担开辟和保养道路的义务，战时则有派兵从征的义务。土府、土县在行政体系上直属吏部，部族上司出任武将领兵的，则直属兵部。元代的"远服"官制多为明清两朝所承袭，实开我国"土司制度"的先河。

忽必烈在少数民族地区注意使用当地民族的官员，实质上是中央的上层封建势力和地方上层封建势力勾结起来，共同加强对下层人民的统治，共同分享剥削劳动人民的果实。

但是由于元王朝对少数民族的政策采取了安抚为主的怀柔手段，避免了一些民族之间的流血冲突，使边疆和少数民族地区较多取得了休养生息的时机，使地方经济、文化有所发展。另外也巩固了中央政权，促进了各族人民的交往和联系，这在客观上是进步的。

元世祖忽必烈实行怀柔的民族政策之外，还采取了许多改善民族关系的措施。这些政策和措施，虽然是统治阶级的怀柔之举，但在客观上促进了各族人民生活的安定和经济、文化的发展。

忽必烈的民族政策和具体措施，有不少为以后的皇帝所继承，在历史上有深远的影响。忽必烈从建立统一的封建国家的需要出发，采取比较适应民族实际和历史潮流的政策，足以使他成为中国历史上伟大的政治家之一。

促进各种宗教和平共处

　　包括蒙古族在内的北方游牧民族，因为经常与自然气候天气突变遭遇，造就了他们对诸路神灵的深切敬畏以及由之而来的深厚信仰。对诸路神灵的崇拜，深深根植流淌在这些民族人民的血液之中。

　　关于包括蒙古人在内的北方游牧民族的宗教虔诚信仰，意大利人马可·波罗在他的游记里有这样的描述：

　　鞑靼人都是偶像崇拜者，每人都有一张神像图，高高地贴在自己房中的墙壁上。图上面有一个名字，是用来指明在天上的神灵的。他们对这个神灵每日焚香膜拜……在这个天神之下，他们在地板上还立了一个雕像，叫纳蒂盖。他们认为他是管理地上一切事物，或管理从土地中生产东西的神。他们替纳蒂盖配上妻子儿女，也同样对他焚香、拱手、叩头，向他祈求的是风调雨顺、五谷丰登、养儿生子等一类的事情。

忽必烈作为蒙古人，自然也不例外。且"元制，凡皇帝即位之始，必先受佛戒，方登大宝，布告天下"。对于能保佑自己，给生活带来安宁和愉快的诸路神灵，忽必烈发自内心地崇拜。

忽必烈仍然信仰着蒙古族古老的萨满教。可是，要统驭元帝国亿万子民之心，仅有一个萨满教是远远不够的。忽必烈还在国内宗教政策方面尽力迎合他的臣民。

忽必烈力图与儒家保持良好关系。在开始建设大都时，他下令建造太庙并且制作祭奠祖先所需的祖宗牌位，而且他选定了国家的历法，这是农业社会统治者必不可少的工作。

王朝名称的选择对于儒士是一个最重要的信号。忽必烈在刘秉忠的建议下从《易经》中选择了"大元"作为国名，采纳富有汉地象征的汉语名称表示忽必烈希望和中国某些传统融为一体。

从大元国号到朝堂的礼仪，无不渗透着儒家文化的味道。忽必烈意识到，统治这个汉地国家，儒教的力量不可或缺。他不仅自己对传播儒学大力支持，而且，还让自己的爱子真金广泛接受儒家的熏陶。

同一年，忽必烈在朝廷中重新实行传统的儒家礼仪以及伴随礼仪的乐舞。在古代人看来，如果朝廷想防止洪水、干旱或地震等自然灾害出现，采用相应的礼仪是必不可少的。忽必烈不仅命令重新引入这些礼仪，并且让他的儒家幕僚们教授二百余名挑选出来的蒙古人演习朝仪，这是他希望迎合汉人的另一种表示。

在佛教僧人海云和尚的帮助下，他为儿子取了一个汉文佛教名字"真金"。为了使真金接受第一流的汉式教育，他指定他的最好的儒家幕僚中的三人姚枢、窦默和王恂作为这个年轻人的老师。这些学者向真金讲授汉人经典著作，并向他介绍阐述早期中国各朝代皇帝及大臣的政治观点的文献。

忽必烈还让他年轻的儿子接触中国领土上的其他宗教信仰。这样，真金也接受佛教喇嘛八思巴的教诲，八思巴为他的年轻学生写了一篇题为《彰所知论》的短文，向他说明佛教。

一位重要的道教大师向他介绍道教这门神秘的宗教。忽必烈为汉人对真金的信任不断增加而高兴，所以授予他的儿子更多的责任，并且不断地提升他，并最终明确指定真金为皇太子。

忽必烈这样指定自己的继承者，完全打破了蒙古传统习惯，因为这样做抛开了正常的选举过程，所遵循的是传统的中原王朝的通常做法。

如果忽必烈希望自己成为元朝的统治者，他必然要求助于除儒家之外的宗教和信仰。他特别急于想要影响的宗教团体之一是伊斯兰教。

早在唐朝，伊斯兰教就传到中国，到了忽必烈时代尽管他们正在向西北和东南集中，但还是可以在全国各地找到回回商人、工匠和士兵。他们当中的大部分是来自中亚的移民，也有一部分汉人皈依伊斯兰教成为教徒。

忽必烈对回回人执行一种仁慈的政策，因为他们有助于他在中国的统治。他把回回人招募到政府中，从而减少自己对汉人幕僚和官员的依赖。

忽必烈允许回回人组成实际上自治的社团，以回回宗师作为领导，由哈的为他们解释穆斯林法律。回回居民区有他们自己的集市、医院和清真寺，不禁止他们使用自己的民族语言，也不禁止他们遵循伊斯兰教意旨。

事实上，忽必烈任命回回人在财政机构担任重要职位并给予他们特权。他豁免他们常规的赋税，并且招募他们担任汉人极少能够担任的达鲁花赤。

回回人十分感激，并以忠心为宫廷服务作为回报。回回人中最有名的是来自不花剌的赛典赤·瞻思丁。

瞻思丁原籍中亚不花剌，全名赛典赤·瞻思丁·乌马儿，今译"赛义德·舍姆斯丁·欧麦尔"。"赛典赤"意为"先生""首领"，指圣裔；"瞻思丁"意为"宗教的太阳"；"乌马儿"有"长寿"之意。

元世祖忽必烈传

史称赡思丁为别庵伯尔之裔，即伊斯兰教创始人穆罕默德的后裔，亦为宗教世家，对宗教事业十分重视。

元初，没落的布哈拉王族后裔举族东迁，赛典赤·赡思丁归附大蒙古汗国。窝阔台汗即位后，任丰、靖、云内的达鲁花赤，后改任太原、平阳二路达鲁花赤。宪宗时任燕京路总管、采访使。

忽必烈即位后，赛典赤·赡思丁升为燕京路宣抚使。中统二年拜为中书省平章政事，统理财政，曾兼理发行中统交钞，这是历史上首次发行较为正规的纸币。一时国库充裕，战事粮饷供应未曾匮乏。

至元元年，赛典赤·赡思丁出任陕西、四川行中书省平章政事，并节制陕西五路四川行枢密院所有大小官属。至元十一年，赡思丁任云南行省平章政事，为云南设立行省的第一任行政长官。

赛典赤·赡思丁在云南六年，兴利除弊，大胆改革，深得民众拥戴。他在当时的昆明、大理、临安等地相继建立了清真寺。至元十六年，赛典赤·赡思丁死于任上，送葬群众号泣震野。忽必烈闻讯后，诏云南省臣尽守赛典赤成规。大德元年，追赠赛典赤为"上柱国、咸阳王"。

回回之外，另一个团体是佛教信众，忽必烈也希望得到他们的支持。还没有继位时忽必烈就接受过禅宗僧侣海云的教导，但他很快发现中国禅宗太深奥、太超脱，不符合他的追求。

藏传佛教成为实现忽必烈理想的实用工具。几十年来，吐蕃僧侣在世俗的政治事务中起着积极的作用，比起禅宗僧侣，他们在实际事务中提供了更多的经验。

吐蕃僧侣八思巴喇嘛是忽必烈在佛教徒中最接近的盟友。八思巴，吐蕃萨斯迦人。本名罗古罗思监藏，八思巴是尊称。

八思巴是西藏高僧，出身于著名的昆氏家族。八思巴出生于吐蕃萨迦，因是藏历木羊年，故小名叫"类吉"，即"小羊人儿"之意。八思巴是长子，出生时其父桑擦·索南坚赞已经五十二岁，父亲老年得子，因此倍加宠爱这个儿子。

关于八思巴的出生，还有一个传说。相传有一次，索南坚赞正在修行毗那夜迦法，见毗那夜迦神前来，用象鼻将他高高托起，送到须弥山山顶，说："你看！"索南坚赞惊魂未定，不敢看远，只是瞥见了卫、藏、康三处地面。

毗那夜迦神说："本来你看见的地方将归你统治，但是因为你没有及时看，所以你就没有统治的缘分了，卫、藏、康三处将归你的子孙后裔统治。"

可是那时索南坚赞已年过半百还未有子嗣，就向毗那夜迦神求愿得子。于是，毗那夜迦神就到贡塘地方的高僧萨顿日巴身前，说："桑擦一再向我祈求，愿能统治卫、藏、康三处地面，他本人无此等缘分，只有他的儿子当是住世的菩萨，发愿教化南瞻部洲之大部，你应前往他家，转生为桑擦之子，治理卫、藏、康三处吐蕃地面之大部，请你按我的愿望转生！"

就这样，高僧萨顿日巴转世成为索南坚赞之子八思巴。因此，八思巴天赋异禀，读写五明不教即通，并说自己的前世是萨顿日巴。萨顿日巴的两位弟子听说后，前来验证，当时八思巴正与其他小孩在一起玩儿，见到他俩后，立刻认出了他们，问说："你们来了啊！"两位弟子说："认识我们吗？"八思巴直接就说出了两人的名字。两位弟子因此对八思巴心生敬仰。

有一次，八思巴跟随伯父萨迦班智达，会见朗日巴地方来的僧众，八思巴对其中一位老僧说："你是我的近侍扎西顿珠！"当这位老僧获知八思巴是自己的上师转生之时，老泪纵横。

八思巴三岁就会口诵真言、心咒修法，大家都感到很奇异，纷纷称其为"八思巴"，即藏语"圣者"之意。

在八思巴成长的过程中，整个中华大地发生着剧烈变化。蒙古崛起，西藏也笼罩于蒙古铁骑的尘埃之下。蒙古大汗窝阔台之子阔端派兵攻入西藏。蒙古人想找一位西藏高僧进行谈判，就选择了八思巴的伯父——萨迦派教主萨迦班智达贡噶坚赞。

萨迦班智达不顾体弱多病，带上了他的两个侄子，即十岁的八思巴和六岁的恰那多吉上路了。这次会谈实际上是萨迦班智达和阔端商谈如何在保证西藏各种势力利益的前提下，使西藏归附蒙古。

会谈结束后，萨迦班智达给西藏的民众写了一封言辞恳切的信，促使西藏归附了蒙古。在此期间，因为萨迦班智达医术高超，治好了阔端的旧疾，于是藏传佛教深受阔端的信服。

萨迦班智达和两个侄儿在凉州住了下来，八思巴继续跟着萨迦班智达学习佛教知识，而恰那多吉则穿上蒙古服装，学习蒙古语言。后来，恰那多吉娶了阔端之女，蒙藏贵族之间形成了联姻关系，也符合萨迦昆氏家族以一子繁衍后代的传统。萨迦班智达圆寂后，年仅十七岁的八思巴成为萨迦派教主。

蒙哥汗三年夏天，忽必烈的军队到达六盘山、临洮一带，请八思巴到军营一叙，虽然有的史书记载之前八思巴就与忽必烈见过面，但这次是八思巴第一次以教主身份会见忽必烈。

忽必烈先是询问了藏族历史和萨迦班智达的情况，随后话锋一转，表示要派人去西藏摊派兵差、收取珍宝。

这下八思巴急了，连忙说："吐蕃不过是边远小地方，地狭民困，请不要摊派兵差。"

八思巴再三陈请，忽必烈充耳不闻，八思巴说："如此，吐蕃的僧人实无必要来此驻留，请放我们回家吧。"

正当两人僵持不下时，忽必烈王妃察必的"枕边风"起了重要作用，她对忽必烈说，八思巴要比很多老僧在知识功德方面强许多倍，应该将他留下。

八思巴谒见忽必烈并追随其左右，为其解惑吐蕃事宜及佛法精义。忽必烈的察必王妃对八思巴尤其礼崇，比忽必烈更先了解藏传佛教。

察必王妃请八思巴授予喜金刚灌顶，王妃问："灌顶应该奉献什么礼物？"

八思巴说："应该把自己最珍爱的物品献给佛，献给上师。"

王妃便将最珍视的陪嫁珍珠耳环献给了八思巴。后来，八思巴把珍珠卖给一个蒙古人，得了一大锭黄金、四大锭白银，后全部做了兴建萨迦寺大金顶和主办曲弥大法会的资金。

王妃受了灌顶，更加虔诚信仰密宗佛法，忽必烈也想请八思巴为自己灌顶，于是与八思巴再次会谈。

忽必烈问他："你的祖先有何功业？"

八思巴说："我的先辈曾被汉地、西夏、吐蕃等地的帝王奉为上师，故威望甚高。"

忽必烈不了解吐蕃的历史，就问："吐蕃何时有王？这与佛书所说不合，必是虚妄之言。"

八思巴就将吐蕃之王曾与汉地交战，吐蕃获胜，后又与汉地联姻、迎来公主与本尊神像的经过叙述一番，说佛书虽然不载，但有文书记载，查阅便知。

元
世
祖
忽
必
烈
传

八思巴说的正是唐朝松赞干布迎娶文成公主的故事，于是忽必烈翻看汉地史籍，发现这些在《唐书》里都有记载。

此后八思巴又说了些典故，经验证都是真的。于是，忽必烈对八思巴佩服有加，请求他传授喜金刚灌顶。

八思巴说："我怕汗王不能遵守规矩，眼下又没有好的译师，还是以后再说吧！"

忽必烈问："要守什么规矩？"

八思巴说："传法的时候，上师坐上座，汗王坐下座。汗王的言行，不能违背上师的心愿。"忽必烈身为万人之上的君主，自然不愿事事遵从一个僧侣。

察必王妃赶紧进行调解："听法及人少之时，上师可以坐上座。当王子、驸马、官员、臣民聚会时，防不能镇服，由汗王坐上座。吐蕃之事悉听上师之教，不请于上师绝不下诏。其余大小事务因上师心慈，如误为他人求情，恐不能镇国，故上师不得讲论及求情。"

这样，忽必烈拜八思巴为上师，奠定了后来元朝以藏传佛教为国教、设立帝师制度的基础。

同年底，八思巴为忽必烈授了喜金刚灌顶。在平时，他们是君臣关系，要保持君臣礼仪；他们之间谈话时，八思巴只能坐下首，坐垫要比忽比烈的少一个。八思巴说法时，忽必烈才坐下首，坐垫也要比八思巴少一个，这时八思巴年仅十九岁。

忽必烈依弟子的礼仪，向八思巴奉献了珍珠镶嵌的袭装，还有白银、茶叶、锦缎、丝绸等大量物品，又送给八思巴全套的仪仗作为供养。

在此期间，忽必烈夫妇及其子女以世俗人拜见上师的礼节会面八思巴，他们共二十五人先后在八思巴前受密宗灌顶。忽必烈向八思巴奉献财宝作为灌顶的供养。

蒙哥汗四年，忽必烈专门颁赐了一个《优礼僧人诏书》，规定蒙古官员不得在寺庙里住宿，不得对僧人摊派乌拉差役。这份诏书所规定的对僧人的诸多优待，也可以看作忽必烈奉献于八思巴的供养。

蒙哥汗五年，八思巴回藏，从康区迎请那塘堪钦札巴僧格受比丘戒，完成佛教出家僧人生活中最庄严的仪式。不久，八思巴又返回上都。当时蒙古汗王对佛教、道教等不同派别的宗教，还能够比较公平地对待。所以，佛教与道教之间常发生辩论事件。为了解决此事，蒙哥汗命忽必烈主持并判定两派优劣。

蒙哥汗八年，在上都的宫殿隆重举行了佛道辩论会，两派各参加十七人，佛教方以少林寺为首组成，八思巴以观摩者身份出席，但在辩论中道教以《史记》为论据驳斥佛教正统，佛教方一时无以应对，此时八思巴引用道教的论据进行阐述，列举出道教方的论据自相矛盾。最终，辩论以道教一方承认自己辩论失败而告终，十七名道士削发为僧，少许道观也随之改造成佛教寺院。

八思巴一直追随忽必烈，他在汉地和吐蕃都给予忽必烈宝贵的支持，因此蒙古君主对他特别友善，他家族的成员和蒙古皇室成员通婚。

两人共同经历了忽必烈与弟弟阿里不哥夺位大战以及建立元朝的过

程。在与阿里不哥的战争初步取得胜利后，忽必烈返回燕京，任命八思巴为国师，授以玉印，让八思巴统领释教，八思巴由此有了全国佛教领袖的地位。

成为蒙古大汗后，忽必烈考虑到青藏高原交通不便，对政府管理、军队后勤供应以及商旅往来都造成严重影响，决定建设通往西藏的驿站。

在八思巴的支持下，忽必烈主要建了一条从青海通往萨迦地区的驿站。八思巴则对西藏佛教界颁了法旨，要求全力配合建设。此后，从青海到萨迦，一共建了二十七个大驿站，保障了往来畅通。

至元元年，忽必烈迁都大都，在中央政权内设置总制院，掌管全国佛教和藏族地区事务，又命八思巴以国师的身份兼管总制院事；封八思巴的弟弟恰那多吉为白兰王，命兄弟俩返回萨迦地区去完成建立西藏行政体制的任务。

元世祖忽必烈传

第二年，八思巴返回西藏，对萨迦寺进行了修缮，如新造佛像、灵塔，以及用金汁书写大藏经中的甘珠尔部；同时分别拜克什米尔班智达希达塔噶大巴札、罗沃译师喜饶仁钦、纳塘堪钦青南喀札第二十多位大师为师，研习修教因明学、显宗理论和密宗修持等佛教教理仪轨以及藏族传统文化五明学等知识。八思巴此次回藏居留三年，其间还奉忽必烈之命创制"蒙古新字"。

在敌对的佛教派别必里公派领导的反叛中，八思巴在吐蕃的权威受到挑战，但至元四年忽必烈调兵帮助这位年轻的佛教教长恢复了权力。

忽必烈的军队打垮了持异议者后，虽然恢复了八思巴的权力，但又安置了一位蒙古人为吐蕃的宣慰使来帮助控制吐蕃。他希望八思巴和他的佛教僧徒能够通过提供他所需要的宗教法令作出回报。

八思巴论述了寺院和国家的地位，并得出政教合一的结论，因此这位吐蕃佛教徒的确在这项交易中完成了自己的任务。

八思巴把忽必烈等同于佛教的智慧佛文殊菩萨，并且按佛教传统歌颂他为宇宙之王。为提高他的派别和皇帝的联系，八思巴建议在宫廷仪式开始时采用佛教活动。每年阴历二月十五日组织消灭"恶魔"和保护国家的仪式，并且还在每年的阴历一月和六月安排音乐、典礼和游行。佛教僧侣参加这些庆典，从而使忽必烈在他的帝国里的佛教徒中享有更大的信誉。

反过来，忽必烈给予佛教徒特权和豁免。他在位时，佛教僧侣多年享有免税特权；朝廷为建设新的寺庙和修复佛道之争中损坏的寺庙提供资金；政府还为寺院拥有的工艺品作坊和土地提供工匠和奴隶。政府的支持、赐赉和豁免使寺庙成为繁荣的经济中心，这有助于确保佛教僧徒对忽必烈的政策的支持。

至元七年，八思巴第二次向忽必烈授予密宗灌顶。由于八思巴为元朝中央创制新文字，为元朝皇帝授予神圣灌顶，深得元朝皇帝器重。忽必烈晋升八思巴为帝师，并再赐玉印，封号全称为"普天之下，大地之上，西天子，化身佛陀，创制文字，护持国政，精通五明班智达八思巴帝师"，又称帝师大宝法王，简称帝师。赐诏文：

> 普天之下，大地之上，西天佛子，化身佛陀，创制文字，护持国政，精通五明班智达八思巴帝师。

忽必烈采纳八思巴的建议，将西藏划分为十三万户，这也成了元朝在西藏地方建立的政治体制，同时确立了萨迦一派在西藏地方行政和宗教中的尊崇地位。

八思巴第三次为忽必烈灌顶，忽必烈应许了他不再使军队杀人填河的请求。这样，八思巴不仅成为忽必烈身边掌管一切宗教事务的高级官员，更是一代君主的精神导师，两人在政治和宗教上结成了相互依赖的关系。此后元朝历代皇帝均选封萨迦教派有学识的大喇嘛为帝师，形成定制。

至元十三年，八思巴从大都抵达萨迦寺，此次八思巴返藏，由太子真金护送，在途中专为真金著述并讲授了《彰所知论》，此经有汉译本，收录在大藏经中。

至元十七年，八思巴在萨迦寺圆寂。忽必烈又赐封号为"皇天之下一人之上开教宣文辅治大圣至德普觉真智佑国如意大宝法王西天佛子大元帝师"。

特殊的时代产生特殊的人物，正当乱世之际，藏传佛教走出来一位八思巴，用他的智慧赢得了统治者的尊重，由此也奠定了藏传佛教的地位，大大促进了西藏与中原的连通、汉藏文化的交流，对西藏的历史发展产生了深远的影响。可以说，他是西藏历史上继松赞干布之后的又一位具有广阔视野的杰出人物。

八思巴之外，忽必烈还与藏僧胆巴来往密切。胆巴，一名功嘉葛剌思，又名庆喜称。尊称"阿尼胆巴"。至元元年，大元帝师八思巴返回西藏时与胆巴相识。

至元六年，八思巴再次返回元朝廷时，携来大批吐蕃僧人，其中就有佛学造诣很深，并受八思巴赏识的胆巴。胆巴来朝廷后，被忽必烈封为"金刚上师"，并奉忽必烈之命居五台山寿宁寺。

至元九年，胆巴被邀请到北京，为一批蒙古王公授戒，成为这些贵族佛教徒的老师。至元十九年，胆巴提出西归，忽必烈一再挽留他，仍坚持西去。

至元二十六年，胆巴奉诏又到北京，并驻锡圣安寺。可时隔不久，忽必烈又命他去潮州传法。胆巴于四月出发，八月到潮州，驻于开元寺。

至元二十九年，忽必烈又将胆巴召回北京。第二年五月，忽必烈患病不愈，胆巴在内殿建观音狮子吼道场，进行祈祷，七日而愈，赐白金五十锭。忽必烈很感激胆巴为他祈祷治病，准在五台山专门为胆巴建一座寺院，但还没动工，忽必烈去世。

除重用藏僧八思巴、弘传密宗的胆巴以及萨迦派高僧外，忽必烈还与汉地高僧诸如海云印简、子聪、雪庭福裕、全一至温等早有往来。

由于元朝对各种宗教持宽容态度，忽必烈本人又特别崇佛，所以对

元世祖忽必烈传

佛教事务积极参与。忽必烈统一海宇，以国师、帝师之号尊封藏僧，对汉藏高僧赐以"吉祥"之号。他设立释教总制院，主管全国佛教事务和藏区军政大事；又建立总摄所，管理江南佛事。

忽必烈在位期间，支持修撰《大藏经》，并诏令编撰了藏经目录，还用佛教方式安置了南宋第七位皇帝——宋恭帝赵㬎。在忽必烈建立元朝以及统治元朝的时期，因为忽必烈崇佛并采取了系列措施，燕京佛教增添了更多藏传佛教的元素。

佛教之外，道教是忽必烈试图从中寻求支持和帮助的另一种宗教。蒙哥汗八年，忽必烈在佛道辩论中对佛教的支持使他不为道教所喜爱。然而他为道教驰名的法术所吸引，并承认他们对较低阶层群众有吸引力。因此朝廷为建设道观提供资金，并向他们提供佛教已得到的相同豁免和特权。

一些道教领袖意识到需要与佛教和蒙古人相容共处，并且首先寻求儒、佛、道三家的和解。后来，他们为忽必烈和他的朝廷演习和道教祭礼有关的祭祀和典礼，尤其是重要的皇家祭礼——祭泰山。

他们愿意为忽必烈举行这些典礼是一种支持的信号，这种支持被传递给道教的普通信徒。在忽必烈统治的前二十年中道教徒相对地保持沉寂。

忽必烈甚至还寻求获得中国数量不多的基督教徒和外国基督教徒的支持和协助。在忽必烈即位以前，基督教使者已经到达蒙古宫廷，例如约翰·普兰诺·加宾尼和鲁不鲁乞，而且几位工匠例如著名的手工艺人威廉·布涉曾为大汗蒙哥服务过。但忽必烈采取更关切的态度邀请和招募外国基督徒。

马可·波罗是忽必烈时代中西方交流中的最有名的基督徒，他的著作是许多年中欧洲人了解中国的唯一渠道。马可·波罗说，他的父亲尼柯罗·波罗和叔叔马菲奥·波罗先于他到达中国。

根据马可·波罗的说法，忽必烈"面带最仁慈的微笑"并且"以很高的礼节接见他们，使他们感到极大的喜悦和欢乐"。

在彬彬有礼的交谈之后，忽必烈提出他的请求：他要求老波罗们劝说教皇当他们返回中国时派一百位有知识的基督徒同来。他断言他们可以帮助他的子民皈依基督。不过他作出这个请求的主要动机是吸收有学问的人帮助他管理中国领土。

由于这种对待宗教的折衷主义，忽必烈不急于使他的百姓转变为基督徒。但是他需要使教皇和基督教统治集团相信，他希望有学问的欧洲人帮助用基督教指导他的人民。

老波罗兄弟就告别了忽必烈，回到威尼斯。那时候，留在威尼斯的马可·波罗，已经是十五岁的少年了。马可·波罗听父亲和叔父说起中国的繁华情况，十分羡慕，央求父亲带他到中国去。

当老波罗兄弟返回到基督教的世界时，他们面临失望。他们很快获悉，教皇克莱门特四世于一年前去世，他们尽快完成忽必烈的请求和尽快返回中国的计划受阻。

元世祖忽必烈传

正当他们决定在没有教皇的祝福下返回时，新的教皇被选出了，他们受到接见。但是，他们不能得到所请求的一百位有学问的基督徒。于是兄弟俩只好带着马可·波罗返回中国。

至元八年，他们向忽必烈的宫廷出发，最终于至元十二年到达中国。这时，忽必烈已经即位称帝，听到他们来了，派人从很远的地方把他们迎接到上都。

忽必烈肯定对他寻求的一百位有学问的人没有伴随他们而来感到沮丧，但是当他看到马可·波罗时十分喜欢，连声说"你来得太好了"。于是留下他们在朝廷里办事。

马可·波罗非常聪明，很快学会了蒙古语和汉语。元世祖十分赏识他，并派他到云南去办事。元世祖喜欢了解各地风俗人情，而马可·波罗每到一处，都会留心考察风土人情，回到大都就向元世祖详细汇报。

元世祖听了，直夸马可·波罗"能干"。之后，凡是有重要的任务，元世祖总派马可·波罗去。根据马可·波罗的记载，这位大汗派他到中国和东南亚的不同地方去充当自己的"耳目"，并带回他所到之处的见闻。

马可·波罗在中国整整住了十七年，被元世祖派到许多地方视察，还经常出使到国外，到过南洋好几个国家。他在扬州呆过三年，据说还在那里当过总管。

可是日子一久，三个欧洲人不免想念家乡，三番五次向元世祖请求回国。但是元世祖宠着马可·波罗，舍不得让他们走。后来恰巧伊尔汗国国王的一个妃子死了，派使者到大都来求亲。

元世祖选了一个名叫阔阔真的皇族少女，赐给伊尔汗国国王做王妃。伊尔汗国使者认为走陆路太不方便，就请元世祖派马可·波罗等三人一起护送王妃从海路回国，元世祖只好答应。

至元二十九年，马可·波罗把阔阔真护送到了伊尔汗国后回到了威尼斯。当地人看到他们穿着东方的服装回来，又听说他们到过中国，带回许多珍珠宝石，都轰动了。人们给马可·波罗取外号叫做"百万家产的马可"。

不久后，威尼斯和热那亚发生冲突。马可·波罗自己花钱买了一条战船，亲自驾驶，参加威尼斯的舰队。结果威尼斯战败，马可·波罗被俘，被关在热那亚的监牢里。热那亚人听说他是个著名的旅行家，纷纷到监牢里来请他讲东方和中国的情况。

跟马可·波罗一起被关在监牢里的有一个名叫鲁思梯谦的作家，他把马可·波罗讲述的事都记录下来，编成一本书，这就是著名的《马可·波罗游记》，又名《东方见闻录》。

马可·波罗被忽必烈的才能打动。马可·波罗看到的是高居权位的大汗，并以谄媚的词语赞扬他。马可·波罗把忽必烈评价为"毫无疑问是全世界空前绝后的最伟大的君主"。

他较详细地描述宫廷宴会、新年庆典、忽必烈率领的狩猎和带鹰出猎，并且报告诸如纸币、煤及驿站系统等奇特事物，所有这些都会给欧洲人留下深刻的印象。

这位年轻的欧洲人和蒙古人打成一片并且明显地钦佩蒙古人，这肯定让忽必烈十分满意。他认为善待这位年轻人对自己是最有利的，尤其希望他诱使更多的欧洲人到他的宫廷的话。

忽必烈通过对基督教实行宽容政策进一步吸引欧洲人。他的母亲通过笼络聂思脱里派设定了这条道路。

忽必烈没有变为基督徒，但是他在宫廷里任用聂思脱里教徒。他不限制聂思脱里教的习俗，而且马可·波罗也曾提及他在甘州、肃州和西北的其他小城市中偶然遇见的教堂。

忽必烈还豁免教士的赋税和兵役。最后，他建立了一个专门的政府机构——崇福司监督他国土内的聂思脱里教牧师。他把两名聂思脱里教高级教士列班骚马和麻古思派往中东，这是他吸引基督徒的另一迹象。

在至元十二年左右，列班骚马和麻古思离开大都去访问耶路撒冷的圣地，如果没有忽必烈的同意和支持，他们也许难以通过中国北部和中亚。

列班骚马和波斯的蒙古伊利汗会见并且受一位伊利汗的派遣和欧洲人商谈结盟。他受到罗马教皇的接见，并且获准在巴黎与腓力四世、在波尔多与英格兰国王爱德华一世见面。

这些会面并没有导致有学问的基督徒进入忽必烈的王朝，也没有造就和欧洲人的同盟。然而这显示了元朝朝廷对基督教的容忍，在政府中任用基督徒官员并且欢迎同更大的基督世界接触。

宗教上的宽容政策曾经是忽必烈各项政策的基石，并且对于蒙古人的成功起过重要作用，不过到他执政后期却发生了一定的改变。

忽必烈在至元十七年一月发布命令，禁止回回人屠宰羊的方法而且对违法者处以死刑。不久之后，他又禁止割礼。

忽必烈的镇压行动更多是出于政治上的考虑，而不是对伊斯兰教的憎恨。他担心政府中存在一个权力过大的回回人集团，并且担心他们的勒索可能引发叛乱。

他的反穆斯林政策一直持续到至元二十四年。到此时，忽必烈明白如果他继续迫害回回人，外国的穆斯林商人将不会再来中国，因此他又变得宽厚起来并且撤销他的反回回人的命令。

这种政策上的改变还源于他认识到在他的政府中回回人所占据的重要位置。他自己曾任命那位名叫赛典赤·赡思丁的回回人为云南行省平章政事，赡思丁未向该地区的居民强加伊斯兰教，又对这个遥远地区的汉化做出了出色的成绩。

像赛典赤·赡思丁这样杰出的回回人的成就在抑制忽必烈的反回回人政策的决策上一定起着重要的作用。

忽必烈对佛教和道教的政策也造成对抗。由忽必烈主持佛道辩论没有结束这场宗教之间的冲突，在忽必烈的帝国中敌意依旧。

至元十五年，一些道士故意放火焚烧大都长春观，并企图把责任归于和尚。朝廷指派几位官员进行调查并且揭露了道士的诡计。两个道士被处死，一个道士被割掉鼻子和耳朵，另外六个道士被流放。

这个事件给忽必烈提供了一个进一步削弱道教的借口，他命令烧掉除老子的《道德经》之外的所有道教书籍，而且毁掉刻版。同时，他禁止道士出售符咒并强迫一些道士皈依佛教。道教虽保存下来，但是道教的政治和经济影响从根部被切断。

取得巨大胜利的佛教徒贪婪地盯着他们宗教对手的失败，并且日益变得过分自信。这些佛教徒开始脱离汉人，而作为外来人的蒙古人也由于他们对佛教尤其对来自吐蕃和中国之外的其他地区的佛教徒的保护和支持而使威信大大降低。

悲伤落寞中度过晚年

　　至元十六年是忽必烈统治的一个分水岭。在这以前，他在事业中很少经历失败。他和他的幕僚建立了以汉人模式为基础的但不以汉人思想和风格为支配地位的政府。在他统治的前二十年中，所有的其他事务似乎都在平稳地发展。

　　但是，表象是靠不住的。在表象后面隐藏着一些棘手的问题。一些儒家学者不顺从蒙古人的统治，随着南宋合并到元帝国，他们的不满更加明显。南方的学者没有经历过外族人的统治，相当多的人最终拒绝与蒙古人合作。

　　同时，忽必烈失去一些他最忠诚的汉人幕僚。许衡、姚枢和王鹗等都在这个阶段去世。他们的去世使得非汉人幕僚有更多的机会影响忽必烈，忽必烈本人的体弱多病与这些麻烦混合在一起。

　　这时，忽必烈已经年近七十岁，开始受到健康问题的折磨。痛风使他苦恼，令他难以行走。而且，他的个人生活也遭遇了一连串的挫折和不幸。

至元十八年，忽必烈最钟情的妻子察必去世，使忽必烈陷入孤独和痛苦之中。弘吉剌·察必，姓弘吉剌氏，名察必，济宁忠武王弘吉剌·按陈之女。察必容貌漂亮，忽必烈未继位之前，她便侍奉忽必烈，在元世祖众多妻妾中最受宠爱，并为元世祖生下长子真金。

蒙古帽本无前檐，忽必烈常感到阳光耀眼，并将此事告诉察必，察必加上前檐，忽必烈大喜，以后就成为蒙古帽的定式。后又为忽必烈制衣一件，没有衣襟，没有领袖，后长前短，有两根带子，名曰"比甲"，便于骑马射箭，当时人皆仿效之，成为时装。

元宪宗九年，忽必烈渡江围攻鄂州，恰逢元宪宗蒙哥在合州去世，忽必烈的弟弟阿里不哥留守和林，其党羽阿蓝答儿等人劝阿里不哥自立为大汗，乘机发兵，距离开平仅一百余里。

察必派人责问阿蓝答儿："发兵是大事，太祖的曾孙真金在此，你们难道不知道吗？"阿蓝答儿听到此话，内心很是沮丧。

阿里不哥派脱里出行省燕京调动民兵，察必听说后，秘密派人快速报告给忽必烈，让他迅速撤军。又派人去见忽必烈让其北归，于是忽必烈继位之事得以确定。

中统三年，察必被立为皇后。至元十年三月受册封，上尊号为"贞懿昭圣顺天睿文光应皇后"。元代册封皇后的礼仪，自此开始。

一日，四怯薛官奏请划京城外附近农田为牧马场地，元世祖允准，察必想谏阻。一次察必趁太保刘秉忠在元世祖身边，故意责备刘秉忠说："你是汉人中的聪明谋臣，皇帝听从你的意见，为何不加谏阻？过去初定都于此时，划农田为牧地犹可，如今各有定业，还侵夺农田，这合理吗？"元世祖默不做声，划农田为牧场的事不了了之。

察必曾于太府监支用了丝绸，元世祖说："这些东西均军国所需，非私有之物，皇后怎可任意支取？"

从此以后，察必亲率宫女进行纺织，将旧弓弦的丝织成绸缎以做衣服；宣徽院的羊皮置之无用，她取来缝为地毯，其勤俭节约如此。

至元十三年，平定宋朝，宋幼主赵㬎到上都朝见元世祖，元世祖大宴群臣，众皆欢乐。只有察必沉默不语，元世祖问她："我今平定江南，自此以后不再兴兵打仗，大家都欣喜若狂，唯独你不高兴，是何缘故？"

察必跪奏道："妾闻自古无千岁之国，将来能使我们子孙不像宋朝皇帝那样成为亡国之君就幸甚了。"

元世祖在大殿上陈列着从宋朝府库中得来的各类珍贵物品，召察必来观看，察必看一遍就走了。

元世祖遣宦官问察必想要什么，察必说："宋朝历代皇帝贮存这许多东西留给子孙，而子孙保不住，尽归我朝，我怎忍心取走一物！"

这时宋太后全氏被俘，送至大都，但不习惯北方水土，察必多次奏请放宋太后全氏回江南，元世祖始终不允，认为放他们回去，若有流言蜚语，会杀他们全家，这不是爱他们而是害他们，要爱他们，就把他们安置在京师，加以抚恤。此后，察必更加厚待宋太后。

察必皇后禀性聪明，善于把握事业成败的契机，所以在元朝建立之初，成为元世祖的左右手。察必所生的儿子真金早已被立为皇太子。察必还是忽必烈妻子当中唯一在太庙中立有牌位的女人。

也许是纯粹的巧合，但是不可否认，在她死后，忽必烈个人，乃至整个中国都遭受了一系列的激烈变故。即便察必在世，或许不能防止这些灾难的发生，但是她也许能够发挥自己的影响力，遏制忽必烈当时作出一些稀奇古怪的决定。

南必在察必去世后成为忽必烈的正妻。她是察必的一个远房亲戚。可能是察必知道自己的健康状况恶化后，亲自选定她做自己的继任者，但是后人对她知之甚少。

据说，在忽必烈日渐衰老的时候，南必曾自己作出重要的政治决定。可能因为对察必和其他亲属去世感到忧伤和失望，忽必烈晚年很少见人，他的朝臣不得不通过南必向他呈送报告，而她则把忽必烈的决定和命令转告给他们。

忽必烈在病重时，曾允许南必以他的名义发布诏令，但后人无法

元世祖忽必烈传

指出哪些具体决定是由南必作出的。和当时其他许多蒙古皇后和贵族一样，她个人是非常自信的，在政治上是很有影响力的。

关于忽必烈其他妻子的记载很少。传统上，蒙古可汗有四个斡耳朵，忽必烈也不例外。他的第一个妻子帖古伦，在他中统元年成为大汗之前就去世了。他的最著名、最有影响力的妻子，察必和南必，同属于第二斡耳朵。

察必给他生了四个儿子，南必给他生了一个儿子。察必的儿子真金被选定为忽必烈的继承人，另一个儿子朵儿只，先于他父亲而死。其他两个儿子，忙哥剌和那木罕，都未被选定为继承人。但是，忽必烈对他们有足够的信任。忙哥剌被立为安西王，那木罕则是北安王。忽必烈曾派遣他们参加了几次重要的军事远征。

忽必烈的其他几个儿子，其中包括脱欢，也承担了重要的军事任务，但是他们也受到了被征服地区文化的影响。例如，忙哥剌的儿子和继承人阿难答，就是在一个穆斯林家庭中被抚养长大的。而且，根据拉施都丁的记载，在他成年以后，他使自己率领的十五万军队中的大多数人皈依了伊斯兰教。

对于南必的儿子，后人一无所知。同样，对忽必烈第三和第四斡耳朵的妻子，除了她们生了另外七个儿子外，其他方面的情况后人也是一无所知。

察必无疑是忽必烈最疼爱的妻子，她的去世令忽必烈心碎。察必的突出地位可以由下列事实证实：在忽必烈所有妻子中，只有她的画像留存了下来，这幅画像是由汉人和蒙古画家联合绘制的。这无疑部分解释了为什么忽必烈晚年在决策方面会反复无常，那是因为他对察必的去世感到深深的悲伤。

同样使他感到悲哀的还有他最喜爱的儿子真金的去世。元世祖忽必烈共有十二子，长子朵而只早卒，因此一般以真金为长子。南宋淳祐三年，真金生于漠北，忽必烈请高僧海云为其摩顶命名，海云以世间万物真金最贵，故取汉名真金。

真金少年时代，忽必烈受蒙哥汗之命，总领漠南汉地事务，开幕金莲川，搜罗了一大批汉人儒士。忽必烈把真金的教育交给汉儒姚枢，并命勋臣后代土木各儿等为伴读。

姚枢等对真金"日以三纲五常、先哲格言熏陶德性"，并以《孝经》作为启蒙课本教授真金。姚枢随忽必烈征大理，改命窦默接任师职，是为真金第二位老师。

忽必烈出征前，将玉带钩赐给窦默，对他说："这东西是内府故物，你是老人，应当佩戴，并且让我儿子见了这个如同见我。"同时命刘秉忠之弟子王恂为真金的伴读。王恂长期侍奉真金，经常灌输三纲五常、为学之道及历代治乱的道理，真金深受影响。

忽必烈即位后，封真金为燕王，领中书省事。中统四年五月，建枢密院，以真金守中书令，兼判枢密院事。但实际上真金只是每月两次至中书省署敕，中书省和枢密院的事务都交给了王恂。

至元七年秋，真金受命巡抚漠北，在此期间，曾与诸王札剌忽及从官伯颜等谈论立身处世之道，于是撒里蛮、伯颜、札剌忽等各陈己见，真金表示："父汗有训诫，不要有傲慢自大之心。只要怀有傲慢自大之心，就会坏事。我看孔子的话，就和父汗的话意思吻合。"这表明了真金对儒家经典训条的认识水平及其思维方法。

蒙古传统的汗位继承制是忽里勒台大会推举制，自忽必烈战胜阿里不哥获得蒙古的统治权以后，就有姚枢、张雄飞等汉臣纷纷建议采用中原王朝传统的嫡长子继承制来确保汗位继承。

忽必烈最终采纳了汉臣的建议，于至元十年二月下诏立嫡长子真金为皇太子；三月十三日，派遣伯颜持节授玉册金宝，举行册封仪式。册文是：

> 皇帝诏曰：咨尔皇太子真金，仰惟太祖皇帝遗训，嫡子中有克嗣服继统者，豫选定之。是用立太宗英文皇帝，以绍隆丕构。自时厥后，为不显立冢嫡，遂启争端。朕上遵祖宗宏规，

元世祖忽必烈传

下协昆弟佥同之议，乃从燕邸，即立尔为皇太子，积有日矣。比者儒臣敷奏，国家定立储嗣，宜有册命，此典礼也。今遣摄太尉、左丞相伯颜持节授尔玉册金宝。於戏！圣武燕谋，尔其承奉。昆弟宗亲，尔其和协。使仁孝显于躬行，抑可谓不负所托矣。尚其戒哉，勿替朕命。

册文中虽然标榜册封皇太子是成吉思汗遗训，但实际上是对蒙古传统汗位继承制的重大变革，也是忽必烈遵用汉法的一大成果。

同年九月，忽必烈又为真金设立了"宫师府"，择儒臣为官属，计三十八员。真金既自幼耳濡目染汉文化，其政治前途也与汉人儒臣息息相关，为他以后坚定支持汉法做了铺垫。

至元十一年，真金奉命赴临洮，护送前任帝师八思巴返回吐蕃，到至元十三年方才抵达八思巴所在的萨迦。真金在藏区滞留两年，其间担任施主，于后藏的曲弥仁莫举行盛大法会，由八思巴向七万多名喇嘛供饭食及一钱黄金，每三名喇嘛发一套袈裟，并现场讲经，参与者加上民众共有十万之多。

八思巴还对真金讲授佛教的基本教义，在真金多次请求下写了《彰所知论》一书，献给真金，从此真金在儒学之外也受到藏传佛教的影响。

当然，真金在藏区并不只是关心佛学，还负有内政外交的重任，如他掌握了本钦贡噶桑波与八思巴不和的信息，还京后就启奏忽必烈，以致忽必烈派遣桑哥前往镇压，同时亦有可能打探征服印度或是从吐蕃北上讨伐反对忽必烈的西北诸王、打通与伊尔汗国相联系的道路。

至元十六年初，完成护送八思巴进藏任务的真金回到大都。当时，忽必烈对汉法的兴趣日益减少，转而重用回回人阿合马理财，再加上刘秉忠、史天泽、赵璧等汉人重臣相继去世，汉臣地位降低，无力抗衡，因此把希望寄托在返回大都的真金身上，他们串通了道士李居寿，在奉旨斋醮之后李居寿对忽必烈说："皇太子春秋鼎盛，宜预国政。"

同时董文忠也从旁劝谏让太子理政，忽必烈自然顺从其说，从此真金开始参决朝政，凡是中书省、枢密院、御史台及百司之事，都先上报真金后再奏闻忽必烈。

真金上台后就作为汉法派的领袖，与阿合马为首的理财派形成尖锐对立。至元十七年，出身南人的礼部尚书谢昌元建议设立门下省以封驳制敕，这正符合忽必烈使臣下相互检察以防奸欺之构想，真金准奏实行，并有意让畏兀儿儒臣廉希宪任门下侍中。

真金对廉希宪表示全力支持："皇上命爱卿领门下省，不要害怕那些小人，我来帮爱卿除掉他们。"但在阿合马的阻挠及汉臣内部意见不一的情况下，设立门下省的计划很快便流产了。

当年十二月，江淮行省左丞崔斌弹劾阿合马一党贪虐不法，被阿合马迫害致伤，真金在宫中吃饭，听到这一消息后丢下筷子，十分悲痛，连忙派人制止，结果崔斌已经死亡。

至元十八年二月，真金再度与伯颜抚军漠北，同年十月回京。至元十九年三月，发生了阿合马被汉人王著、高和尚刺杀的事件，当时真金虽然与忽必烈一同在上都，却被认为与这起事件有关系。

事后忽必烈震怒，将王著、高和尚和留守大都的中书省平章政事兼枢密副使张易通通处死，在真金的支持与疏通下，忽必烈同意将张易之罪改为"应变不审"，免于传首四方。

阿合马死后，真金荐举支持汉法的和礼霍孙出任右丞相，并对他说："阿合马被杀之后，你做了中书右丞相，如果真有便国利民的事，不要害怕改变，大胆去做，如果有人阻挠，我力挺你。"又大量起用汉儒以为后盾。

在真金的大力支持下，和礼霍孙主要完成了几项重大任务：一、查处阿合马的罪行，籍没阿合马家财；二、起用旧臣；三、改善吏治。然而，真金实际上并无左右朝政的权力，大权始终掌握在精明专断的忽必烈手中。

真金不断推动汉化政策，他要求蒙古国子生学习汉文，对其只学蒙古文不以为然。又在至元二十一年十月通过和礼霍孙奏请开设科举，不过没有成功。

忽必烈仍对理财派念念不忘，于至元二十一年十一月任用汉族商人卢世荣理财，同时新任正宫南必皇后颇有干政的迹象，这又为真金与汉臣所不满。卢世荣被起用数月后就被真金领导的汉法派弹劾下台并下狱处死，理财派要人桑哥虽然袒护卢世荣，却因害怕真金而不敢相救。

至元二十二年春，有一名南台御史上疏请年事已高的忽必烈禅位于皇太子，并请南必皇后勿再干政。真金得知此事后甚为恐惧，当时御史台中的汉人御史全部空缺，担任都事的尚文偷偷地把这份奏章隐匿下来。

然而，此事已被阿合马余党答即古阿散等得知，他们在忽必烈面前请收内外百司吏案，名为大索天下埋没钱粮，实为揭露此奏章。他们受命拘封御史台吏案，谋取这份奏章。

尚文深知关系重大，向右丞相安童、御史大夫玉昔帖木儿请示后，拒绝了答即古阿散。答即古阿散向忽必烈报告，忽必烈大怒，命令大宗正薛尺索取该奏章。

真金忧惧不知所措，安童和玉昔帖木儿也束手无策。尚文从阿合马旧案中搜集到答即古阿散党羽的数十条罪状，便请玉昔帖木儿亲往中书省与安童商量对策。

尚文献计说："皇太子为天下本，如果奏章被揭发出来，将倾覆太子，动摇国本，祸不可言，只有先发制人，变被告为原告。"于是安童和玉昔帖木儿抢先以答即古阿散的罪状入奏，陈述事情经过。

忽必烈听到有人要他退位，果然怒不可遏，厉声责问道："你们没罪吗？"

丞相安童带头认罪说："臣等不会逃避罪行，但是答即古阿散等人的罪名是在刑律上写得清清楚楚的，他们又不是什么好东西，如果贸然动他们必定会危害生灵，所以应该选重臣作为这个案子的主管，差不多能平息纷扰。"

忽必烈怒气稍解，形势逐渐缓和。后来答即古阿散等阿合马余党被判奸赃罪而处死。虽然如此，真金竟因此而忧惧成疾，于同年十二月十日病死，享年四十三岁。

真金是忽必烈亲自选定的继承人，他曾精心培养他，以便将来承担大汗和中国皇帝的重任。然而他英年早逝，使忽必烈心灰意冷，更打乱了忽必烈的继承人计划，使整个朝廷充满阴郁的气氛。

真金死后，忽必烈于次年正月初一停止朝贺，为其上谥号为"明孝"。真金死后，真金的儿子铁穆耳被选定为忽必烈的继承人。

忽必烈的女儿只有两位在历史上被提及过，后人不清楚他到底一共有几个女儿。不过，这一代年轻的蒙古宫廷女性对政治的影响微乎其微。从成吉思汗的母亲诃额伦开始，一直到察必，蒙古女性都是很强有力的。然而，忽必烈的女儿在政治上没有发挥过任何作用。或许她们受到了汉文化的影响，而汉文化严禁妇女参政，并极力限制她们的政治影响。另一方面，也许忽必烈的女儿根本就对政治缺乏兴趣。

个人的不幸加上国内外决策的失败，使忽必烈感到沉重的压力，也使他越来越转向穷奢极欲，寻求安慰和满足。

宫廷宴会变得越来越奢华，宴会菜肴是以肉食为主的蒙古菜。为了使忽必烈感到舒心，日常饭食也是精心制作且相当奢侈。煮羊肉和烤全羊是两道必上的菜，再加上其他肥腻食物作为肉食的补充。

一顿典型的膳食可能包括烤羊羔肉、鸡蛋、藏红花拌生菜、烤薄饼、糖茶、忽迷思以及一种用小米做成的啤酒等。宴会饮食自然更加精致。

据说，涮羊肉的发明还与忽必烈有关。忽必烈率军远征，嫌伙食太差，想吃清炖羊肉。厨子便宰杀羔羊，剔选羊肉准备做。可敌军突然来袭，厨子情急之下把羊肉切成薄片，放在锅里胡乱搅和一下，就捞出来，放点作料，给忽必烈端去了。忽必烈肚子咕咕叫直叫，吃完就披挂上阵去了。没过多久，忽必烈就凯旋了。

回朝后，忽必烈不忘厨子的功劳，就让他再做一次，并说味太淡，

元世祖忽必烈传

该多些配料。文武大臣吃后，皆竖大拇指。忽必烈高兴，给这道新菜赐名"涮羊肉"。

蒙古人从不在乎暴饮暴食，特别在正式场合更是这样。暴饮暴食成了一种习惯而不是例外。蒙古可汗历来都酗酒，而此时忽必烈也养成了这种恶习。他暴饮忽迷思和葡萄酒，使他更无法解决面对的政治危机。

忽必烈的饮食习惯也造成了健康问题。在他最后十年的生活中，他一直被肥胖和由此带来的其他疾病所困扰。至元十七年，刘贯道为他画的像已经显露出他的肥胖体态。

到了晚期，忽必烈的饮食习惯开始真正使他陷入了麻烦。他胖得不成样子，并开始遭受痛风和其他疾病的折磨。他的酗酒习惯更加重了他的疾病。

马可·波罗是曾亲眼目睹蒙古宫廷无节制宴饮场面的人之一。忽必烈和其他许多蒙古人一样，无法改变他的酗酒习惯，特别是当他被悲痛和衰老控制的时候，更是如此。

忽必烈用了各种各样的方法治疗他的病症，从东南亚的药物和医生到高丽巫师，什么都用过了，但是都没有解决问题，而他暴饮暴食的习惯依然如故。

衰老、倦怠、失望和酗酒无度终于敲响了他的丧钟。晚年的忽必烈极为沮丧消沉，他甚至拒绝接见那些按惯例来向大汗拜年的人们。他的军中老友伯颜到元廷拜访他，希望使他振作起来，但是没有成功。

至元三十年，有彗星出现在黄帝星象的周围。元世祖很担心，于是召见中书平章政事、昭文馆大学士不忽木，询问怎样消除自然变化的规律。

不忽木上奏说："风雨从天而来，人就进房屋等待；长江、黄河成为路途的限制，人则通以船只。天地有做不到的事，人就给他们，所以与天地同寿啊。而且父母生气，你不敢怨恨，只有奉行孝敬。所以《周易·震》的象说：'君子以恐惧反省。'《诗经》说'恭敬地对待上天的愤怒。又说'遇到灾害而恐惧'。三代圣王，能够谨慎对待上天的告诚，很少有不好的结果。汉文帝时，同一天发生了几次山崩，日食地震连年发生，因为善于使用这种方法，天上也知道悔改，国内平安无事。这是前代的借鉴方法，我希望陛下效法。"

元世祖惶恐地说："这句话很合我的心意，可继续说。"于是详细论述款陈，晚上到四更。

这一年，忽必烈的健康状况迅速恶化，二月十八日，他死在皇宫中的紫檀殿，时年八十岁。亲王和高官纷纷来到元廷表示哀悼，向忽必烈的孙子和继承人铁穆耳问安。

蒙古汗廷接着召开了忽里勒台选举继承人，但它实际上只不过认可了忽必烈的选择而已。忽里勒台开始逐渐被中国式的选立皇位继承人的方法所取代，再次显示出忽必烈逐渐适应汉族习惯的努力。

元世祖忽必烈传

忽必烈作为一位征服者，给他所发动战争地区的人民带来了深重的苦难，但是在战争之后，他积极采取有效政策，恢复了社会经济，治愈了战争浩劫带来的伤痛，是一位较为英明睿智的帝王。

宋濂评价忽必烈："世祖度量弘广，知人善任使，信用儒术，用能以夏变夷，立经陈纪，所以为一代之制者，规模宏远矣。"

曾国藩赞其："自古英哲非常之君，往往得人鼎盛。若汉之武帝，唐之文皇，宋之仁宗，元之世祖，明之孝宗。其时皆异材勃起，俊彦云屯，焜耀简编。"

孙中山说："秦皇汉武、元世祖、拿破仑，或数百年，数十年而斩，亦可谓有志之士矣。拿破仑兴法典，汉武帝纪赞，不言武功，又有千年之志者。"大致上，后世人对忽必烈的评价，都是褒大于贬的。

元世祖忽必烈大事年表

1215年九月二十三日，忽必烈出生，成吉思汗铁木真之孙，拖雷第四子。母亲为唆鲁禾帖尼。

1242年，西京怀仁人赵璧应召到忽必烈左右。赵璧学习蒙古语，为忽必烈译讲《大学衍义》。

1244年，赵璧荐引金朝状元王鹗到忽必烈王府，为忽必烈讲《孝经》、《尚书》、《易经》及儒家的政治学和历史，每夜分，乃罢。

1247年，张文廉被子聪推荐到忽必烈王府，被任为王府书记，日见信任。

1247年，史天泽的幕僚张德辉被忽必烈召见时，推荐了名士元好问等20余人。

1250年，刘秉忠向忽必烈上万言策，提出：治乱之道，系乎天而由乎人，以马上取天下，不可以马上治。主张改革当时的弊政，减赋税差役，劝农桑，兴学校等。

1251年七月一日，忽必烈长兄蒙哥登基成为大蒙古国皇帝即蒙古帝国大汗，是为元宪宗，因为忽必烈在蒙哥的同母弟中"最长且贤"，蒙哥即位后不久即任命忽必烈负责总领漠南汉地事务。忽必烈在这段时间内任用了大批汉族幕僚和儒士。

1252年，宋军攻打河南边地。忽必烈请准蒙哥在河南设经略司，蒙哥任命史天泽、杨惟中、赵璧为经略使。六月，忽必烈前往草原觐见蒙哥，奉命率军征云南。

1253年，蒙哥分赏诸王，忽必烈得到京兆封地。忽必烈建立京兆宣抚司。忽必烈率领大军在六盘山度夏。秋天，大军经过临洮进入藏族地区，到达忒剌地方。八月，忽必烈率军从陕西出发，进攻位于今云南等地的大理国。

1254年一月二日，忽必烈攻克大理城，国王段智兴投降，忽必烈灭大理国。云南地区并入大蒙古国版图。

1256年，忽必烈建开平城。旭烈兀灭木剌夷国。蒙哥以南宋扣押蒙古使者为理由，正式宣布了攻击南宋的意向。忽必烈势力的发展，引起蒙哥的疑忌。

1257年，蒙哥命阿蓝答儿等在关中设钩考局，查核京兆、河南财赋。阿蓝答儿等从河南经略司、京兆宣抚司的官员中，罗织一百余条罪状，旨在除灭忽必烈所信用的官员，削弱他的势力。忽必烈亲自去朝见蒙哥。蒙哥见忽必烈来朝，相对泣下，要他不必再作表白。

1258年，蒙哥率大军攻入四川北部，一路所向披靡，攻克四川北部大部分地区。根据蒙哥的旨意，忽必烈在开平东北行祭旗礼，正式出兵南下攻宋。

1259年，忽必烈统领中路军渡过淮河，攻入南宋境内，随后一路向南，在湖北开辟新的战场，进攻长江中游的鄂州。蒙哥在四川合州钓鱼山病逝后，忽必烈撤兵北返。

1260年，忽必烈称汗于开平。其弟阿里布哥在哈拾和林稍先被推举为汗。同室操戈，大争汗位。忽必烈建元中统。以吐蕃八思巴为国师。

元世祖忽必烈传

立十路宣抚司。

1261年，立翰林国史院。封皇子真金为燕王，领中书省事。

1262年，金帐汗别儿哥与旭烈兀为争夺南高加索地区发生内讧，旭烈兀败。

1263年5月，忽必烈升开平为上都，作为驻夏的纳钵。

1264年8月，忽必烈下诏燕京仍改名为中都，作建都的准备。九月七日，发布《至元改元诏》，取《易经》"大哉乾元"之义，改"中统五年"为"至元元年"。十二月十八日，忽必烈将国号由"大蒙古国"改为"大元"，从大蒙古国皇帝变为大元皇帝，大元国号正式出现，忽必烈成为元朝首任皇帝。

1265年，并六部为四部：吏礼部、户部、兵刑部、工部。定：以蒙古人充各部达鲁花赤，汉人充总管，色目人充同知。

1266年，忽必烈遣里德出使日本。

1267年，扩建中都城，定蒙古军制。

1268年，海都、八刺二王反。罢诸路女真、契丹、汉人为达鲁花赤者。

1269年，诏以八思巴新制蒙古字颁行天下。立国子学和诸路蒙古字学。

1270年，设诸路蒙古字学教授。遣赵良弼出使日本。

1271年，选随朝百官近侍蒙古、汉人子孙及俊秀者入国子学。大蒙古国号改为大元。

1272年二月，采刘秉忠议，改中都为大都，宣布在此建都。

1273年，大都宫殿建成。次年正月元旦，忽必烈在正殿接受朝贺。元朝从此即定都在大都。大都代替和林，成为元朝多民族国家的政治中心。明、清两代，北京一直是国家的首都。

1274年，忽必烈命令屯戍高丽的凤州经略使忻都、高丽军民总管洪茶丘率兵出征日本。在日军坚决抵抗下，首战只获小胜，未能深入。不久，因台风将大部分战船毁坏，加上已兵疲箭尽，元军只得仓促撤回。

1275年2月，忽必烈派礼部侍郎杜世忠等出使日本。杜世忠等一到日本，就被镰仓幕府处死。这一消息直到1280年才传到元朝。

1276年二月四日，元军攻入临安，宋恭帝奉上传国玉玺和降表，南宋灭亡，元朝掌握全国性政权。命作《平金录》、《平宋录》及《诸国臣服传》，耶律铸监修国史。

1277年，云南行省派兵征缅国，招降二百余寨。

1278年，遣使至杭州等处，取在官书籍版刻至京师。命虎符旧用畏兀儿字，易以国字。

1279年三月十九日，南宋海上流亡政权残余的最后一支抵抗力量被消灭。禁中书省文册奏检用畏兀儿字书写。

1280年，二征缅国。

1281年正月，忽必烈命令元军兵分两路远征日本，但仍然失败。

1283年，宗王相吾答儿统军攻缅甸，缅王请和。

1284年，遣镇南王托欢攻占城国，其主遣使献象，款服。托欢军分六道进安南。

1287年，宗王乃颜反。

1288年，宗王火鲁火孙、哈丹图鲁反。遣皇孙铁穆耳击败之。安南王遣使贡金人赎罪，遂罢兵。

1291年，颁行《至元新格》。

1292年，爪哇归附大元。

1294年二月十八日，忽必烈病逝，年八十岁，有子十一人。谥圣德神功文武皇帝，庙号世祖。

忽必烈在世界影响最大的百位帝王之中位列第七十八位。

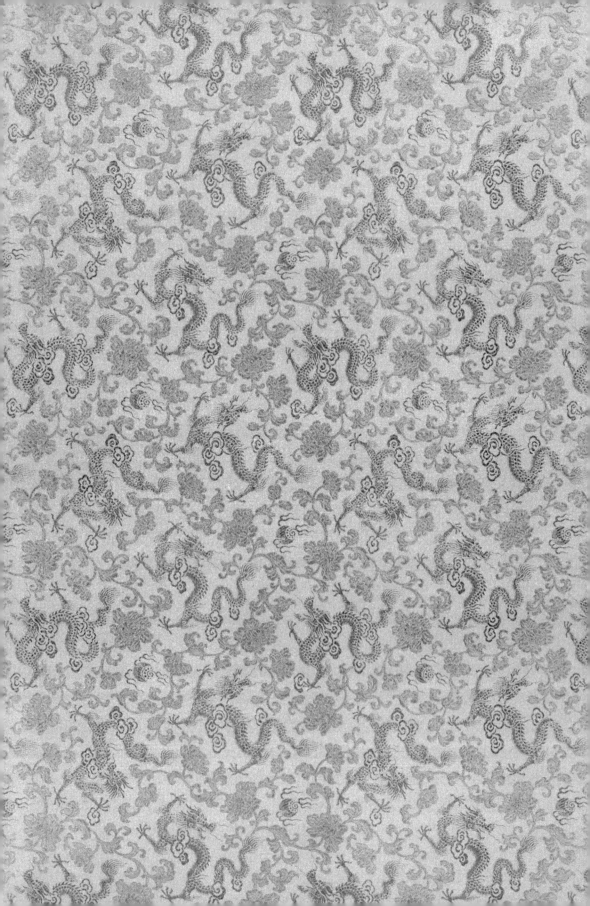